학교에서
가르쳐주지
않는
세계사

학교에서 가르쳐주지 않는 세계사

일본, 유럽을 만나다

신상목 지음

뿌리와
이파리

일러두기

1. 인명, 지명, 작품명 등은 국립국어원의 외래어 표기법 규정에 따랐지만, 관례로 굳어진 경우는 예외를 두었다.

2. 인명과 지명 외의 일본어 단어는 기본적으로 일본어 발음 표기를 원칙으로 하되, 한국어에서 우리말 한자음으로 사용되는 경우가 많거나(예: 천황天皇, 막부幕府, 번藩), 일본어 발음으로 표기할 경우 지나치게 생경해져 한자음으로 읽는 것이 뜻을 이해하기 쉽다고 판단되는 경우에는 한자음으로 표기했다.

3. 일본어 발음으로 표기하는 명사에 한국 독자에게 익숙한 일반명사나 접사가 붙어 한 단어가 된 경우, 붙은 한자어는 한자음으로 표기했다(예: 메이지유신明治維新).

4. 도판은 퍼블릭도메인이거나 크리에이티브 커먼즈 라이선스를 따르는 것들이다. 본문 말미의 '도판 출처'에 모두 밝혔다.

5. 단행본, 장편소설, 정기간행물, 신문, 사전류 등에는 겹낫표(『 』), 편명, 단편소설, 논문 등에는 홑낫표(「 」), 예술작품, 지도 명에는 홑화살괄호(〈 〉)를 사용했다.

차례

제2부 유럽과 일본의 만남

제3부 새로운 시대와 쇄국

왜 역사를 공부하는가?

아리스토텔레스는 이렇게 답한다. "무언가를 이해하고자 한다면 그것의 기원과 발전 과정을 살펴보라(If you would understand anything, observe its beginning and its development)." 인류 최강 현인賢人의 간결하고 명쾌한 답이 인상적이다. 무언가를 알고자 한다면 역사를 공부해야 한다. 대상의 역사를 모르고 그 대상을 이해할 수는 없다.

　같은 질문을 미국의 시어도어 루스벨트 대통령에게 묻는다면 어떨까? 그는 이렇게 답한다. "과거에 대해 더 많이 알수록 미래를 더 잘 준비할 수 있다(The more you know about the past, the better you are prepared for the future)." 젊은 시절 황야에서 호연지기를 기른 기인奇人 정치가의 언어가 돌직구처럼 묵직하다. 사실 역사를 공부하는 이유는 과거가 아니라 미래에 더 관심이 있기 때문일 것이다.

군이 위인들의 멋진 말이 아니더라도 역사를 알면 현재를 이해하고 미래를 대비하는 데에 도움이 된다는 것은 누구나 알고 있다. 문제는 '역사란 무엇인가' 또는 '역사를 어떻게 바라볼 것인가'에 대한 생각이 사람마다 다양하다는 것이다. 역사는 고정된 피사체가 아니며, 동일한 역사적 사건 또는 현상에 대해서도 관찰자가 인식하는 상像은 동일하지 않다. 역사는 하나일지 모르나 역사 인식은 관찰자의 수만큼 존재한다. 한국인의 역사 인식에는 특징이 하나 더 있다. 역사를 국사, 동양사, 서양사로 구분하려 한다는 것이다. 지금도 한국의 넘버원 대학교 역사학과는 (통합 논의가 진행 중이지만) 그렇게 구분되어 있다. 그중에서 국사는 역사의 '왕관보석 crown jewel'과 같은 존재로 관심도나 비중 면에서 여타 역사를 압도한다.

자국 중심의 역사관이야 어느 나라나 마찬가지일 것이다. 그러나 그를 감안하더라도 한국인의 역사 인식은 역사를 '우리'의 역사와 '그들'의 역사로 분리하는 경향이 강하고, 두 역사 간의 연관성을 포착하는 발상이 상대적으로 희박하다. 직설적으로 말하면 폐쇄적이고 고립적인 역사관이다. '세계사'는 타자의 역사로 인식되고 그만큼 한국사에 비해 관심도 소원하다. 서울대 입시에서 (수험에의 유·불리 고려가 작용한 탓도 있겠지만) 3퍼센트의 수험자만이 세계사를 수험 과목으로 선택한다고 한다. 인문학의 붐 속에서도 세계사, 특히 서양사는 관심의 스포트라이트에서 한발 비켜나 있다. 한국 사회 내부적으로도 '우물 안 개구리' 역사관이라며 자조하는 목소리가 드물지 않다.

이러한 폐쇄적 역사 인식은 바꾸어 말하면, 그만큼 한국이 오랫동안 외부와 단절되어 고립된 존재였다는 것을 의미하는 것이기도 하다. 한반도는 지구상에서 가장 늦게 (서구 문명이 주도한) 세계적 교류의 흐름에 포섭된 지역의 하나이다. 유럽발發 해양교통혁명으로 지구적 규모에서 세계가 연결되며 인류 문명사가 크게 요동치기 시작한 16세기 이후에도 조선은 그 이전과 별 다를 바 없는 폐쇄체제를 지속했다. 서로 다른 문명이 접촉하면 군대, 상인, 물건, 사상, 종교 등이 왕래하게 된다. 역사란 그 왕래 속에서 문명 간 인력引力과 반발력, 침투력과 저항력이 상호작용하며 인간의 삶에 영향을 미치는 변증법적 과정의 총체라고 할 수 있다. 한국은 애초부터 그러한 역사의 원리와 과정을 자신의 경험을 바탕으로 자연스럽게 체득體得하는 것이 불리한 초기 조건에 놓여 있다고 할 수 있다.

한국이 여전히 외부와의 교류가 단절된 상태라면 역사 인식의 폐쇄성이 별 문제가 되지 않을 터이나, 다행히도 (누군가에게는 불행히도) 한국은 더 이상 그런 나라가 아니다. 한국은 이제 전 세계가 물질적·기능적으로 통합되는 '글로벌라이제이션globalization' 현상의 한복판에 서서 어떤 나라보다도 그 혜택을 향수享受하는 나라이고, 또 그만큼 정치·경제·사회·문화적으로 외부의 영향에 민감한 나라가 되었다. 그러한 현실을 감안한다면 한국인이 지구 전체의 맥락 속에서 역사를 조망하려는 태도를 형성하는 것은 지적 유희가 아니라 생존, 번영을 위한 인식적 기초라고 해도 과언이 아니다. 역사 인식은 현재 인식에 영향을 미치고, 현재 인식은 미래 경로에 영향을 미치기 때문이다. 그러한 인식 전환이 절실하지만, 한국인의 역사 인식은 아직 시차時差 적응을 마치지 못한 상태에 있는 듯하다. 몸은 어른이 되었는데 정신은 아이에 머무르는 인지부조화 상태에 비유해도 좋을 것이다.

이 책은 그러한 문제의식에서 출발하여 역사를 바라보는 시각에 대한 지적 자극을 공유하고 싶다는 동기에서 쓰인 책이다. 전문적인 훈련을 받지 않은 아마추어가 역사책을 쓴다는 것은 무모한 일이다. 부족한 지식과 글재주에도 불구하고 출간의 용기를 낸 것은 필자의 개인적 경험에서 비롯된 아이디어가 나름의 독창성과 효용성이 있지 않을까 하는 기대 때문이다.

아이디어란, 한국인이 대체적으로 한국과 비슷한 경로를 걸었을 것으로 짐작하는 가깝고도 먼 나라 일본의 역사를 들여다보면 역사를 바라보는 시각에 대한 다양한 영감을 얻을 수 있다는 것이다. 필자의 세계사에 대한 관심과 지식은 일본에 거주할 당시 일본인들이 세계사를 접하는 모습을 관찰하면서 영향을 받은 바가 크다. 한국에서 세계사를 공부하지 않은 것은 아니지만, 사실 일본에 가기 전까지는 관성적으로 세계사를 타자의 역사로 위치시키는 한계에서 벗어나지 못했다. 반면 일본인에게는 세계사, 그중에서도 16세기 이후 근대 유럽사는 자국 역사의 연장선상에 위치한 자국 역사의 일부분이다.

자기 연관성은 관찰자의 대상에 대한 관심과 감정이입 정도를 결정하는 중요한 인자因子이다. 피겨스케이팅 불모지였던 한국에서 사람들이 갑자기 피겨스케이팅 전문가라도 된 듯 '이나바우어'와 '트리플 악셀'을 입에 올리던 것은 김연아 선수라는 자기 연관성의 연결 고리가 생긴 덕분이다. 일본인은 국사(일본사) 시간에 자국 역사에 결정적 영향을 미친 포르투갈의 뎃포鐵砲(조총) 전래나 나가사키의 데지마出島 조성 역사에 대해 배우면서 일본이 유럽과 만나 교류하게 된 경위에 자연스럽게 관심을 갖게 된다. 교실을 벗어나도 일상생활 속에 세계사에 흥미를 불러일으키는 다양하고 풍부한 모티브가 있다. 이를테면 국민 간식 '카스테라'의 어원이 에스파냐의 카스티야 지명에서 유래한 것이라는 정보를 접하면 현재까지도 그 영향이 이어지는 당시의 교류 역사에 흥미를 느끼게 되는 식이다. 유럽인들은 왜, 어떻게 머나먼 일본까지 오게 되었는가? 일본인들의 세계사 인식은 자신들과의 관계에서 출발한 이와 같은 관심과 호기심이 대항해시대, 르네상스를 거쳐 고대 그리스·로마 시대라는 유럽 문명의 원류까지 꼬리를 물고 확장되면서 형성된다. 자기 연관성의 바탕 위에서 추구하는 세계사 탐구이기에 그만큼 관심도와 몰입도가 한국에 비해 높다고 할 수 있다.

일본이 서양과 교류하였다고 하여도 조선에 비해 상대적으로 더 교류하였다는 것이지 세계의 수준에서 보면 일본도 그다지 고립을 벗어나지 못한 폐쇄적 체제였다고 생각하는 한국인이 많을 것이다. 그러나 16세기 중반 이후 17세기 중반까지의 한 세기 동안, 일본과 유럽 사이에는 생각보다 강한 변화의 추동력을 동반한 농밀한 교류의 역사가 있었다. 유럽인들도 비유럽 문명 중에서 일본만큼 특별한 교류의 상대가 없다고 인식할 정도였다. 센고쿠戰國시대를 거쳐 도쿠가와 막부의 일본 통일에 이르는 시기에 일본 역사의 중요한 페이지마다 유럽의 흔적이 마치 지문指紋처럼 남아 있다.

　일본은 대항해시대 유럽 세력의 세계 진출이 촉발한 도전과 기회에 주체적으로 대응한 역사가 있다. 19세기 말 일본이 급속한 근대화에 성공한 것은 초유의 사건이 아니라 대항해시대의 교류 경험이 시대적 변경이 가해진 형태로 재현된 것이라고 볼 여지마저 있다. 이 책의 목표는 당시 일본이라는 무대에서 벌어진 동·서양 간 만남의 주요 장면을 파노라마처럼 펼쳐놓음으로써 독자들이 이異문명 간 교류의 원리와 과정을 보다 생생한 임장감臨場感을 느끼며 감상하도록 하는 것이다. 젊은 세대의 표현을 빌리면, 가까운 이웃나라 일본의 사례를 일종의 가상현실(VR) 디바이스로 삼아 한반도에서 누락되었던 역사적 경험을 간접 체험하는 이미지 트레이닝을 해보자는 것이다.

　근세 일본-유럽 교류사를 보다 입체적으로 조망하기 위해서는 '유럽은 왜 일본에 왔는가?', 그리고 '유럽은 어떻게 일본에 올 수 있었는가?'라는 원초적 의문에 대한 답을 구할 필요가 있다. 그러한 의문의 유무 여부가 한·일 두 나라 사이에 세계사를 대하는 인식 차이를 만드는 결정적 요인이기도 하다. 책의 전반부에서 그에 대한 필자 나름의 생각을 정리해보았다. 2000년에 이르는 유럽 역사를 축약하면서 서사의 강조점을 둔 부분은 결과가 아니라 동기와 과정이다. 중세 후기까지 대등한 수준이었던 (중국 중심의) 동아시아 문명과 유럽 문명이 우열관계로 분기分岐하는 원인 중의 하나는 동아시아는 서방 진출에 흥미가 없었지만, 유럽은 어떠한 고난과 위험을 무릅쓰고라도 동방으로 진출하고자 하는 강한 의욕이 있었다는 점이다. 그 의욕이 서구문명 주도하에 인류가 현재 도달한 지점의 출발점이라고 해도 과언이 아니다. 도입부에서는 유럽의 동방 진출을 견인한 동기를 재레드 다이아몬드의 『총, 균, 쇠』를 흉내 내어 '료料, 금金, 신神'이라는 키워드로 풀어보았다. 동기만큼 중요한 것이 동기를 현실로 만들기 위한 실행 수단이다. 대항해시대라는 인류 역사의 대분기점이 유럽에서 촉발된 이유와 과정을 근대 유럽 문명의 요체인 각종 기술적·도구적 성취를 중심으로 살펴본 것도 책 내용의 특징이라면 특징이다.

일본과 유럽의 교류사를 추적하는 과정에서 다시 한번 깨닫게 되는 것은 역사는 고립되어 있는 것이 아니라 복잡하고 다층적인 관계망 속에서 상호 영향을 주고받으며 시간의 축을 따라 진행한다는 것이다. 이러한 역사의 속성은 아이들의 '점 잇기 놀이'에 비유될 수 있다. 점 잇기 놀이에서는 종이 위에 불규칙하게 흩어져 있는 점들을 각 점에 매겨진 번호 순서대로 이으면 별, 사람, 나무, 집 등 식별 가능한 형상이 나타난다. 역사에서도 서로 무관해 보이는 사건event들이 사실은 연결되어 있다. 마치 복잡계 이론의 '나비효과'처럼, 어느 한 곳에서의 사건이 다른 곳에서의 사건에 영향을 미치는 연쇄 반응chain reaction을 통해 역사의 흐름이 형성된다. 다만 역사는 친절하게 각 사건에 번호를 붙여주지 않기 때문에 그 연계성을 인식하기가 쉽지 않은 경우가 많다. 책 전반에 걸쳐 지리적 또는 시간적으로 멀리 떨어져 있어 서로 무관해 보이는 사건 또는 현상들이 다양한 양태의 인과관계 또는 상관관계로 연결되어 있음을 필자 나름의 가설이나 논리를 구성해서 설명해보고자 했다. 역사를 바라보는 통찰력을 기르기 위해 필자가 중요시하는 훈련법의 하나이기에 흥미를 느끼는 독자도 있을 것이다.

다시 한번 강조하지만, 필자는 전문적 역사학자가 아니며, 이 책의 목적은 새로운 사실史實의 발굴이나 증명 또는 학설의 주장에 있지 않다. 필자에게는 그러한 전문 역사가의 눈높이에 걸맞은 능력이 없다. 오로지 집필의 목표로 삼은 것은 앞서 언급한 폐쇄적 역사 인식에 대한 문제의식을 공유하는 것, 그리고 그러한 역사 인식에 지적 자극을 주는 벤치마킹 사례로서 일본의 이문명 교류사 하이라이트 장면을 스토리로 구성하여 소개하는 것이다. 필자의 능력 부족에 기인한 학문적 엄정성의 미진함, 내용이나 정보의 부정확함에 대해서는 미리 독자의 용서를 구한다.

다만 역사에는 정답이 없다고 생각한다. 다양한 배경의 개인들이 자기 주도적으로 역사를 공부하고 자기만의 스토리를 구성하여 공유하는 것은 그 자체로 그 사회의 지적 역동성에 자양분을 공급하는 의미가 있을 것이다. 이 책이 독자에게 어떠한 의미에서건 지적 자극이 될 수 있다면 그것만으로도 저자로서의 보람이 될 것이다.

한 권의 책이 완성되기까지의 과정은 언제 보아도 마법과 같다. 전작『학교에서 가르쳐주지 않는 일본사』에 이어 편집을 담당해주신 뿌리와이파리 박윤선 주간님의 프로페셔널한 손길로 보잘것없는 원고가 근사한 책으로 탄생할 수 있었다. 책의 기획부터 완성까지 무관심을 가장한 배려로(또는 배려를 가장한 무관심으로) 원고를 기다려주신 정종주 사장님께도 감사의 말씀을 드린다. 이 책은 전작과 마찬가지로 『월간조선』에 기고한 원고가 단행본 출간의 토대가 되었다. 이 지면을 빌어 필자가 나태함에 빠지지 않고 유종의 미를 거둘 수 있도록 격려해주신 『월간조선』 배진영 차장님께 감사의 말씀을 전한다. 마지막으로 원고 집필이라는 과외 일정에 시간을 뺏기는 대표에게 불평 한마디 없이 묵묵하게 자기 자리에서 삶의 터전을 지켜준 기리야마본진의 직원들에게 진심으로 미안함과 고마움의 마음을 전한다.

제1부

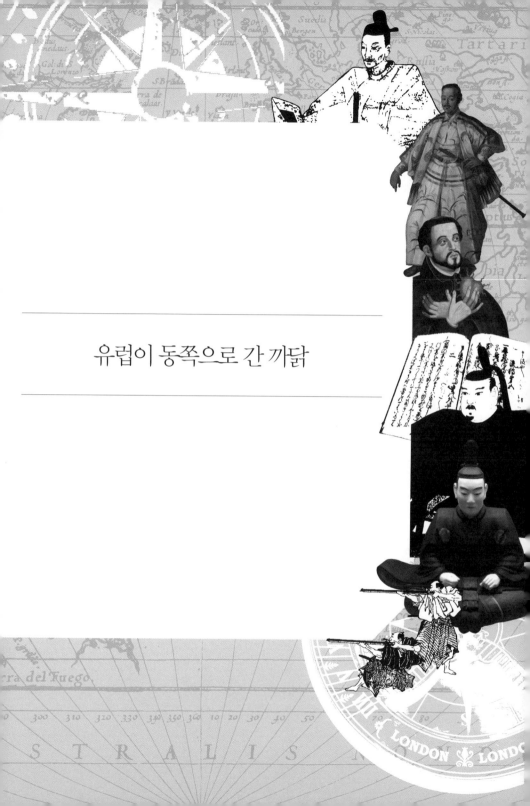

유럽이 동쪽으로 간 까닭

제1장

환상의 황금섬

『동방견문록』과 〈카탈루냐 지도첩〉

1375년, 지중해의 아름다운 섬 마요르카에서 지금껏 보지 못한 한 편의 지도책이 발간된다. 지도의 작자는 아브라함 크레스케스Abraham Cresques. 사람들은 이 지도를 〈카탈루냐 지도첩Catalan Atlas〉이라고 불렀다. 마요르카는 중세 후기(13~15세기)에 지중해 무역으로 번성한 유서 깊은 고장이다. 이탈리아와 이베리아를 연결하는 지정학적 위치로 인해 일찍부터 항해술과 지도제작 기술이 발달했다. '나침반의 달인'이라 불리던 크레스케스를 필두로 마요르카 유대인 지도제작자들은 당대 최고의 지도를 제작하는 것으로 명성이 자자했다. 유럽인들이 기독교 세계관에 갇혀 있을 때, 이곳의 유대인들은 그리스·로마, 아랍 문명의 혜택을 거리낌 없

아브라함 크레스케스가 1375년에 제작한 〈카탈루냐 지도첩〉.

이 수용하며 실증적 지도제작에 나섰고, 특히 항해에 유용한 '포르톨라노 해도Portolan chart'* 작도에 능했다.

크레스케스의 〈카탈루냐 지도첩〉은 그때까지 볼 수 없었던 새로운 지역과 지명이 다수 등장한다. 〈카탈루냐 지도첩〉은 총 8장으로 구성된 세계전도(Mappa Mundi)로, 절반에 해당하는 4장이 오리엔트, 즉 동방의 지리에 할애되어 있다. 기존에 동방 지역은 신화나 구전口傳에서 비롯된 상상의 지명·지형으로 표기되던 곳이다. 그런데 〈카탈루냐 지도첩〉에는 이전 지도에서는 볼 수 없었던 동방의 지형과 지명이 다수 등장한다. 중앙아시아의 몽골 위치를 정확히 표시하고 있으며, 인도 대륙의 형상도 이전 시대에 비해 정확하게 묘사되어 있다. 중국 내륙의 강이나 지명도 현지 발음을 연상시키는 표기들이 다수 기재되어 있다. 〈카탈루냐 지도첩〉

---

* 주요 지형지물을 기준으로 정밀한 나침반 방위선compass line grid을 표시하여 나침반 항해를 가능케 한 해도.

마르코 폴로가 쿠빌라이 칸을 접견하는 상상도.

에 표기된 동방의 지명은 이후 다른 지도에도 나타난다. 1411년경 베네치아에서 제작된 〈데 비르가De Virga〉 지도에도 몽골과 중국의 지명이 다수 등장한다. 인도양 구석에 그려져 있는 큰 섬에는 'Caparu sive Java magna'라는 명칭이 적혀 있다. 1450년경 베네치아에서 제작된 〈프라 마우로Fra Mauro〉 지도에도 비슷한 지명이 등장한다. 여기에는 큰 섬이 두 개로 나뉘어 자바와 별도로 'Isola de Cimpagu'라는 이름이 등장한다.

14세기 이후 유럽 지도에 동방의 새로운 지형·지명이 추가된 것은 마르코 폴로의 『동방견문록』 발간의 영향이다. 마르코 폴로를 모르는 사람은 없을 것이다. 베네치아의 상인 집안에서 태어난 폴로는 1270년(또는 1271년) 베네치아를 떠난 후, 1274년 몽골의 상두商都에 입성하여 17년 동안 원元나라에 머무르다가, 자바·말레이·스리랑카·인도 등을 거쳐

1295년 베네치아로 귀향한다. 그는 1298년 베네치아-제노바 간의 코르출라Korcula 해전에 참전했다가 제노바의 포로가 되는데, 감옥에서 만난 피사Pisa 출신 작가 루스티켈로Rustichello가 폴로의 여행담을 정리하여 『세계의 서술Divisament dou Monde』이라는 제목의 책을 출간한다. 이 책이 훗날 일본인들이 『동방견문록』으로 번역하고, 한국과 중국에도 같은 제목으로 알려진 그 책이다.

고古이탈리아어가 섞인 프랑스 방언으로 기록된 『동방견문록』은 원본 발간 이후 수많은 사본과 번역본이 제작되어 유럽 전역에 퍼졌고, 당시 유럽인들의 동방에 대한 관심과 동경을 불러일으키는 데 지대한 역할을 하였다. 마르코 폴로는 『동방견문록』에서 중국을 '카타이Cathay'라고 부르며, '그랑 칸(大汗, 위대한 군주)' 쿠빌라이의 지배하에 온갖 재화와 물산이 넘쳐나는 풍요로움의 땅으로 묘사한다. 『동방견문록』은 현재의 시각으로 보면 헛웃음이 나올 정도로 황당무계한 내용들로 가득하다. 그것은 마르코 폴로가 거짓말을 했다기보다는 그가 직접 목격한 것 이외에 여행 중 현지인들로부터 전해들은 소문이나 전설 등을 주요 소재로 기술하였기 때문이다. 어떤 의미에서는 그것이 당시 유럽인들의 세계관 또는 지적 인식 수준을 보여주는 것이기도 하다.

마르코 폴로가 풍요와 신비의 땅으로 묘사한 카타이를 비롯한 동방 일대는 유럽인들의 호기심과 동경의 대상이 되었다. 유럽인으로 아메리카 대륙에 (기록상) 처음 도착한 콜럼버스도 『동방견문록』을 탐독하며 꿈을 키웠다. 그가 '인도'로의 신항로 개척에 관심을 갖게 된 것도 마르코 폴로

콜럼버스는 『동방견문록』을 탐독
하며 메모를 남겼다.

가 그랑 칸이 지배하는 영역을 대인도·중인도·소인도 등 '세 개의 인도'
로 기술한 데서 비롯되었고, 이후 유럽인들에게 동방으로 가는 길은 곧
'인도로 가는 길'이었다.

황금의 나라 '치팡구'

이처럼 유럽의 동방 진출에 지대한 영향을 미친 『동방견문록』에 일본
에 대한 기록이 나온다. 유럽인들은 『동방견문록』 이전까지 일본의 존
재에 대해 알지 못했다. 『동방견문록』에서 일본은 '치팡구(Cipangu 또는
Chipangu)*라는 명칭으로 등장한다. 치팡구의 어원에 대해서는 다양한
설이 있다. 그중에서 '일본국日本國'이라는 한자의 남중국(오吳나라 계통)

---

* 『동방견문록』이 워낙 다양한 언어로 기록되어 치팡구의 스펠링은 일률적이지 않다. 일본에서는 가타
가나 'ジパング' 또는 알파벳 'Zipangu'로 표기하는 것이 일반적이다.

방언 발음인 'Jih-pen-kuo'에서 유래하였다는 설이 널리 받아들여지고 있다. 일본의 영어 명칭인 'Japan'을 비롯하여 독일어의 'Japon', 프랑스어의 'Japón', 이탈리아어의 'Giappone' 등 유럽어 계통 명칭은 이 치팡구에서 유래한 것이다. 'Japan'의 기원은 보다 정확히 말하면, 16세기 포르투갈인들이 자바나 말레이반도 등 동남아시아에서 일본을 'Jepang', 'Jipang' 등으로 부르던 것을 듣고 표기한 'Japão(자팡)'이라는 설이 유력하다. 그러나 'Jepang', 'Jipang' 등 동남아인들이 부르던 이름 자체가 '일본日本'의 남중국어 발음을 음차용音借用한 것이므로, Cipangu·Japão·Japan이 같은 뿌리를 갖고 있다고 보아도 무리는 없을 것이다.

앞서 소개한 중세 지도의 'Caparu', 'Cimpagu' 등의 명칭도 'Cipangu'가 와전訛傳된 표기일 것으로 추정된다. 이름이야 어찌되었건, 마르코 폴로가 전하는 치팡구는 전설에 등장하는 '황금향黃金鄕'*이었다. 폴로는 『동방견문록』에서 치팡구를 다음과 같이 회고하고 있다.

치팡구Chipangu는 카타이(중국) 동쪽 1500마일에 위치한 위대한 섬나라이다. 사람들은 희고, 문명화되어 있으며, 좋은 대접을 받는다. 이들은 우상숭배자**이며, 누구에게도 의지하지 않는 독립국이다. 이들이 보유한 금의 양은 끝이 없다. 이 금들은 이 나라에서 생산된 것이며, 왕은 금

---

* 고대 그리스 시대 이래 유럽에 전해져 내려오는 인도양 동쪽에 존재한다는 전설의 황금 도시. 프톨레마이오스의 『지리학』에도 인도 동쪽에 '황금반도Golden Chersonese'가 표시되어 있을 정도로 당시 유럽인들은 동방에 황금의 나라가 반드시 존재한다는 믿음을 가지고 있었다.
** 영어의 'idolater'에 해당하는 비기독교 신자라는 의미.

일본을 침공한 몽골군(〈몽고습래회사蒙古襲来絵詞〉 후권後巻, 회絵16).

의 유출을 금하고 있다. 대륙과 멀리 떨어져 있어 이곳을 방문하는 상인들은 드물며, 이들의 금은 측정할 수 없으리만치 풍부한 것으로 알려져 있다.

이러한 내용을 필두로, 궁전 지붕은 금으로 덮여 있고 바닥은 금으로 깔려 있으며, 주민들은 진주珍珠를 사자死者의 입에 올려놓고 장례를 치르는 풍습이 있다는 등, 치팡구는 유럽인들이 꿈에 그리던 '보물섬'으로 묘사된다. 아울러 쿠빌라이 칸이 황금을 얻기 위해 원정군을 보냈으나 태풍으로 함대가 전멸하였고, 살아남은 일단의 병사들이 감시가 소홀한 틈을 타 반란을 일으킨 끝에 화의和議를 맺고 현지에 거주하기로 했다는 등의 역사적 내용도 기술되어 있다.

『동방견문록』의 치팡구가 일본을 지칭하는 것인지 100퍼센트 확실한 증거가 있는 것은 아니다. 사실 그런 증거라는 것이 있을 수도 없다. 다만, 『동방견문록』의 묘사와 당시 시대상과 정황 등을 감안할 때, 치팡구가 일본을 지칭한다는 것이 거의 기정사실화되어 있다. 마르코 폴로가 중국에 체류하고 있을 당시 일본은 '황금의 나라'로 알려져 있었다. 8세기 나라奈良에 세워졌다는 15미터 높이의 황금 대불大佛 목격담 때문인지, 중국인들에게 일본은 황금이 많은 나라라는 이미지가 있었다. 황금을 펑펑 쓰는 견당사遺唐使들도 있었다. 이들은 1인당 수 킬로그램씩 황금을 들고 가서 중국 체재비로 사용했고, '황금으로 값을 치르는 바다 건너 섬나라 사람' 이미지가 더해졌다. 이러한 소문은 당시 당나라에 머물던 이슬람 상인들에게도 전해졌고, 이를 전해들은 이슬람 여행가 이븐 쿠르다지바Ibn Khordadbeh가 10세기에 발간된 자신의 지리서에 일본을 "개와 원숭이의 목줄이 황금으로 만들어지는 나라 '와쿠와쿠'"로 소개했을 것이라는 설이 있다.*

송宋나라 시대에 접어들어 일본은 중국으로부터 동전, 비단, 도자기 등 고가품을 수입하면서 대금을 사금砂金으로 지불했다. 1124년, 사금의 주산지인 오슈奧州**의 주손지中尊寺 사찰 내 건물 전면全面에 금박을 입힌 '곤지키도金色堂'라는 법당이 건축된다. 오슈의 호족 안도우지安東氏는 당시 독자적으로 중국과 교역을 하고 있었는데, 주손지가 위치한 오슈의 히라이즈미平泉는 중국 상인들이 빈번하게 출입하는 국제도시였다. 중국 상인들의 곤지키도 목격담이 폴로의 황금 궁전 묘사의 모티브가 되었을

---

* 와쿠와쿠에 대해서는 왜국倭國의 중국 발음 '와쿠워'와 유사하다는 점을 들어 일본일 가능성이 높다는 견해도 있지만, 묘사의 내용상 동남아 등 열대 지방으로 보아야 한다는 견해도 있다.
** 일본의 동북부 지방, 현재의 이와테현岩手縣에 해당.

주손지中尊寺 곤지키도金色堂
법당 내부.

것으로 추정하는 시각도 있다.

   13세기 몽골 제국의 성립은 잠시 유라시아를 아우르는 무역의 숨통을
틔웠고, 유라시아 무역의 동방 중심 자이툰Zaiton*에는 서역인과 이슬람
상인들이 드나들고 있었다. 기존의 와쿠와쿠 전설에 곤지키도 목격담 등

---

* 지금의 푸젠성福建省 취안저우시泉州市.

이 더해져 황금의 나라 일본에 대한 인식이 이들 상인들 사이에 널리 퍼졌고, 마르코 폴로는 중국 여행 중 방문한 자이툰에서 이들을 통해 치팡구에 대한 정보를 얻었을 것이라는 추정이 널리 받아들여지고 있다. 또한 앞서 소개한 바와 같이 『동방견문록』에는 쿠빌라이 칸의 치팡구 원정군 파견 스토리가 기술되어 있다. 여몽麗蒙 연합군의 1274년, 1281년 두 차례에 걸친 일본 원정이 마르코 폴로가 원나라에 체재하던 시기와 일치한다는 것도 치팡구가 일본임을 뒷받침하는 증거로 꼽히고 있다.

마르코 폴로가 말한 치팡구가 일본이건 아니건, 『동방견문록』에 수록된 치팡구는 유럽인들에게 동방의 신비롭고도 진기한 '보물섬'에 대한 호기심을 불러일으켰다. 콜럼버스가 인도로 가겠다면서 동쪽이 아닌 서쪽 항로를 택한 것도 (지구가 둥글다는 확신을 바탕으로) 다른 유럽인들보다 치팡구에 먼저 도달하겠다는 동기가 작용하였다. 이처럼 일본은 생각보다 일찍부터 유럽인들의 마음속에 동경을 부르는 환상의 섬나라로 자리하고 있었다.

유럽인들이 동쪽으로 간 까닭은?

중세의 동서 교류는 그리스 시대에 비해서도 위축되어 있었다. 그리스인들은 유라시아 동쪽 멀리 북인도에 이르는 영역을 활동 무대로 삼았지만, 중세 유럽인들의 활동 영역은 지중해 건너 북아프리카와 소아시아에 머물렀다. 비잔티움의 분리로 서유럽은 닫힌 세계가 되었고, 비잔티움의 동방 교역로마저 8세기 이후 이슬람 세력에 의해 차단되면서 유럽인들이 동방으로 가는 길은 더욱 좁아졌다. 전기가 마련된 것은 '새로운 천년new millenium'이 도래한 때였다. 예루살렘이 이교도들에게 함락되자, 성지 탈환의 종교적 동기가 닫힌 세계를 벗어나려는 욕망의 물꼬를 텄다. 11세기에서 14세기에 이르는 시기에 서유럽인들은 십자군 원정을 통해 레반트 Levant 지역*에 직접 진출하여 기독교 왕국을 세우고, 지리 관념의 지평을 넓힌다.

이교도에 대항하는 성전聖戰을 기치로 내건 십자군 운동은 시간이 갈수록 순수함을 잃고 노골적으로 경제적·영토적 이익을 추구하는 세속 전쟁으로 변질되었다. 가장 대표적인 사례가 베네치아가 주도한 4차 원정 (1203~4년)이다. 이때 원정대의 칼끝은 이교도가 아니라 내부 불화로 약체화된 비잔티움의 심장을 향했다. 1204년 원정대는 당초 목표인 이집트가 아니라 비잔티움의 수도 콘스탄티노폴리스(이스탄불)를 공격하여 함락시키고 무자비한 약탈을 자행한다. 800년 동안 문명의 중심지였던 콘스탄티노폴리스의 막대한 금은보화와 서적·회화·공예품 등 문화유산이 바다를 건너 유럽으로 이식된다. 그 과정에서 가장 큰 몫을 챙긴 베네치아는 동서東西 이異문명이 융합된 비잔틴 문명의 세례를 향수하면서 중세 암흑시대를 벗어날 힘과 문화를 축적한다. 비잔틴 제국의 개방성을 흡수한 베네치아인들의 관심은 점점 미지의 영역인 동방을 향한다.

---

* 요르단, 레바논, 시리아 등 소아시아 일대.

그러한 베네치아인들의 동방에 대한 욕망을 집대성한 것이 마르코 폴로의 『동방견문록』이다. 로망 작가 루스티켈로가 마르코 폴로의 스토리에 과장과 수사를 더해 써내려간 동방 세계의 경이로움은 베네치아인들을 매료시켰고, 그 매혹의 스토리는 유럽 전역에 퍼져 나갔다. 『동방견문록』은 『성경』 다음으로 많이 보급된 책이라는 말이 있을 정도로 출간 이후 수세기 동안 유럽인들의 마음을 사로잡았다. 무엇보다 그들의 구미를 자극한 것은 말루쿠제도Maluku*와 실론Ceylon의 향신료, 그리고 치팡구의 황금 스토리였다. 그리고 그러한 욕망에 복음福音을 전한다는 사명이 덧씌워졌다. 유럽인들은 왜 그렇게 동방으로 향하는 길을 갈구했을까? 그를 이해하기 위해서는 '료料·금金·신神'이라는 키워드를 통해 당시 유럽인들의 세계관을 살펴볼 필요가 있다.

---

* 인도네시아의 말레이제도諸島에 위치한 군도群島로, 향신료군도Spice Islands라는 별칭으로 유명하다.

제2장

료料:
향신료의 자극적인 유혹

향신료는 독특한 향과 맛을 내는 식물의 열매 또는 그 추출물·가공물이다. 유라시아를 관통하는 동서 교역로는 향신료가 열었다고 해도 과언이아니다. 당시 향신료의 가치는 현대 관념으로는 상상하기 어려울 정도로높았다. 굳이 비유를 하자면, 오늘날 석유石油 정도의 시장성과 상품성이있는 원료였다고 할 수 있다. 현대인들에게는 그저 맛을 더하는 양념 정도의 재료에 불과한 향신료가 당시 유럽인들에게는 왜 그렇게 가치가 있었을까?

최초의 글로벌 교역 네트워크를 연 향신료

고대 동서 교역로는 당唐나라의 장안長安*과 비잔티움의 콘스탄티노폴리스를 연결하는 루트가 가장 유명하다. 이 길을 따라 중국의 비단이 유럽으로 유입되었다는 의미에서 붙여진 이름이 '비단길Silk Road'이다. 향신료 교역의 역사는 그를 훨씬 앞선다. 향신료는 기원전 3세기 알렉산드로스 대왕의 동방 원정으로 성립된 헬레니즘 시대부터 신비로운 동방의 영약靈藥으로 그리스 일대에 소개되고 있었다. 그리스인의 취향을 이어받은 로마 시대에 이르러 향신료는 상류층과 시민들이 일상적으로 사용하는 필수품이 되었다. 향신료 소비 습관은 로마 제국의 팽창과 함께 유럽 전역에 보급되었고, 중세 시대에 이르러서는 모든 이들이 갈구하는 원료commodity가 되었다.

중세 유럽인들에게 향신료는 약藥과 다르지 않았다. 그들은 향신료를 음식과 함께 섭취하는 것이 질병의 예방·치료에 효과가 있다고 믿었다. 고기류는 부패 방지를 위해 아예 후추나 월계수 잎에 재워 보관하였다. 향신료는 보존재로 없어서는 안 될 필수품이었다. 아직도 서구에는 이러한 육류 전前처리법의 흔적이 남아 있다. 향신료의 맛과 향이 강할수록 건강에 좋다는 믿음이 확산되면서 조리법도 그를 반영하여 진화하였다. 14세기 초반 피렌체의 상인 프란체스코 페골로티Francesco Pegolotti가 작

---

* 현재의 산시성陝西省 시안시西安市.

성한 잡학 핸드북에는 무려 280여 종의 향신료가 기재되어 있다. 그중 상당수는 단순한 양념이나 식품첨가물이 아니라 약재로서의 효능에 대한 당시의 인식이 반영되어 있다. 중세 요리책에는 후추, 생강, 시나몬, 설탕, 샤프론, 타임, 고수, 육두구 등 다양한 향신료를 다루는 조리법에 관한 기록이 남아 있다. 그 종류의 다양함과 요리에 쓰이는 양은 현대의 그것을 뛰어넘는다. 현대에도 산삼이나 녹용 등 한약재가 고가이듯이 당시 향신료는 희소한 고가 상품이었다. 고가인데도 수요가 넘쳐난 이유는 식생활에 파고들어 일상적으로 소비되는 생필품으로서 지속적인 수요를 유발하였기 때문이다. 한마디로 향신료는 '시장의 총아'였다.

유럽 시장에서 향신료의 가격이 오랫동안 비싸게 유지되었던 것은 수요뿐 아니라 공급 측면에 구조적 문제가 있었기 때문이다. 당시 유럽인들은 열렬하게 향신료를 욕망하면서도 정작 향신료가 어떻게 공급되는지 정확한 루트를 파악하지 못했다. 앞서 언급한 대로 당시 유럽인들의 지리지식은 북아프리카와 소아시아를 넘지 못했다. 그를 넘어선 동방은 성서聖書, 알렉산드로스 대왕 원정기, 프톨레마이오스의 『지리학』 등의 영향으로 형성된 동경과 환상의 영역이었다. 초기 중세인들의 지리 관념에 큰 영향을 미친 〈베아투스 지도Beatus Mappa Mundi〉에는 가장 동쪽에 땅 위의 천국인 '에덴동산'이 있고, 그 바로 밑에 인도가 그려져 있다. 천국 바로 밑 동네가 당시 인도의 이미지였다.*

---

* 콜럼버스는 제3회 항해(1498년~1500년)에서 히브리어에 능통한 선원을 데리고 갔다. 목적지인 남아시아에 에덴동산이 있으며, 그곳 거주자들이 히브리어를 쓸 가능성이 높다고 생각했기 때문이다.

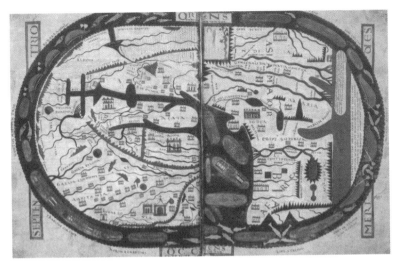

〈베아투스 지도〉. 초기 중세인들의 지리 관념에 큰 영향을 끼쳤다.

이러한 이미지는 로마 시대 이전부터 존재했다. 로마인들은 인도를 '태양빛 바로 아래에 존재하는 나라'로 여겼다. 종교의 영향으로 잘못된 인식이 상식으로 굳어지기도 했다. 15세기까지 유럽인들은 후추가 후추나무에서 나며, 후추나무 꼭대기에는 뱀이 열매를 지키고 있어 그것을 따려면 나무에 불을 질러야 한다고 믿었다.* 성서의 무화과 스토리와 흑黑후추의 검은색이 결합하여 터무니없는 미신이 탄생한 것이다. 이러한 무지와 미신이 횡행한 결과, 향신료는 환상의 열매이자 신비의 영약으로 숭배되었고, (마치 현대의 비트코인처럼) 본원적 가치가 부풀려진 욕망의 대상이

---

* 후추는 나무가 아니라 덩굴류의 식물이며, 열매가 완숙되기 전에 채취하여 건조시키는 과정에서 껍질이 자연스럽게 흑색으로 변한다.

되었다.

당시 향신료는 '향신료 길Spice Road'을 따라 유럽에 전해졌다. 아라비아해를 거쳐 아라비아반도에 유입된 후 콘스탄티노폴리스, 알렉산드리아, 베이루트, 흑해 연안으로 운반되면 베네치아, 제노바 등 이탈리아 상인들이 그를 인수하여 지중해 뱃길을 이용해 유럽 전역에 유통시키는 경로였다. 유럽인들이 산지와 직교역 루트를 개척하려 해도 이슬람 세력에 의해 동방으로 가는 길이 봉쇄되어 있었다. 문제는 그것만이 아니었다. 이슬람 상인들도 향신료의 모든 루트를 확보하고 있지 못했다. 그들 역시 남아시아 일대의 인도 이슬람 상인이 홍해나 페르시아만으로 향신료를 운반해오면, 그곳에서 대상隊商·caravan 편에 육로를 통해 유럽 동쪽 경계로 전달하는 중개무역자였기 때문이다.

13세기 이후 동방은 각지에서 활동하는 대상인집단의 전성시대였다. 중국 남부 연안지역에서 인도 동부에 이르는 지역에는 주류 상인집단으로 알려진 푸젠福建 상인들이 활약하고 있었고, 중국 내륙에는 산시山西 상인집단, 곧 진상晉商들이 유통망을 장악하고 있었다. 인도의 바니안Banyan 상인들은 북쪽 루트를 타고 페르시아의 이스파한Isfahan, 비잔티움의 콘스탄티노폴리스, 러시아의 아스트라한Astrakhan과 모스크바까지 진출했고, 남부의 이슬람·인도 상인들은 아라비아해와 인도양을 연결하는 해양루트에서 독점적 운송망을 구축하고 있었다. 아르메니아(페르시아) 상인들도 동서 육로 무역의 주요 행위자였다. 15세기 이후 이들이 거점을 둔 줄파Julfa*는 이란·중동·동남아·인도·러시아·지중해·북유럽을 연결하는 중개무역 거점으로 번성하였다.

이처럼 향신료 공급 루트는 다기多岐한 참여자와 중간상을 매개로 하는 점조직 네트워크의 형태를 띠고 있었고, 어떤 세력도 그 전모를 꿰뚫거나 유통망을 독차지하지 못했다. 유럽 상인의 입장에서는 그 루트만 독점할 수 있다면 막대한 이익을 거둘 수 있었다. 당시 유럽에서는 이탈리아 상인들이 두각을 나타내고 있었다. 피렌체, 밀라노, 로마, 베네치아의 상인들은 프랑스, 플랑드르, 브리타니아, 이베리아 등 유럽 전역에 퍼져 나가 지점을 세우고 장시場市·fair 유통을 장악하고 있었다. 그중에서 향신료 교역에 가장 큰 이해관계를 갖고 있던 것이 지중해 동쪽 관문에 자리한 베네치아이다. 베네치아는 콘스탄티노폴리스 공략 때 전리품으로 챙긴 다양한 문헌을 통해 동방 일대의 사정을 파악하면서 향신료의 본고장에 다가가기 위한 기회를 노리고 있었다.

마르코 폴로의 바닷길

13세기 후반이 되자 유라시아 대륙의 동서 교류사는 일대 혁명적 변화를 맞이한다. 대륙의 동쪽 끝에서 중부 유럽을 아우르는 몽골 제국이 탄생한 것이다. 몽골 제국의 탄생은 초원길과 실크로드를 막론하고 동서 교통을

---

* 현 아제르바이잔공화국에 소재한 고대 무역 중심지.

차단하고 있던 이슬람 세력을 제압하고 유라시아의 동서 연결 루트를 통할하는 (기능적으로) 단일한 통치체제의 성립을 의미한다. 베네치아의 상인인 니콜로 폴로Nicolo Polo와 마페오 폴로Maffeo Polo 형제는 킵차크한국의 지배하에 있던 크리미아반도를 출발, 우즈베키스탄을 경유하여 중앙아시아를 관통하는 루트를 여행한 끝에 1266년 꿈에 그리던 대도大都(지금의 베이징)에 도착하여 쿠빌라이 칸을 알현한다.

쿠빌라이의 환심을 얻은 폴로 형제는 쿠빌라이가 교황에게 보내는 서신을 휴대한 채 몽골 제국 사신의 비호를 받으며 실크로드를 따라 베니스로 귀향한다. 유럽인이 동서를 무사히 왕복한 것은 당시로서는 기적 같은 일이었다. 쿠빌라이는 서신에서 교황에게 선교사 파견과 함께 친교의 상징으로 성유聖油를 요청하였다. 1270년(또는 1271년) 교황 그레고리오 10세의 답신을 휴대한 폴로 형제는 다시 원元나라로의 여행길에 오른다. 이번에는 니콜로의 아들 마르코도 동행했다. 이때부터 무려 25년에 걸친 마르코의 여정을 담은 여행기가 『동방견문록』이다.

니콜로와 마페오의 여행기가 당시 유럽인들에게 놀라운 것이기는 했지만 그 루트에 대한 소개는 폴로 형제가 처음은 아니었다. 폴로 형제보다 20년 앞선 1247년, 프란치스코회 수사 조반니 카르피네Giovanni da Pian del Carpine가 교황 인노첸시오 4세의 명에 의해 당시 몽골 제국의 수도인 카라코룸을 다녀온 바 있다. 카르피네는 중국을 방문한 (확실한 기록이 있는) 최초의 유럽인으로 알려져 있다. 그러나 마르코 폴로의 『동방견문록』이 유럽 사회에 안긴 충격은 차원이 다른 것이었다. 『동방견문록』에 기

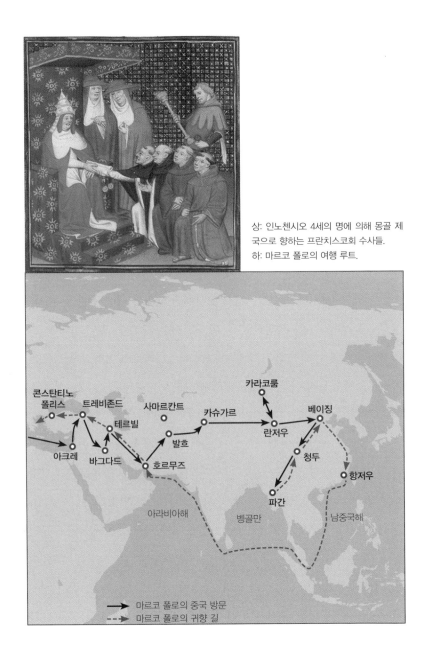

상: 인노첸시오 4세의 명에 의해 몽골 제
국으로 향하는 프란치스코회 수사들.
하: 마르코 폴로의 여행 루트.

콘스탄티노
폴리스
트레비존드
사마르칸트
카슈가르
카라코룸
베이징
테르빌
아크레
바그다드
발흐
란저우
호르무즈
청두
항저우
파간
아라비아해
벵골만
남중국해

→ 마르코 폴로의 중국 방문
- -→ 마르코 폴로의 귀향 길

록된 마르코의 여정은, 앞선 여행가들과는 달리, '땅길'로 동방에 들어가 '바닷길'로 나오는 것이었기 때문이다. 유럽인이 바닷길을 통해 직접 동서를 관통한 것은 당시로서는 획기적인 뉴스였다.

13세기 이후 베네치아는 동방에서 유입되는 향신료를 제노바와 함께 독점하면서 막대한 부를 일구고 있었다. 15세기 유럽에 유통되는 향신료의 80퍼센트를 베네치아가 공급하고 있었다. 13~14세기 원 제국 전성기에 콘스탄티노폴리스와 베이루트 일대로 통하는 동방 교역로는 원활히 작동하였고, 지리적 이점이 있는 베네치아의 향신료 중계무역은 탄탄대로를 달리고 있었다. 한편, 같은 시기 지중해 반대편 이베리아에서는 포르투갈과 에스파냐가 국토회복을 기치로 내건 레콩키스타reconquista 전쟁에서 승기를 잡고 이슬람 세력을 몰아내며 국력을 키우고 있었다. 지중해와 대서양 연안에 접근성을 확보하게 된 이베리아 왕국들은 10배가 넘는 폭리를 취하며 유럽의 부를 긁어모으는 베네치아의 향신료 무역에 주목한다. 서쪽에 치우친 것을 지리적 약점으로 여기던 그들에게 마르코 폴로가 제시한 바닷길의 가능성은 매력적인 것이었다. 15세기 후반이 되자점점 그 가능성에 도전하는 모험가 출현의 시대적 분위기가 무르익고 있었다.

제3장

금金:
황금 보기를 돈같이 한 문명

반짝이는 존재

향신료로는 돈을 벌 수 있지만, 황금은 그 자체로 돈이다. 여기에는 한 가지 유의할 점이 있다. 현대인들은 '금=돈' 개념을 당연시하지만, 이러한 개념은 자연적으로 성립된 것이 아니라는 점이다. (선사시대부터 귀중한 금속으로 인식되기는 했지만) 금이 가장 보편적인 부의 교환 및 저장 수단, 즉 본위화폐standard money로서의 지위를 부여받게 된 데에는 역사적 배경이 있다.

금은 자연 상태에서 '금'으로 존재한다. 엉뚱한 소리 같지만, 이는 여타 광물과 대비되는 금의 특성이다. 금은 제련을 해야 얻어지는 다른 금속과 달리 자연 상태에서 높은 순도를 유지한 채 존재하며, 아연·납 등 불순물이 섞여 있더라도 채취한 당시 그대로의 원광 상태에서 식별이 가능하다. 하천 바닥에 침적되어 반짝이는 사금砂金·alluvial gold이 존재하는 것은 이 때문이다. 금은 희소하지만, 실용적 쓸모는 다른 금속에 비해 크지 않다. 무기나 연장으로 쓰기에는 너무 무르고, 금의 전기적 또는 화학적 물성이 고대인들에게 사용 가치가 있었을 리도 없다. 그럼에도 금은 아주 오래전부터 가장 희구希求되는 금속이었다.

금은 특유의 광택, 중량감 등으로 눈에 띄는 존재이다. 무엇보다 다른 금속과 달리 녹슬지 않는다는 특징 때문에 고귀함과 영원불멸의 상징으로 인식되었다. 이에 따라 정치 지배자들이 권력의 상징으로 금을 수집하고 독점하는 현상이 고대 이집트, 메소포타미아, 황하, 인더스, 마야, 잉카 문명 등을 가리지 않고 보편적으로 나타났다. 이때의 금의 용도는 장신구나 상징물 제작 등 지배자의 정치적 권위 과시와 결부되어 있었고, 그 유통도 제한적이었다. 그러한 금이 현대에까지 통용되는 본위화폐로서 보편적으로 받아들여지게 된 것은 유럽 문명의 유산이다.

화폐의 탄생

금이 본위화폐가 되는 과정을 논하기 위해서는 먼저 금속화폐의 역사를 살펴볼 필요가 있다. (다양한 설이 있으나) 역사학자들은 기원전 7~6세기경에 주조된 이른바 '리디아의 사자Lydian Lion'를 인류 최초의 본격적인 금속화폐로 추정한다. 리디아는 아나톨리아(터키) 동부 해안에 위치한 그리스 문명권의 고대 도시로, 지중해·아프리카·아시아를 연결하는 지리적 이점을 살려 고대 중계무역 거점으로 번성하였다. 리디아에서 벌어지는 이처럼 다양한 이異지역 간 교역으로 인해 이 지역에서는 일찍부터 교환의 기준을 설정할 필요가 있었다.

리디아는 호박금琥珀金·electrum*이 풍부한 지역이었다. 리디아의 위정자들은 교역 편의를 높이기 위해 이 호박금을 활용하여 화폐를 주조하여 유통시켰다.** 그 이전에도 유사한 형태의 귀금속 덩어리bullion/ingot들이 일종의 칭량稱量화폐***로 교환에 사용되었으나, 이들은 주화鑄貨·coin라기보다는 토큰token에 가까운 것이었다. 리디아의 사자를 '본격 화폐'라고 할 수 있는 것은 권위 있는 주체가 표준화된 형상·함유량·중량의 귀금속 표면에 발행처를 명기하고 위조 방지용 인장印章을 찍어 교환수단으로서의 안전성과 편의성을 높임으로써 유통을 비약적으로 향상시켰기 때문이다. 리디아의 사자는 정치적 권위체에 의한 조폐造幣·mint의 원형原型이라 할 수 있다.

'리디아의 사자'의 유통은 정치적 권위 이전에 기술의 혁신이 있었기 때문에 가능했다. 당시 상인들이 거래에 사용하던 호박금들은 금의 함유

---

* 자연 상태에서 존재하는 금과 은의 합금. 금과 은의 함유량 비율에 따라 백색이나 황색 계열의 영롱한 광택이 있어 일찍부터 귀금속으로 취급되었다.
** '리디아의 사자'를 비롯하여 그리스·로마 시대에 주조된 원반disc형의 주화를 스타테르stater라고 한다.
*** 귀금속에 중량을 표시하여 교환에 사용한 화폐. 반대로 액수가 기재된 화폐를 계수화폐라고 한다.

최초의 화폐로 일컬어지는
리디아의 사자.

량이 제각각이어서 안전한 거래가 어려웠다. 시금석試金石·touchstone*의
발견으로 금 함유량을 어느 정도 측정하는 것은 가능했지만, 그 함유량
을 다시 중량에 대입하여 가치를 계산하는 것은 복잡하고 불편했다. 리디
아의 기술자들은 이 문제를 해결하기 위해 800도 이상으로 가열이 가능
한 풍로風爐를 개발하고 흡착제 역할의 소금을 사용하여 자연 상태의 호
박금으로부터 금을 추출하는 방법을 개발한다. 금을 추출할 수 있다면 정
해진 비율대로 다시 섞어 합금을 만드는 것은 간단한 일이었다. 리디아의
사자는 일정한 금 함유량을 보장함으로써 상인들의 신용을 얻어 널리 유
통될 수 있었다.**

　리디아의 사자는 그리스 도시국가들에게 영향을 미쳤다. 그리스 본토

---

* 　금의 품질을 판단하기 위해 사용되는 광석. 광석 표면에 표본금과 시료금을 문질러 비교함으로써 함
유량 등을 측정할 수 있다.
** 　재미있는 것은 리디아 지역에서 산출되는 자연 호박금의 금 함유량은 70~80퍼센트에 달하는 반면,
리디아의 사자는 금 함유량이 50퍼센트 미만이라는 것이다. 후세의 학자들은 이를 리디아의 권력자들
이 금 함유량을 줄여 화폐 발행 차익을 취하려 한 것이라고 해석한다. 세계 최초의 화폐부터 시뇨리지
효과를 노리는 정치권력의 속성이 드러나는 셈이다.

권역에서는 금보다 풍부하게 매장되어 있던 은이 주로 화폐에 이용되었다. 기존에 사용되던 원시화폐들이 리디아의 예를 따라 본격 화폐로 이행하면서 정교한 '드라크마drachma' 은화가 주조되었다. 그리스의 발달된 야금술冶金術과 금속공예 기술로 주화의 형태와 디자인 수준이 비약적으로 진보한 은화가 유통되면서 은화 활용도에 따라 도시국가 간 발전 속도에 차이가 발생하기 시작한다. 기원전 6세기에 회취법灰吹法·cupellation* 이 도입된 이후에는 그리스 일대의 은 생산량이 비약적으로 늘어난다. 가장 먼저 그 기술을 활용하여 부富의 창출에 나선 것은 아테네였다. 아테네에는 라우리움Laurium 은광이 있었다. 다른 모든 그리스의 은을 합친 것보다도 생산량이 많다는 역대급 은광이었다. 아테네는 이곳에서 산출된 은으로 대량의 은화를 주조하였다. 아테네는 시민국가였기에 모든 시민권자가 라우리움 은광에서 산출되는 은을 분배받을 수 있었다.**

아테네인들은 라우리움의 은을 이용해 교역에 나섰고, 아테네는 역외 상업망을 구축하고 부를 거머쥐며 도시국가의 선두주자로 발돋움했다.

아테네를 비롯한 그리스 도시국가의 번성은 소아시아를 제패하고 에게해 일대를 세력권에 넣은 페르시아 제국과 필연적으로 충돌할 수밖에 없었다. 주변국을 복속시키려는 제국과 그에 저항하는 도시국가(연합) 간에 대대적인 무력 충돌이 발생한다. 이른바 '그리스-페르시아 전쟁'의 발발

---

* 재ash를 흡착재로 사용하여 은 광석으로부터 은과 아연을 분리하는 방법. '연은鉛銀분리법'이라고도 한다.
** 은의 생산 자체는 노예노동에 의하였다.

이다. 기원전 490년, 페르시아가 대대적으로 침공하자, 아테네는 사투를 벌여 막아낸다. 현대의 장거리 달리기 스포츠의 원조가 된 마라톤 평원의 전투이다. 페르시아를 패퇴시키기는 했지만, 아테네인들은 승리에 들떠 있을 수만은 없었다. 페르시아가 이대로 물러날 리 없다는 것을 아테네인들은 잘 알고 있었다. 기원전 483년, 라우리움에서 발견된 엄청난 양의 은맥銀脈이 그리스의 운명을 바꾼다. 아테네인들은 새로운 은으로 수중의 지갑이 두둑해지길 원했지만, 지도자 테미스토클레스Themistocles는 국가위기 상황임을 들어 시민들을 설득한다. 은을 평소처럼 배분하기보다 앞으로 닥칠 페르시아의 침공에 대비하여 해군력 증강에 사용하자는 것이었다.

당시 육군은 별로 돈이 들지 않는 군대였다. 시민들이 생업에 종사하다가 유사시에 현역으로 동원되어 전쟁을 치르고, 전쟁이 끝나면 다시 생업에 복귀하는 형태의 군사조직이었기에 군대의 조직·유지에 큰돈이 들지 않았다. 그러나 해군은 사정이 다르다. 군함 건조에서부터 전문가 양성, 시설 유지·보수, 훈련 등에 막대한 자금이 소요된다. 이는 현대도 크게 다르지 않다. 해군력이 곧 그 나라의 국력이다. 테미스토클레스의 강력한 의지와 사회적 합의를 바탕으로 아테네는 증산된 은으로 주조한 은화를 모두 해군력 증강에 투입하여 130척의 군함을 새로 건조한다. 기존 보유 군함이 70척이었으니, 총 200척으로 구성된 함대를 보유하게 된 것이다. 이러한 해군 중심의 군사력 보유는 전쟁의 콘셉트를 완전히 바꾸는 것이었다. 이제까지 군함은 그저 병력을 옮기는 수송 수단에 불과했지만, 아

기원전 5세기 초반에 주조된 아테네의
테트라드라크마 은화.

테네에서는 해군이 군사력의 중심에 서게 된다.

1, 2차 그리스-페르시아 전쟁에 이어 기원전 480년, 페르시아가 그리스 재침공을 감행한다. 크세르크세스Xerxes 1세가 직접 지휘하는 대군이 육로로 진군을 거듭하며 아테네를 향한다. 아테네와 같은 편에 선 스파르타 육군도 페르시아 육군의 상대가 되지 못했고, 주요 타깃이었던 아테네 함락은 시간문제로 보였다. 아테네는 이때 전투가 불가능한 주민을 일단 대피시킨 후, 전투가 가능한 모든 인력을 군함에 승선시켜 외곽 바다로 거점을 옮긴다. 페르시아는 아테네에 도착하여 도시를 약탈하고 유린했지만, 아테네의 주력 부대는 여전히 건재한 상태였다. 아테네 군함들은 살라미스에 재집결해 페르시아 함대와 운명을 건 일대 해상전을 벌인다. 그 유명한 살라미스 해전이다. 이 전투에서 그리스는 수적인 열세에도 불구하고, 좁은 해협에서 재빠른 기동과 유인계로 페르시아 함대를 격침한다. 이때 침몰된 페르시아의 전함이 200척이 넘는다는 기록이 있다. 그 결과 페르시아는 보급로가 끊기고 본국과 연결이 불편해지면서 그리스 원정에 대한 기세가 꺾이고, 살라미스 해전은 전쟁이 그리스의 승리로 막

마케도니아의 금화 필리페이오이.

을 내리는 데에 결정적인 전기가 된 것으로 평가된다.

기원전 350년경, 필리포스 1세 치하의 마케도니아가 그리스 북부를 점령하면서 그리스 권역의 강자로 부상한다. 필리포스 1세의 뒤를 이은 필리포스 2세는 그리스 화폐를 모델로 금화를 주조하였다. 점점 넓어지는 그리스 권역 이원以遠의 영토에서 교역을 도모하기 위해서는 금화가 유효하였다. 마케도니아의 트라케Thrace 지역에서 금광이 발견된 것이 큰 도움이 되었다. 그 뒤를 이은 알렉산드로스는 페르시아를 점령하고 소아시아, 북아프리카를 넘어 중앙아시아, 북인도 일대까지 세력권을 확장하며 일대 제국을 건설한다. 페르시아의 지금地金과 소아시아, 북아프리카 일대에서 산출되는 막대한 양의 금이 마케도니아의 수중에 집중된다.

알렉산드로스는 이를 바탕으로 금화 주조를 확대하는 한편, 이를 동방 원정 군비에 다시 투입하여 끝없이 영토를 확장해나갔다. 당시 주조된 금화 중에는 필리페이오이Philippeioi가 유명하다. 마케도니아의 지배 판도 전역에서 필리페이오이가 사용된 것으로 추정되는데, 오늘날에도 내륙 그리스, 이탈리아, 발칸반도는 물론 멀리 이스탄불, 남부 러시아, 키프로스, 시리아, 이집트 일대에서 같은 종류의 금화가 발굴되고 있다. 이 금화는 마케도니아의 힘에 의해 유럽 전역에 퍼지면서 형태나 디자인 측면에서 후대 화폐에 큰 영향을 미쳤다.*

로마의 금화

기원전 2세기 이후 마케도니아에 이어 지중해 일대를 제패하기 시작한 로마는 유럽의 금속화폐 제도를 완성한다. 로마는 그리스의 영향으로 기원전 4세기 이전에 동화銅貨를 주조하는 수준의 화폐 제도에 대한 이해가 있었다. 기원전 3세기 중반 로마의 세력권이 이탈리아반도를 넘어 확장되면서 보다 값어치 있는 귀금속 화폐의 필요성이 대두한다. 이탈리아반도는 금이 풍부한 곳이 아니다. 로마는 대외교역을 위해 '데나리우스denarius' 은화를 주조하여 유통시켰고, 로마의 은화는 로마의 팽창과 함께 그리스의 드라크마 은화를 빠르게 대체해나갔다.

　로마가 자신의 라이벌인 카르타고와 지중해 패권을 놓고 격돌한 포에니 전쟁에서 연달아 승리하여 이베리아 남부를 차지하면서 로마의 귀금속 보유량에 급격한 변화가 생긴다. 이베리아 남부 시에라네바다Sierra Nevada 산맥의 산기슭에 위치한 그라나다Granada, 말라가Malaga 지역은

---

* 마케도니아가 동서를 연결하며 성립한 헬레니즘 시대에는 이집트, 시리아, 이란은 물론 멀리 아프가니스탄 및 북인도 등 구대륙 각지에 그리스 계통의 문화를 근간으로 하는 위성국이 다수 수립되는데, 이들이 그리스식 주화, 특히 금화를 발행하여 유통시킴으로써 금의 화폐화가 널리 확산된다.

금 매장량이 풍부한 곳이다. 파고 또 파도 금광이 마르지 않는다는 이 지역에서 엄청난 양의 금이 산출되어 로마의 국고로 흡수되었다. 시라쿠사Siracusa, 브리타니아Britannia, 이집트 등 여타 식민지에서도 금이 쏟아져 들어왔다. 1세기경 이베리아 서북부에서 노다지가 터진다. 로마 제국을 통틀어 가장 많은 금을 생산했다는 라스 메둘라스Las Médulas 금광이 개발된 것이다. 라스 메둘라스의 금은 로마의 발달된 토목 기술이 가져온 문명의 전리품이었다.

라스 메둘라스의 산들은 금광석이 풍부하였으나, 이 금광석들은 산괴山塊 깊은 곳에 매장되어 있어 채굴이 쉽지 않았다. 로마인들은 이 금맥

1~3세기에 걸쳐 로마 제국 최대의 금 산출량을 자랑한 에스파냐 서북부의 라스 메둘라스 금광. 수압을 이용해 인공적으로 붕괴시킨 산의 기괴한 모습들은 현재 유네스코 유산으로 등재되어 있다.

을 노출시키기 위해 혁신적인 수압 채굴hydraulic mining 방식을 개발한다. 대략적인 개요는 이렇다. 먼저 금이 매장되어 있는 산 정상에 인공 저수지를 만들어 물을 담아놓는다. 이를 위해 80킬로미터나 떨어진 수원지에서 물을 끌어오기 위한 인공수로aqueduct가 조성되었다. 산괴 내부에 적당한 간격으로 층층이 터널을 뚫어 지반의 압력을 분산시킨 다음, 저수지의 물을 일거에 흘려보내면 수압에 의해 산괴가 찢어지듯 붕괴하면서 금광석을 함유한 토사가 산기슭으로 쏟아진다. 로마인들은 이 토사에 수로로 끌어온 물을 계속 쏟아부으면서 사금을 찾듯 금광석을 채취하였다. 수압 채굴 방식은 현대에도 사용되는 방식이다. 이러한 기법을 인공 동력 없이 자연의 힘만으로 가능케 한 로마인들의 기술력은 실로 놀라운 것이었다. 라스 메둘라스에서는 250년에 걸쳐 무려 500톤에 달하는 금이 생산되었고, 이는 로마 제국의 금 보유고 확대에 결정적으로 기여하였다.

역대 최고치를 갱신하며 팽창하는 금 보유고를 앞에 두고 로마는 본격적인 금화 주조에 나선다. 기원 전후 로마의 공화정이 종식되고 아우구스투스가 최초의 황제로 취임하여 제정帝政이 시작될 무렵, 마케도니아의 필리페이오이를 모델로 주조된 로마의 '아우레우스aureus' 금화가 널리 유통되고 있었다. 금화는 더 이상 명목상으로 존재하는 희소 화폐가 아니라, 거래 결제, 채무 상환, 세금 납부에 실제 사용되는 실물 고액 화폐로서 유통되었다. 4세기경 콘스탄티누스 시대에는 아우레우스를 대체하여

좌: 모네타 여신이 새겨진 로마 시대 동전.
우: 모네타 여신이 새겨진 미국 50달러 지폐.

새로운 금화인 '베잔트bezant'*가 주조되어 최고액 화폐이자 가장 선호되고 널리 통용되는 화폐로서의 지위를 이어받았다.

로마 제국이 발행한 금·은·동화는 로마의 강력한 통치에 힘입어 수백 년간 제국 내부는 물론 제국 밖에서도 가치와 교환 비율을 인정받으며 널리 유통되는 (일종의) 기축통화가 되었다. 로마 제국은 동화의 주조는 속주屬州나 식민 정부에 권한을 위임했으나, 금화와 은화의 주조는 중앙정부의 통제하에 두었다. 금화를 주조한 장소는 로마의 수호신인 유노 모네타Juno Moneta(충고의 유노)를 모시는 신전이었다. 모네타의 신전에서는 제국의 광대한 영토에서 모아온 금을 녹여 제국의 권위와 부의 상징인 금화를 주조하였고, 로마의 황제는 이를 바탕으로 행정 조직과 군대를 유지하고 인프라를 건설하는 재정財政을 펼쳤다. 오늘날 화폐, 즉 돈을 의미하는 영어 'money'와 조폐(창)를 의미하는 'mint'는 이 모네타에서 유래

---

* 베잔트는 통칭이며, 가장 대표적인 금화의 명칭은 '솔리두스solidus'이다. 솔리두스는 당시 군인들에게 급료로 지급되면서 'soldier(군인)'의 어원이 되기도 하였다.

한 것이다.

희소해질수록 커지는 욕망

베잔트는 로마가 동서로 쪼개지는 와중에서도 가장 널리 통용되는 고가의 화폐로 오랫동안 기능하였으나, 비잔티움의 쇠퇴에 따라 금 함유량을 낮추는 가치저하 개주debasement가 되풀이되면서 같은 처지의 데나리우스 은화와 함께 점점 신용을 상실한다. 당시 유럽이 처한 문제는 금 수요가 늘어나는 데 비해 금 보유고가 정체하였다는 것이다. 당시 유럽의 금 보유고는 로마 제국 강성기에 제국의 힘이 미치는 '알려진 세계the known world' 각지로부터 금을 집중시키고 체계적으로 축적하여 성립시킨 인위적 노력의 산물이었다. 5세기 이후 게르만의 대이동으로 로마 제국이 유럽 각지에서 통치력을 상실하고 주요 도시들이 약탈당하면서 금 보유고도 팽창의 동력을 잃는다. 무엇이든 이루기는 어렵지만 부수기는 쉽다. 게르만 국가들은 금의 역내 생산 또는 역외 유입 모든 면에서 로마의 기술력과 자원 동원 능력에 비할 바가 아니었다. 로마가 콘스탄티노폴리스로 천도하여 비잔티움 제국이 성립하자 유럽의 금 보유고는 더욱 위축된다. 문자도 없는 야만족 눈앞에 던져진 고순도 황금은 그들의 영혼을 뒤흔들었고, 게르만족의 황금 집착은 종교에 가까운 것이었다.

고도의 질서를 형성하고 유지하는 능력이 필요한 교역이 로마 제국의 붕괴와 장원 중심의 봉건체제 등장으로 위축되면서 화폐경제가 다시 물물교환경제로 후퇴하였고, 금화는 화폐로서의 용도를 점차 상실한다. 대신 대량의 금화가 그저 지배자의 사치품 제작을 위한 재료로 용광로에 던져져 용도 폐기의 운명을 맞았다. 화폐 퇴출의 대가로 로마 시대에도 보기 힘들던 황금 세숫대야, 술잔, 장신구들이 지배자들의 궁성宮城을 채워갔지만, 그것은 곧 경제의 퇴보를 의미할 뿐이었다.

약탈은 가장 손쉽게 금을 얻을 수 있는 방법이었다. 8세기 이후 게르만족 국가들이 서서히 문명화의 길을 걷고 있던 와중에 이번에는 북쪽의 바이킹족이 다시 한번 유럽 대륙에 야만의 피바람을 몰고 온다. 바이킹족은 대서양과 지중해 일대의 해양로를 지배하며 문명의 과실을 무력으로 탐했고, 금은 약탈의 첫 번째 대상이었다. 생산량이 제자리인 상황에서 약탈이 거듭될수록 금은 점점 희소한 자원이 되었고, 유럽인들의 금에 대한 욕망도 더욱 커져갔다.

13세기에 접어들 무렵, 베잔트 금화와 데나리우스 은화는 형편없는 금·은 함유량으로 시장에서 퇴출 압력이 높아지고 있었다. 비잔티움의 금 보유고 부족으로 금 함유량이 2퍼센트에도 미치지 못하는 금화가 주조되기도 하는 등 사실상 로마의 금·은화는 화폐로서의 기능이 상실되었다. 반면 당시 상업으로 국세國勢를 키우던 이탈리아 도시국가들은 제국의 무력이 아닌 상업 거래의 힘으로 금을 축적하고 있었다. 이들은 로마의 화폐를 대체할 새로운 화폐 주조에 나선다.

1253년 피렌체는 순도 23캐럿, 무게 6.99그램의 고순도 플로린florin 금화를 발행한다. 이에 뒤질세라 30년 뒤인 1284년, 라이벌 베네치아도 순도 99퍼센트, 무게 3.545그램의 두카트ducat 금화를 발행한다. 양대 화폐는 상업의 최강자 피렌체와 베네치아의 신용에 힘입어 치열한 유통 경쟁을 벌이며 빠르게 유럽 시장에 확산되었고, 15세기 이후 실질적으로 베잔트를 대체하는 유럽의 기축통화가 되었다.*

중세 암흑의 장막이 서서히 걷혀갈 무렵 금화의 주조가 국부의 상징이자 국력의 원천이었던 베네치아나 피렌체는 금의 확보에 절대적 국익이 걸려 있었고, 사정은 다른 국가(왕실)들도 마찬가지였다. 로마 문명이 남긴 유산으로 금은 가장 가치 있는 자산이자 화폐가 되었지만, 그 보유고가 늘지 않는 상황에서 유럽인들의 금에 대한 욕망은 더욱 커져만 갔다.

고대에서 중세에 이르는 유럽 화폐경제의 진전 과정에서 화폐 성립의 기초가 되는 본원적 가치base value에 대한 믿음이 금에 집중됨에 따라 금은 다른 귀금속과 차별화되는 특별한 지위를 획득한다. 본위통화가 된다는 것은 즉각적 교환 및 안정적 부의 저장 기능, 즉 보편적 환금성universal convertibility이 제도적으로 보장된다는 것을 의미한다. 은도 유사한 신용의 대상이 되었으나, 부여되는 가치의 크기가 금에 비할 바가 아니었다. 한마디로 금은 불변의 재산적 가치를 지니는 무조건적인 신뢰의 대상이 된 것이다. 이에 따라 유럽 문명권의 경제활동 초점은 금의 획득과 보유에 맞춰진다.** 유럽 문명은 황금 보기를 '돈'같이 하는 문명이었다. 현대

---

* 순도 99퍼센트의 초우량 화폐인 두카트는 1797년 나폴레옹 군대에 의해 베네치아 공화국이 붕괴할 때까지 그 순도를 유지할 정도로 유럽 전역에서 가치를 인정받는 대표적 화폐로 군림하였다. 일부 유럽국은 아직까지도 발권력의 상징으로 금화를 (소량) 발행할 때 두카트라는 명칭(단위)을 사용한다.
** 이러한 현상은 유럽을 넘어 이슬람 세계에까지 확대되었으며, 이에 따라 금을 인위적으로 합성하려

에도 금이 가장 선호되는 안전자산의 한 축으로 기능하는 것은 이와 같은 역사적 배경과 인위적 제도의 유산이다.

금을 본원적 가치재로 상정하여 발전한 유럽의 화폐 제도는 중국의 고대 화폐 제도와 비교하면 그 차이를 보다 분명하게 느낄 수 있다. 한국에서는 중국인들이 예로부터 황금을 좋아한다고 알려져 있지만, 이러한 상식은 반드시 역사적 사실과 일치하지 않는다. 고대 중국에서는 옥玉이 가장 소중한 재화로 통용되었다. 금은 귀하게 인식되기는 하였으나 그 용도는 주로 장식용 재료에 국한되었고, 은銀·동銅에 비하여 인식되는 자산 가치가 유럽만큼 각별하지도 않았다. 이는 금(gold, 원소기호 Au)을 지칭하는 별도의 문자가 없는 것에서도 나타난다.*

고대 중국은 모든 금속을 가치 있는 재화로 취급하였으며, 황금은 그중에서 상대적으로 희소하고 더 가치 있는 금속이었을 뿐이다. 이러한 금에 대한 인식으로 인해 역대 중국 왕조들은 금의 산출량 증대를 위해 특별한 노력을 기울이지 않았다. 중국의 금 보유고는 낮았으며, 그에 따라 금이 본격 화폐로 유통되지도 않았다. 중국에서 화폐 소재로서 가장 중요한 지위를 차지한 것은 (금속으로는) 동과 은이었고, 특히 명대明代 이후에

는 '연금술alchemy'이 이슬람 학자들 사이에서 진지하게 연구되었다. 비록 그 시도는 실패하였으나, 이때 축적된 물질계에 대한 이해는 근대 화학의 초석이 되었다. 근대 화학은 금을 얻고자 하는 욕망에서 출발한 학문이다.

* 한자 '금金'은 금속metal을 지칭하는 통칭으로서 금(Au)을 의미하는 것은 '황금黃金'이라는 별도의 단어이다. 한국어에서도 '금金'의 훈訓은 '쇠'다. 『설문해자說文解字』에는 "금(쇠)에는 황금, 적금, 백금, 청금, 흑금의 다섯 가지 색이 있으며, 이 중에서 황금을 으뜸으로 친다"고 설명되어 있다.

은이 각광을 받으면서 금과의 상대적 가치 차이도 유럽에 비해 크지 않았다. 이러한 금과 은의 상대적 가치에 대한 두 지역 간 인식차는 대항해시대 동서 무역을 견인하는 경제적 동기의 하나였다.*

---

* 고대 이래로 유럽의 금은비가比價(가치의 상대적 비율)는 1 대 11~12 수준이었다. 16세기 이후 동아시아에 진출한 유럽인들은 현지의 금은비가가 1 대 6 내외인 것을 알게 된다. 타 지역에서 조달한 은을 동아시아의 금과 교환하여 유럽으로 보내면 교환 비율의 차이만으로 두 배 이상의 수익이 발생하는 차익거래arbitrage가 존재했던 셈이다.

제4장

신神(상):
기독교의 절대사명

기독교*는 태생적으로 '선교宣敎'의 종교이다. 선교가 신앙인의 가장 중요한 사명으로 교리에 내재되어 있다. 이는 신앙의 자격을 제한하는 배타적 속성이 드물지 않은 (당시의) 여타 종교에 비해 기독교가 갖는 특징이라고 할 수 있다. 기독교의 역사는 선교의 역사라고 해도 과언이 아니다. 이러한 교리의 원점이 예수의 '절대사명Great Commission'**이다. 기독교의 경전인 『성경』은 예수가 제자apostles들에게 유언으로 남긴 가장 중요한 사명을 다음과 같이 전한다.

---

* 이 장에서는 1~15세기까지의 기독교 역사를 다루고 있다. 따라서 별도의 설명이 없는 한, 이 장에서의 기독교는 선교 이전의 구교(주로 로마 가톨릭)를 지칭한다.

** 한국에서는 교단에 따라 '대사명大使命', '절대위임'으로 번역되기도 한다.

나는 하늘과 땅의 모든 권한을 받았다. 그러므로 너희는 가서 이 세상 모든 사람들을 내 제자로 삼아 아버지와 아들과 성령의 이름으로 그들에게 세례를 베풀고 내가 너희에게 명한 모든 것을 지키도록 가르쳐라 (「마태오의 복음서」 28장).

신생 종교인 기독교가 기존 종교와 세속 권력의 탄압과 박해에도 불구하고 발상지인 레반트 지역을 넘어 유럽, 나아가 전 세계로 확산되어 지배적인 종교의 하나가 될 수 있었던 데에는 선교를 신앙의 본질적 요소로 규범화한 '지상명령' 교리의 영향이 절대적이다.

「사도행전」은 예수의 제자들이 선교*에 임하는 과정을 담은 경전이다. 많은 기독교인들이 「사도행전」을 신앙인의 전범典範으로 삼는다. 4세기 초반 카이사레아Caesarea**의 주교 에우세비우스Eusebius는 초기 기독교 역사를 서술한 『교회사Ekklesiastike Historia』를 저술한다. 당시 끌어들일 수 있는 최대한의 방대한 기록을 취합하여 연대기 형식으로 작성된 이 책은 예수의 제자 및 이후 계승자들의 선교 스토리가 뼈대를 이루고 있다. 그런 만큼 초기 교회 지도자의 업적, 그들이 겪은 고난과 순교 스토리가 가득 있다. 에우세비우스는 콘스탄티누스 대제의 복심으로 활동한 이력

---

* 『신약성서』는 로마 제국의 공용어인 헬라어Koine-Greek로 기록되었다. 선교를 의미하는 'προσήλυτος(prosélytos)'는 본래 비非유대교 신자가 유대교로 개종하는 것을 의미하였으나, 『신약성서』의 영향으로 유대교 신자(를 비롯한 이교도)가 기독교로 개종하는 것으로 의미가 전화轉化하였다. 선교·전도를 의미하는 영어 단어 'proselytize'는 이로부터 유래하였다.
** 팔레스타인 지역에 위치한 고대 도시의 이름.

등으로 인해 기독교계의 평가가 갈리는 인물이다. 그러나 정치적 행적과는 별개로, 그가 평생을 바쳐 남긴 방대하고 체계적인 기록은 그에게 '교회 역사의 아버지'라는 별칭을 안겨주었다. 그는 기독교가 '기록의 종교'가 되는 데에 지대한 영향을 미쳤다. 기독교는 교회 조직은 물론 사제 개인의 차원에서도 기록을 남기는 것을 대단히 중요시하는 종교이다. 그리고 그러한 기록 속에 자신의 이름이 남겨지는 것이 지극한 영광으로 인식되는 종교이기도 하다.*

기독교의 공인과 선교의 자유

3세기 초반 이래 로마 제국은 '군인황제 시대'**라 불리는 대혼란을 겪고 있었다. 284년에 즉위한 디오클레티아누스는 (게르만, 사산 왕조 페르시아 등) 외적과의 대치, 내정 실패와 재정난, 신흥 종교로 인한 사회 불안 등 내우외환에 처한 제국의 개혁에 착수한다. 그는 권력 승계를 안정화하기 위해 '사두정四頭政·Tetrarchia'*** 제도를 도입하는 한편, 대대적인 기독교 탄압에 나선다. 디오클레티아누스는 황제 난립으로 인해 황제권이 유

---

* 이러한 기독교의 인식을 가장 잘 나타내는 것이 시성諡聖·canonizatio, 시복諡福·beatificatio 제도이다.
** 235년에서 284년까지 49년 동안 (주로 각지의 군인들이 옹립한) 26명의 황제들이 난립한 시기.
*** 두 명의 정제正帝·Augustus와 두 명의 부제副帝·Caisar가 제국을 분할 통치하는 복수군주 제도. 이때 두 황제의 관할 지역을 보스니아 지역을 경계로 동로마와 서로마로 나누었고, 이는 훗날 로마 제국 분열의 단초가 되었다.

명무실화된 것을 제국 위기의 근원으로 보았다. 그는 황제권 강화를 위해 기존의 '원수정元首政·principatus'에 일대 수정을 가한다. 원로원 권능의 약화와 관료제 강화를 통해 황제에게 권력을 집중시키는 그의 개혁은 로마를 '전제정專制政·dominatus'으로 변모시켰다. 그는 황제가 신과 동등한 경외와 절대 복종의 대상이 되어야 한다고 생각했다. 절대 유일신을 섬기며 우상 숭배를 거부하는 기독교는 황제 숭배의 상징 조작에 방해가 되는 존재였다. 디오클레티아누스는 기독교를 로마의 수호신과 다신교 전통을 부정하는 사교邪敎로 규정하고 가혹한 탄압을 가한다. 기독교도들에게는 어느 때보다 혹독한 시련의 시기였다.

디오클레티아누스 퇴위 후, 콘스탄티누스 대제가 사두정 경쟁자들을 제압하고 단독 황제의 자리에 오른다. 콘스탄티누스 치하에서 기독교는 일대 전기를 맞는다. 313년 '밀라노 칙령'으로 기독교가 공인된 것이다. 기독교를 공인한 콘스탄티누스의 회심回心에 대해서는 '십자가의 계시' 일화가 유명하다. 그러나 신학(또는 신화)적 해석을 별개로 하면, 역사가들은 콘스탄티누스의 기독교 공인을 권력 투쟁의 산물로 해석한다. 정적 막센티우스와의 대결 구도 속에서 민중에 널리 퍼진 기독교를 포용하여 취약한 권력 기반을 강화하기 위해 취해진 고도의 정치적 행위라는 것이다. 황제의 속내가 무엇이건, 기독교는 공인되었고, 선교의 자유는 보장되었다. 황제의 명으로 재산권과 신변의 안전을 보장받게 된 기독교 지도자들은 음지에서 벗어나 본격적인 선교에 나선다. 공인 이전의 기독교가 '내세 구원'과 '신 앞의 평등' 교리로 기층 민중을 파고들었다면, 공인 이후

콘스탄티누스의 '십자가의 계시'.

에는 황제의 비호를 받는 종교가 되어 세속적 동기에서 개종코자 하는 시민계급 이상의 지배층을 대폭 흡수하기 시작했다.

380년, 테오도시우스 황제가 모든 신민에게 니케아 신경信經을 신봉할 것을 명하는 칙령을 발한다. 이로써 기독교는 실질적으로 제국의 국교國敎가 되었다. 이교도를 탄압하고 개종을 강제한 것은 아니나, 비기독교도의 공직 진출 제한 등 이교도들에 대한 차별은 암묵적 개종 압력에 다름 아니었다. 황제의 권력을 등에 업은 기독교는 날개 달린 말처럼 제국 전역으로 퍼졌고, 제국 하늘 아래 복음이 도달하지 않은 곳이 없었다. 로마가 인류에 남긴 유산은 물질적인 것에 머무르지 않는다. 특히 기독교가 로마 제국의 국교가 됨으로써 유럽의 다양한 '민족ethnic group'이 언어·인종·전통을 초월하여 '기독 신앙'을 매개로 동질성을 공유하고, '아我와 타他'의 경계를 인식하게 된 것은 이후 인류 역사에 가장 큰 영향을 미친 로마 제국의 유산이라 할 수 있다.

교황의 수위성

콘스탄티누스 대제는 기독교계 입장에서는 '야누스'와 같은 존재다. 기독교를 공인하여 탄압에서 해방시켜준 빛과, 교리·조직을 권력에 예속시킨 어둠이 공존하는 인물이기 때문이다. 초기 교회 시대 이래로 기독교는 단일한 종교이기는 했으나, 체계적인 교리와 교단의 성립에는 이르지 못하고 있었다. 로마·카르타고·안티오키아·예루살렘·알렉산드리아 등 제국 주요 도시에 터를 잡은 교회가 각자의 세력권을 형성하고 있었으며, 통일된 의사결정을 위한 조직과 절차도 부재하였다.

콘스탄티누스는 기독교 공인 이후, 기독교 교리·교단 정비에 직접 팔을 걷어붙이고 나선다. 그는 아리우스파 확산 등 기독교계의 분열과 혼란이 끊이지 않자, 325년 니케아 황제 별궁에 각지 주교들을 소집한 후, 통일된 교리 마련을 주교단에 촉구한다. 이른바 제1차 니케아 공의회Concilium의 개최다. 니케아 공의회는 아리우스파가 이단으로 판정되고 삼위일체론이 선언되는 한편, 교리·전례典禮·교권의 핵심 내용을 정립한 니케아 신경이 채택된 것으로 유명하지만, 사실 눈여겨봐야 할 점은 회의를 소집하고 개최하는 과정에서 콘스탄티누스 대제가 자임한 역할이다. 그는 회의를 소집하는 데에 그치지 않고, 중앙좌에 착석하여 좌우로 주교들을 거느린 채 회의를 주재하였다. 신앙의 자유와 보호를 인정받는 대가로 교권이 황권에 복종하는 모양새가 된 것이다.

330년, 콘스탄티누스는 로마를 떠나 비잔티움으로 천도한다. 새로이

니케아 공의회(325년)를 주재하는
콘스탄티누스 대제.

제국의 수도가 된 '노바 로마Nova Roma (새로운 로마)'*의 교회는 도시의 정
치·경제적 번영과 함께 교세가 크게 신장한다. 콘스탄티노폴리스는 독립
관구로 격상되었으며, 제국 수도의 위상에 힘입어 알렉산드리아, 안티오
키아를 뛰어넘는 동방 교회의 중심이 되었다. 콘스탄티노폴리스 총대주
교는 황제를 등에 업고 교계에서 발언권을 높일 수 있었던 반면, 황제의
입김으로부터 자유롭지 못하다는 딜레마를 안고 있었다. 아울러 교계 내

---

* 콘스탄티누스가 천도 후 명명한 새로운 수도의 명칭. 시간이 지나면서 노바 로마보다는 '콘스탄티누
스의 도시'를 의미하는 콘스탄티노폴리스라는 이름으로 불리게 되었다.

부의 신학 논쟁과 권력 분쟁이 불거질 때마다 그 중심에서 소모적 논쟁에 시달리며 권위에 상처를 입는 부작용도 있었다.

이는 로마 교회에게 위기이자 기회였다. 로마는 베드로가 순교한 땅으로, 로마 교회의 주교는 예수의 수위 제자이자 천국 문의 열쇠를 부여받은 베드로의 계승자*로서 '교황Pope'이라는 영예를 지니고 있었다. 다만, 권위가 곧 권력을 의미하지는 않았다. 교계의 위계질서는 아직 미확정의 상태였다.

로마 교황의 권위가 모든 기독교 공동체를 다스리는 권한**을 갖는 명실상부한 최고 수장의 위격位格으로 제도화된 것은 5세기 중반 레오 1세(재위 440~61년) 시기였다. 당시 서로마 제국은 이민족의 침입과 내홍內訌을 견디지 못하고 해체의 길로 접어들고 있었다. 레오 1세는 통치력 쇠락에 고민하는 서로마 황제 발렌티니아누스 3세를 보조하면서 로마 교회의 입지를 강화한다. 그는 자신의 권위에 도전하는 여타 주교들을 황제의 칙령과 칼케돈 공의회(451년) 개최를 통해 차례로 제압하고, 로마 주교의 교황으로서의 수위성首位性을 확립한다. 지금도 교황의 정식 명칭에는 "로마 교구의 주교이며, 그리스도의 대리자이며, 베드로의 후계자이며, 서방 교회 최고의 사제이며, 총대주교이며, 이탈리아의 수석 대주교이며, 바티칸 시국市國의 수장이며, 세계 주교단의 단장이며, 현세 교회를 통괄하는

---

* 이를 가톨릭계에서는 '사도전승'이라 한다. 모든 주교는 집합적 의미에서의 사도의 후계자이나, 로마, 알렉산드리아, 콘스탄티노폴리스의 주교는 각각 베드로, 마가, 안드레아의 후계자로서의 특별한 지위를 인정받는다.

** 가톨릭계에서는 이를 '재치권裁治權'이라 한다.

최고 사목자司牧者"라는 장문의 직함이 주렁주렁 달려 있다. 이러한 로마 주교의 교황으로서의 특별한 지위와 권능을 확립하고 제도화하는 기틀을 다진 장본인이 레오 1세이다.*

레오 1세의 탁월한 정치력은 로마의 위기 앞에서 더욱 빛을 발한다. 그는 452년 훈족의 왕 아틸라가 로마에 접근해왔을 때 외교 담판을 통해 아틸라를 회군시켰으며, 이후 반달족의 로마 침입 시에도 협상에 나서 전화戰禍로 인한 희생을 줄이는 데 기여한다. 레오 1세는 이러한 영웅적 행동과 공적으로 인해 '로마의 수호자'로 칭송된다. 야만인의 침입으로부터 '문명을 보호하는 영도자'로서의 교황의 이미지는 서로마 제국의 붕괴와 맞물려 로마인들의 충성이 황제로부터 이탈하여 교황으로 향하는 계기가 된다. 교황의 지도자로서의 권위는 더 이상 종교 영역에만 머무르는 것이 아니었다.

클로비스의 개종

5세기 중반 훈족의 침입은 게르만족의 대이동을 촉발하였고, 서로마 제국의 혼란은 극에 달한다. 이 시기 서유럽 최대의 세력을 형성한 것은 갈리아 지방(지금의 프랑스·독일 일대)에 자리를 잡은 프랑크족이었다. 프랑크족의 유력 부족인 살리Salii족 출신인 클로비스는 486년 프랑크 여러 부족

---

* 레오 1세는 '위대한Magnus'이라는 수식어가 붙는 최초의 교황이다.

을 통일한 후, 센강 유역의 파리를 도읍으로 삼아 프랑크 왕국을 세운다. 프랑크 왕국이 유럽 역사에 미친 영향은 지대하다. 클로비스가 개창한 왕조를 메로베우스(메로빙거) 왕조라 한다. 메로베우스 왕조는 그리스·로마 전통과 맥을 달리하는 게르만 혈통의 왕조이다. 메로베우스 왕조는 계통상 카롤루스(카롤링거)·카페·발루아·부르봉 왕조로 이어지면서 중세와 근대를 관통하는 게르만 왕국체제의 산파역이 되었다. 유럽의 중·근세 역사는 메로베우스 왕조를 기점으로 다기한 혈연관계로 연결된 왕실 간의 이합집산의 역사라고 해도 과언이 아니다.*

프랑크 왕국은 유럽의 봉건제에도 큰 영향을 미쳤다. 게르만족은 전통적으로 '종사제從士制·Comitatus'라는 군사적 유대관계에 의해 유지되는 사회였다. 종사제란 부족의 수장首長과 휘하의 전사들이 충성·보호 서약을 맺고 전시 동원, 전리품 분배 등의 질서를 규율하는 제도이다. 클로비스는 왕국 창업 과정에서 종사제 전통에 따라 가신들에게 전리품과 정복지를 분배하고 영주로 봉했다. 각 영주들은 왕에게 충성 의무를 이행하는 대가로 영지 내 토지와 주민의 사용·수익·처분에 대한 자치권을 행사할 수 있었다. 프랑크 왕국에서 행해진 왕과 영주 간의 '계약'에 의한 주종관계 성립과 통치권 분산 제도는 유럽식 봉건제의 원초적 모델이 되었다. 마르크스식 설명을 빌리면 고대 노예제 사회에서 중세 봉건제 사회로 이

---

* 게르만의 관습법을 성문화한 메로베우스 왕조의 '살리카법Lex Salica'은 훗날 유럽의 역사를 요동치게 하는 발단이 된다. 여계女系의 왕위 상속을 인정하지 않는 살리카법의 규범은 유럽 각국의 왕위 계승권을 둘러싼 분쟁의 화근이 되었고, 유럽의 왕국 지형도는 그 결과에 따라 출렁거렸다.

행하는 하부구조의 변화를 촉발한 것이 클로비스의 프랑크 왕국이었다.

클로비스는 기독교사史에서 특별한 의미가 있는 인물이다. 게르만족은 당시 유럽 전역을 휩쓸고 있었고, 이들 사이에는 '아리우스파'가 널리 퍼져 있었다. 알렉산드리아의 성직자였던 아리우스는 예수를 성부에 의해 창조된 존재(피조물)이자 종속적인 개념으로 해석하였다. '성부'와 '성자'가 모두 신이라면 다신교와 다를 바가 없다는 것이 그의 논지였다. 그의 신학은 직관적이고 알기 쉬운 교리로 변방의 이교도들에게 널리 확산되었다. 예수의 신성神性에 대한 이견은 정통파 입장에서는 기독교의 기초를 흔드는 문제였다. 아리우스파는 니케아 공의회에서 이단으로 규정되고 아리우스 자신도 파문됨에 따라 사그라지는 듯했으나, 5세기 중반 이후 게르만족의 신앙이 되어 제국을 역습하였고, 이로 인해 로마 가톨릭은 중대한 위기를 맞고 있었다.

이때 구세주와 같이 나타난 존재가 클로비스이다.* 클로비스는 496년** 알라만Alamans족과의 전쟁에서 기적적으로 승리한 것을 계기로 3000명의 부하와 함께 로마 가톨릭으로 개종한다. 그의 개종에 대해서는 가톨릭 신자인 아내 클로틸드의 간청 일화가 널리 알려져 있다. 그러나 콘스탄티누스 대제와 마찬가지로 클로비스의 개종 역시 순수한 종교적 행위를 넘어 지배력 강화 차원의 통치책과 불가분의 관계에 있었다. 클로비스가 왕국의 터를 잡은 갈리아는 로마 통치의 영향으로 다수의 원주민들이 가톨

---

* 실제 클로비스는 메로베우스 가문이 예수와 마리아의 후손이라고 주장하였다.
** 클로비스의 개종 연도에 대해서는 기록의 차이가 있어 496~508년 사이의 어느 한 시기로 추정된다.

세례를 받는 클로비스.

릭 신자였고, 이들에게는 게르만족의 침입이 신앙에 대한 위협이기도 했다. 정복자로서 탄압자가 되느냐 해방자가 되느냐의 기로에서 클로비스는 해방자의 길을 택한다. 클로비스의 개종으로 정복 전쟁은 성전聖戰으로 칭송되고, 정복자는 구원자로 찬양되었다. 6세기 투르Tours의 그레고리우스Gregorius는 자신의 저서에서 클로비스를 '제2의 콘스탄티누스'라고 칭송할 정도였다.

클로비스의 개종은 콘스탄티노폴리스와 파리를 적대관계가 아닌 동맹관계로 묶는 정치적 효과가 있었다. 로마 제국은 클로비스에게 로마 특별시민이자 집정관consul의 호칭을 부여하여 예우하였고, 클로비스도 제국 '밖'이 아닌 제국 '안'에 머물며 통치권 확립에 필요한 권위를 확보하였다. 누구보다 클로비스의 개종을 반긴 것은 로마 교황이었다. 삼위일체론을 교리의 근간으로 삼는 가톨릭 입장에서 예수의 신성神性을 어정쩡하게 해석하는 아리우스파는 이교異教보다도 더 공존의 여지가 없는 이단異端이었다. 콘스탄티노폴리스 천도 이후 로마 교황은 교계 수장으로서의 위상을 어렵사리 지키고 있었으나, 476년 오도아케르Odoacer의 로마 점령으로 서로마 황제라는 보호자를 잃은 상황이었다. 이러한 때에 이루어진 클로비스의 개종은 교황에게 한줄기 빛과 같은 희소식이었다. 클로비스의 개종으로 서유럽 일대에서 아리우스파의 입지가 좁아지면서 가톨릭의 교세가 공고해질 수 있었고, 로마 교황의 권위도 유지될 수 있었다.

클로비스는 자신의 신앙심을 만천하에 알리기 위해 파리에 생트 주느비에브St. Genevieve 교회를 건립하는 한편, 511년 왕국 영역 내 32명의 주교를 오를레앙에 소집하여 공의회를 개최한다. 새로운 권력자인 프랑크 왕국의 왕이 가톨릭의 보호자가 될 것임을 선언하는 의미가 있는 회의였다. 이 회의에서는 왕국 내의 교구教區 확정, 각종 전례, 신앙생활 세시기歲時記 등에 관한 교회법이 채택되었다. 일요일(안식일)에 노동을 하지 않는 관습도 이때 채택된 것으로, 오를레앙 공의회는 중세 유럽인들의 삶의 양태에 지대한 영향을 미쳤고, 그 영향은 오늘날에도 이르고 있다. 만약 클로비스의 개종이 없었다면 유럽은 지금 우리가 아는 유럽과는 다른 모습을 하고 있을지도 모를 일이다.

서유럽의 기독교화

586년, 이베리아반도의 최대 세력을 형성하고 있던 서고트 왕국에 렉카레드Reccared 왕이 즉위한다. 이베리아의 원주민을 복속시킨 서고트족 역시 아리우스파가 주류였다. 선왕先王 리우비길드Liuvigild는 원래 왕위를 렉카레드의 형인 에르메네힐드Hermenegild에게 이양할 생각이었으나, 에르메네힐드의 정략결혼이 생각지도 못한 사태를 초래한다. 에르메네힐드가 아내로 맞이한 인군트Ingund는 프랑크 왕국에서 갈라진 아우스트라시아Austrasia의 시기베르트Sigebert 1세의 딸이었고, 프랑크 왕국 출신답게 가톨릭교도였다. 인군트가 남편을 따라 아리우스파로 개종할 것이 기대되는 상황에서 뜻밖에도 왕위 계승자인 에르메네힐드가 가톨릭으로 개종하는 사태가 발생한다. 이를 알게 된 리우비길드는 노발대발했지만, 에르메네힐드는 오히려 부왕父王에게 반기를 들고 반란을 일으킨다. 왕자의 반란을 무력으로 진압한 리우비길드 왕은 어떻게든 아들을 회심시키고자 했으나, 에르메네힐드는 끝내 아리우스파로의 복귀를 거부하였고, 결국 아버지가 아들을 처형하는 비극이 초래된다.

기독교 측 기록에 의하면 리우비길드 왕은 이때의 일에 죄책감을 느끼고 새로이 왕위 계승자로 지정된 렉카레드에게 가톨릭으로 개종할 것을 유언으로 남겼다. 진실이 무엇이건, 렉카레드는 즉위 직후 세비야 주교 레안도르에게 세례를 받고 개종한다. 그는 589년 톨레도Toledo 종교회의에서 자신이 가톨릭교도임을 공개적으로 선언하고 아리우스파를 배척하는 한편, 가톨릭을 서고트 왕국의 국교로 선포한다. 이에 반발한 서고트 귀족들이 반란을 일으켰으나 차례로 진압되었고, 이베리아반도는 가톨릭으로 통합되기 시작한다.

　교회사상 가장 위대한 교황의 한 명으로 꼽히는 그레고리오 1세(재위 590~604년)는 직접 선교단을 조직하여 파견한 최초의 교황으로 알려져 있다. 그는 596년 자신이 종사하던 수도원의 엘리트 사제 아우구스티누스Augustinus를 단장으로 하는 40명의 선교단을 조직한 후, 브리튼섬의 켄트 왕국 선교 임무를 맡긴다. 켄트는 브리튼섬 동남부에서 세력을 확장하고 있던 앵글로색슨 7왕국의 하나였다. 켄트의 왕 에설버트 Æthelberht는 비기독교도였으나, 그의 아내 베르타Bertha는 프랑크 왕국 공주 출신으로 독실한 가톨릭신자였다. 둘의 혼인은 켄트 왕국이 프랑크 왕국의 후원을 얻는 정략적 의미가 포함되어 있었다. 그런 만큼 왕비는 궁정 정치에 영향력이 있었고, 왕도 왕비의 가톨릭 선교 열망에 간섭할 수 없었다. 그레고리오 1세의 선교단 파견은 베르타 왕비와의 교감이 작용하였을 것으로 추정되고 있다. 597년, 아우구스티누스 일행이 브리튼에 도착하여 선교에 나선 지 1년도 안 된 시점에 에설버트 왕을 포함한 1만 명 이상의 측근들이 세례를 받는 한편, 캔터베리에 교회가 세워지고 아우구스티누스가 주교로 임명됨으로써 브리튼섬의 본격적인 가톨릭화가 시작된다.*

---

* 위대한 교황 그레고리오 1세가 친히 출범에 관여한 브리튼의 가톨릭 교회가 훗날 국교회(성공회)로 분리되면서 교황에게 시련을 안겨준 것은 역사의 아이러니라 할 것이다.

제5장

신神(하):
성전聖戰의 종교

이슬람의 탄생

622년, 이슬람교의 창시자 무함마드는 본거지를 메카에서 메디나로 옮긴다. 이슬람교는 이때를 기원(헤지라)으로 삼는다. 632년, 예언자 무함마드가 세상을 떠나자 그 계승자를 의미하는 칼리프Caliph(할리파)가 4대에 걸쳐 집권한 시기를 '정통 칼리프 시대'라고 한다. 정통 칼리프 시대에 이슬람 세력은 놀라운 속도로 주변 지역으로 퍼져 나간다. 원로회의에서 초대 칼리프로 추대된 아부 바크르Abu-Bakr 집권 이후 불과 30년 사이에 메카의 움마umma*는 아라비아반도를 거슬러 올라가 시리아를 손에 넣고, 동

---

* 무함마드가 메카에서 시작한 이슬람 공동체의 명칭.

쪽으로는 메소포타미아와 아르메니아(이란), 서쪽으로는 알렉산드리아에서 마그레브*에 이르는 북아프리카 일대로 뻗어나간다. 8세기가 되기 전에 이슬람은 기존의 비잔티움, 페르시아 양대 제국에 버금가는 영역을 차지하는 거대 세력권을 형성한다.

이슬람 세력이 어떻게 이토록 짧은 시간에 파죽지세로 영역을 넓혀갈 수 있었는지에 대해서는 역사학계도 명쾌한 답을 갖고 있지 않다. 기마전에 능한 아랍 전사들의 우수한 전투력, 이슬람 확장이라는 종교적 동기, 공정한 전리품 배분을 통한 내부 결속, 비잔티움·사산 왕조 페르시아 등 기존 제국의 약체화 및 이들 제국의 부패와 실정에 반감을 가진 점령지 주민들의 호응 등 다양한 요인이 복합적으로 작용했을 것으로 추정된다. 이 중에서 주목을 끄는 것은 이슬람의 '지하드jihad' 교리이다. 이슬람은 '신(알라)의 뜻에 복종한다'는 의미이다. 지하드의 본래 뜻은 이러한 알라에의 복종을 위한 '분발' 또는 '투쟁'이다. 내면적으로는 신앙인으로서의 분발(교리에 충실한 생활)을 의미하지만, 외면으로 투사될 때에는 알라에의 복종을 위해 (공격적이건 방어적이건) 폭력 사용도 불사한다는 투쟁의 신념을 내포한다.** 지하드의 존재로 인해 무슬림들의 외부 팽창은 어떠한 세

---

* 모로코, 알제리, 튀니지, 리비아 등 북아프리카 서부 지역.
** 이슬람의 폭력성을 논하는 것 자체가 이슬람에 대한 편견을 조장하는 것으로 오해받을 소지가 있다. 그러나 『쿠란』에는 "알라와 내세를 믿지 아니하며, 알라와 사도가 금기한 것을 지키지 아니하고, 진리의 종교를 따르지 아니한 자들에게, 그들이 인두세를 지불할 때까지 성전하라(9장 29절)"는 구절이 있으며, 실제 메디나 시대부터 이슬람 공동체 확장을 위한 약탈과 정복을 지하드의 이름으로 행한 것도 사실이다.

속적 도덕이나 규범에 앞서는 '성전聖戰'으로 간주되었고, 무자헤딘(성전을 수행하는 전사)이 되어 순교를 영광으로 여기는 종교적 동기는 (지금도 그러하듯이) 전장戰場에서 위력을 발휘했을 것이다.

또 하나 주목할 점은 이슬람은 점령지 주민에게 개종을 강요하지 않았다는 것이다. 이는 이슬람교가 선교(즉 개종 권유)를 '절대사명'으로 인식하는 그리스도교와 가장 대별되는 지점의 하나이다. 이슬람 세력은 점령지 주민의 종교에 관용을 베푸는 대신 '인두세Jizya'를 징수하였다. 이슬람 지배하의 이교도들은 금 4디나르 또는 은 40디르함을 납부하면 기존의 종교를 유지한 채 이슬람 정권의 보호를 받을 수 있었다.* 이러한 인두세는 해당 납세자가 이슬람으로 개종하면 납부 의무가 소멸한다. 사실 초기 이슬람 정복자들은 이교도의 개종을 강요하거나 비개종자를 살상하기는커녕 오히려 주민들의 개종을 달가워하지 않았다. 이들이 납부하는 인두세가 중요한 재정 수입이었기 때문이다. 세속적 이권과 무관하지 않은 종교적 관용과 약자에 대한 자비가 통치자의 덕으로 포장된 것이야말로 이슬람 세력이 급속히 퍼질 수 있었던 요인의 하나였을 것으로 추정된다.

비잔티움과 페르시아 제국의 변방 지역은 관리들의 가렴주구와 치안 불안으로 거주민들의 고통이 이만저만이 아니었다. 이러한 때에 질서와 안전을 제공하면서도 이異종교에 관용적이고 약자에게는 자비로운, 그야

---

* 인두세는 성년 남성에게 부과되었으며, 여성·노약자·병자·극빈자 등 생활능력이 없는 계층은 세금이 면제되었다. 이슬람 지배층은 재산 사정을 고려하여 최대 4분의 1까지 경감된 세율을 적용하는 등 약자 배려에 신경을 썼다.

말로 새로운 지배층의 등장에 주민들이 크게 반발하지 않았다고 해도 별로 이상한 일은 아닐 것이다.

이베리아의 이슬람화

661년, 다마스쿠스 총독 무아위야는 쿠데타를 통해 스스로 칼리프의 자리에 오른다. 이후 칼리프는 원로회 추대에 의한 선출직이 아닌 우마이야 일족에 의한 세습직으로 변질된다. 우마이야 왕조Umayyad Caliphate 시대의 이슬람은 서아시아와 북아프리카를 넘어 유럽에까지 세력을 확장하며 정복사업에 박차를 가한다. 비잔티움과 페르시아 군대를 농락하는 우마이야 세력에게 서고트족은 상대가 되지 않았다. 711년 지브롤터해협을 건너 이베리아반도에 상륙한 우마이야 세력은 불과 10년도 안 되는 기간에 이베리아 전역으로 점령지를 확대하는 기염을 토한다. 이로써 서고트 왕국이 멸망하고 이슬람 왕국 '알안달루스Al-Andalus'가 이베리아의 새로운 주인이 되었다. 북아프리카 입구에 위치한 세우타Ceuta가 이슬람 협조로 돌아섬으로써 바다라는 천혜의 방어선이 무력화되고, 왕위 다툼과 귀족 내분으로 야기된 왕국의 사분오열이 총체적 방어력을 붕괴시킨 결과였다.

　이러한 물리적 요인 외에 종교적 요인도 이베리아 기독교 세력의 몰락을 재촉했다. 589년 톨레도 종교회의에서 기독교가 국교로 선포된 이래 서고트 왕국의 지배층은 주민들에게 가톨릭 개종을 강요했다. 기본적으로 기독교 분파인 아리우스파는 비교적 큰 저항 없이 가톨릭에 동화되었으나, 꽤 큰 공동체를 형성하고 있던 유대인들은 끝내 개종을 거부하였고, 이로 인해 혹독한 탄압에 직면하였다. 유대인들 중에는 노예와 재산을 소유한 부자들이 많았다. 이들의 부를 탐한 가톨릭 지배자들은 종교를 구실로 추방과 재산 몰수 협박을 일삼으며 유대인들을 궁지에 몰아넣었다. 탄압에 시달리던 유대인들은 이슬람 세력이 이베리아에 진출하자 이슬람 협력 세력을 자청함으로써 살길을 찾는다. 이슬람 치하에서는 세금을 납부하면 종교의 자유와 재산권을 보호받을 수 있기에 유대인으로서는 이슬람의 지배가 기독교의 지배보다 못할 이유가 없었다. 이슬람과 내통하며 정보를 넘기고 성문을 열어주는 유대인의 협력으로 왕국 곳곳이 이슬람의 수중에 넘어가자 기독교인들은 분노로 치를 떤다. 이슬람 치하에서 가톨릭 탄압에 부역하는 유대인을 지켜보던 기독교인들은 무슬림만큼이나 유대인들에게 적개심을 품게 된다. 같은 뿌리에서 파생된 가톨릭·이슬람·유대 3대 일신교가 신의 이름으로 서로를 용서하지 않는 악연의 시작이었다.

비잔티움과 유럽의 균열

이슬람 세력의 서유럽 북진은 732년 투르-푸아티에(지금의 남프랑스) 전투에서 프랑크 왕국에게 패퇴함으로써 제동이 걸린다. 로마 제국의 군사적 역량을 흡수한 프랑크 왕국은 서고트 왕국처럼 호락호락한 상대가 아니었다. 피레네 산맥을 사이에 두고 이슬람-기독교 세력 간 대치는 교착 상태에 빠졌고, 이슬람 세력은 힘에 부치는 북진보다 이베리아 안착에 진력하는 쪽으로 정책을 선회한다. 프랑크 왕국의 궁재宮宰로 왕국의 실권을 쥐고 있던 카롤루스 마르텔Carolus Martell은 투르-푸아티에 전투에서 이슬람을 격퇴함으로써 '유럽의 수호자'로서 한껏 위상을 드높인다. 그는 주변의 제왕 등극 권유를 겸양謙讓했지만, 아들 피피누스Pippinus(페팽) 3세는 욕망을 억누르지 않았다. 피피누스는 메로베우스 왕조의 킬데리크 Childeric 3세를 폐위시키고 스스로 왕위에 오른다. 피피누스의 즉위는 허울뿐이라고는 하지만 엄연히 살아 있는 권력을 축출해야 하는 정통성 문제를 안고 있었다. 피피누스는 교회의 권위를 이용하여 정통성 문제를 해결코자 했다. 유력 주교들에게 교회의 자치·재산 권익 보호를 공약하며 환심을 샀고, 이들의 부추김을 받은 자카리아 교황이 그에 호응했다.

당시 로마 교회는 랑고바르드(롬바르드)족의 이탈리아 공략으로 인해 안전을 위협받고 있었다. 자신이 내린 '성상 파괴령'에 반발하는 로마 교황을 괘씸하게 여기던 비잔티움 황제 콘스탄티누스 5세는 교황을 돕기는커녕 랑고바르드족을 이용하여 교황을 압박하고 있었다. 사면초가에 몰린 교황 스테파노 2세가 피피누스에게 구원을 요청하자, 피피누스는 752년 랑고바르드 정벌에 나서 로마를 위기에서 구하고, 비잔티움 직할령이었던 라벤나를 교황에게 기증한다. 이것이 교황령의 시초라고 할 수 있다. 피피누스는 이후에도 몇 차례 더 이탈리아에 출정하여 랑고바르드족을 제압함으로써 '로마의 보호자'라는 칭호를 얻는다. 752년 피피누스가 수아송Soissons에서 프랑크 국왕으로 즉위하자 교황이 왕조 역성易姓을 신의 이름으로 축원한 것은 이러한 배경에서 이루어진 것이다. 메로베우스 왕조에 이은 카롤루스 왕조의 탄생이었다.

피피누스의 뒤를 이은 카롤루스 대제Carolus Magnus(샤를마뉴) 시대에 프랑크 왕국은 최전성기를 맞는다. 카롤루스 대제는 이베리아 이슬람의 북진을 견제하는 한편, 야심찬 정복사업으로 헝가리·오스트리아에서 이탈리아·프랑스·독일을 아우르는 유럽의 중심부heartland를 석권한다. 카롤루스 대제가 최대 판도를 형성한 것과 때를 같이하여 서유럽의 비잔티움 배제 움직임도 본격화된다. 비잔티움의 유럽 강역에서의 입지는 동천東遷 이후 3세기가 지나면서 크게 좁아지고 있었다. 더욱이 7세기 말 이래 이슬람의 발흥에 속수무책으로 영토를 침식당하면서 제국의 권위는 만신창이가 된 상태였다. 나름의 역량과 질서를 구축한 서유럽이 명분만 남은 비잔티움 황제의 종주권과 간섭을 반길 이유가 없었다.

이러한 세력 변동 상황 속에서 비잔티움 황제가 '성상 파괴령'을 내린 것이 동서 분열의 기폭제가 되었다. 8세기 중반 이후 성상 파괴령에 반대한 로마 교황 계열의 이탈리아 교회와 수도원들은 비잔티움 황제의 극심한 박해를 받았고, 종주권 명목으로 공물貢物을 받아 챙기면서도 이교도의 침략으로부터 로마를 보호하지도 못하고 개인적 신념으로 교리를 좌우하는 황제에 대한 서방 기독교계의 반감은 극에 달한다.

795년, 교황의 자리에 오른 레오 3세는 로마에서의 정치적 입지가 취약하였다. 그는 랑고바르드족을 정벌하여 이탈리아 왕위를 접수한 최강

카롤루스 대제의 황제 대관식.

권력자 카롤루스 대제의 보호를 얻기 위해 부심한다. 카롤루스 대제의 지
도력과 정치 감각은 타의 추종을 불허하는 것이었고, 카롤루스 대제는 몇
번이나 레오 3세를 위기에서 구해내며 교황이 절대적으로 의지하는 존재
가 된다. 797년, 비잔티움의 태후 이리니가 아들인 콘스탄티누스 6세를
폐위하고 스스로 황제 즉위를 선언하자 황제의 권위에 치명적인 흠결이
발생한다. 서유럽은 여성 황제를 인정하지 않았기 때문이다. 정치적 이해
관계의 일치 속에서 카롤루스 대제와 레오 3세는 주어진 기회를 움켜쥔
다. 800년, 레오 3세는 성탄 미사에서 카롤루스 대제를 황제로 추대하였
고, 그는 황제의 관冠을 수락하였다. 로마의 정통성 계승을 주장하는 서
유럽의 황제가 탄생한 것이다. 이로써 서유럽은 비잔티움 황제의 그늘에

서 벗어나 독자적인 길을 걷게 된다.*

교황과 황제의 동상이몽

서유럽에서 비잔티움 황제의 영향력이 배제되자 일종의 권력 공백이 야
기된다. 교황과 황제 중 누가 더 우위에 있는가? 콘스탄티누스 대제 이래
황권皇權은 교권敎權에 우선하였다. 로마 교황의 선출은 황제의 입김이
작용하였고, 선출된 교황은 황제의 인준을 얻어야 했다. 그러한 황제 우
위의 질서는 9세기 이후 서유럽적 맥락에서 재정립의 과정을 거치게 된
다. 처음에는 힘을 보유한 카롤루스 대제가 궁지에 몰린 교황을 구원하고
황제로 등극함으로써 황제가 우위를 차지한 것처럼 보였다. 그러나 여기
에는 함정이 있었다. 카롤루스 대제의 황위皇位는 교황의 도유塗油**와 대
관戴冠에 의해 창설된 것이다. 그 이전까지는 누구도 교황에게 황제 즉위
를 선언할 권한이 있다고 생각하지 않았다. 교황이 황제를 추대함으로써
이제는 사정이 달라졌다. 로마 가톨릭 세계에서 황제 즉위는 교황의 축복
과 불가분의 관계에 놓인 것이다. 이는 황제에게 양날의 검이었고, 훗날
유럽의 질서를 뒤흔드는 혼란의 씨앗이 된다.

중세 초기 게르만 왕들의 권력은 보잘것없는 것이었다. 보다 정확히 말

---

* 이때를 신성로마제국의 출발점으로 보는 시각도 있으나, 황제의 권한, 통치조직 등의 관점에서 오토
1세 시대를 출발점으로 봐야 한다는 시각도 있다.
** 머리에 성유聖油를 바르는 의식.

하면 왕권의 위력은 전적으로 왕 개인의 역량에 달려 있었다. 왕권은 제도화되지 않았고, 봉신(영주)들의 자치권은 강력했으며, 왕-봉신 간 서약 준수를 담보할 절대적 권위는 부재하였다. 이때의 왕국은 다양한 단위로 권위가 파편화된 분권적 사회였다. 경제적 관점에서 볼 때 왕의 무력과 재력은 영주들과 마찬가지로 보유한 장원莊園의 규모와 생산성에 좌우되었다. 몇 가지 봉건 의무를 제외하면 왕이라도 영주의 장원에 간섭할 수 없었고, 비옥한 대토지를 소유한 영주의 힘은 왕보다 못할 것이 없었다. 장원 간의 경제적 교류 단절로 유럽 전역이 자급자족경제로 후퇴하고, 로마 시대 이래의 교역망과 화폐경제도 붕괴된 터라 딱히 경제적 부를 획득할 수단도 제한적이었다. 정복 전쟁이나 혼인을 통해 새로운 토지를 차지한 왕들은 상대적 권력 우위를 유지할 수 있었지만, 그렇지 못한 왕들은 왕위 계승 리스트에 이름을 올린 유력 영주들의 눈치를 보는 신세에 불과했다.

왕권 강화 관점에서 교회 역시 위협적인 존재였다. 높은 수준의 자치와 면세의 권리를 누리는 교회와 수도원들은 방대한 토지를 소유하고 종교적 기부와 영리 행위를 통해 막대한 부를 축적하고 있었다. 독일·프랑스 일대의 교회와 수도원들은 토착 영주들과 유착되어 있었고, 주교직이나 수도원장직은 귀족들의 친족 중용주의nepotism에 의해 점유되고 있었다. 대주교들은 교구 내에서 영주와 다를 바 없는 권력을 행사하였고, 영주들은 영지 안에 사설 교회나 수도원을 건립하여 사제를 임명하고 교직敎職

을 매매*하면서 수입을 챙겼다. 왕권 강화와 귀족 세력 성장은 서로 양립할 수 없는 흐름이다. 교회는 양자 간 힘의 상대적 크기를 결정하는 중요한 변수였고, 여기에 교황이 캐스팅 보터로서 자신의 이해관계를 투사하여 형성되는 삼각구도가 중세 후기 유럽 질서의 요체였다.

카롤루스 대제 사후 후계체제가 난맥을 겪으면서 황위는 유명무실한 타이틀에 불과했으나, 10세기 후반 오토 대제Otto the Great가 황제로 즉위하면서 상황이 일변한다. 오토 대제는 독일 왕위에 오르는 순간부터 왕권 강화를 위해서는 교회를 자신의 통제하에 두어야 한다고 생각했다. 그는 사제들을 궁정 업무에 기용하고, 궁정 사제들을 교회나 수도원의 책임자로 파견한다. 또한 토착 귀족들이 독점하고 있던 대주교 자리에 자신의 친인척이나 측근들을 보임하는 한편, 세속 영주와 다름없는 충성-보호 서약 의식fealty-commendation ceremony을 거행한다. 아울러 충성스러운 교구에는 징세권과 무장권武裝權을 허락하고, 독일 전역에 교회 십일조를 도입해 교회 재정을 지원한다. 오토 대제의 당근과 채찍 앞에서 독일의 주교들은 가신과 다름없는 성직제후가 되었고, 교회는 왕의 관료조직처럼 기능하였다.

원래 교황의 위력은 창설 초기부터 황제보다 제한적이었다. 물리력을 보유하지 못한 종교적 권위의 한계였다. 10세기 들어 랑고바르드 왕국(이탈리아)의 왕위 쟁탈전 와중에 입지가 더욱 약화된 교황은 오토 대제의 교

---

* 이를 시모니simony라고 한다. 면죄부와 더불어 대표적인 가톨릭의 부패 현상이었다.

권 침해에 속수무책으로 당할 수밖에 없었다. 960년, 베렌가리오 2세의 로마 진공進攻에 놀란 교황 요한 12세가 구원을 요청해오자, 오토 대제는 출정의 조건으로 황제 대관을 제시한다. 962년, 로마에 원정한 오토 대제는 황제로 즉위한 후, 황제와 교황 간의 관계를 규율하는 합의(Diploma Ottonianum)를 체결한다. 교황의 승인 없는 황제 칙령 제한, 로마의 교황 선출권 존중, 교황령 통치권 보장 등 교황의 권한을 열거한 내용 말미에 교황 선출 시 황제에 대한 충성 서약 조항이 삽입된다. 표면적으로는 교황의 권위를 우선적으로 존중하는 듯 보이지만, 교황 선출 시 황제 인준認准을 명문화한 것은 그를 상쇄하는 독소조항이었다.* 황제의 즉위에는 교황이 필요하고, 교황의 취임에는 황제가 필요한 기묘한(또는 신묘한) 견제와 균형이었다.

1073년 교황에 취임한 그레고리오 7세는 세속 권력과 야합하여 타락한 교회의 순수성을 회복하기 위해 강력한 교회 개혁을 추진한다. 교황권 강화를 통한 교회의 중앙집권화, 그를 위해 (세속 권력이 행사하던) 사제 임명권을 교황의 권한으로 회복하는 데에 개혁의 방점이 두어졌다. 1075년 그레고리오 7세가 교서(Dictatus Papae)에서 교황의 황제 폐위 권한을 언급하자, 황제 하인리히 4세는 이를 도발로 간주하고 교황 교체를 결심한다. 1076년, 하인리히 4세가 교황의 지명을 무시하고 밀라노 주교좌에 황

---

* 황제의 위력에 위압감을 느낀 요한 12세는 합의 직후 마자르, 비잔티움과 내통하여 오토 대제의 영향력을 배제하려는 음모를 꾸민다. 이듬해 로마로 돌아온 오토 대제는 요한 12세를 폐위시키고 레오 8세를 교황좌에 앉힌다. 교황 선출 시 황제 인준 조항은 이때 추가로 삽입된 것이라는 견해도 있다.

제 임명을 강행하면서 둘 사이의 관계는 돌아올 수 없는 강을 건넌다. 그레고리오 7세는 황제를 파문하고 폐위를 선언하는 초강수로 대응한다. 전대미문의 일이었다. 황제는 교황을 당장에라도 징벌하고 싶었지만, 상황은 황제에게 불리하게 돌아가고 있었다. 독일의 최대 부족공국인 작센 공국이 반란을 일으켰고, 하인리히 3세 이래의 황제권 강화에 반발하던 제후들이 교황의 파문을 빌미로 황제에게 등을 돌렸기 때문이다. 게다가 황제가 임명한 성직제후들도 교회 개혁 대의에 반대할 명분을 찾지 못하고 교황을 지지했다.

교황이 황제를 파문한다는 것은 위험한 도박이었다. 그러나 교황은 교황대로 믿는 구석이 있었다. 9세기 이후 유럽은 흔히 '바이킹'으로 불리는 노르만족의 남하로 홍역을 치르고 있었다. 스칸디나비아 출신의 이 북방 민족은 뛰어난 항해술과 전투력으로 북해와 대서양 서부 해안 일대를 휩쓸었고, 유럽 통치자들의 간담을 서늘케 하는 저승사자와 같은 존재였다. 노르만족은 남하 초기, 중세 온난화로 인구가 급격히 불어나자 먹고살 길이 없어 노략질에 나선 비정규 무장집단 정도의 세력이었으나, 10세기에 이르러서는 프랑스(노르망디), 영국 등에 거점을 확보할 정도로 강성한 세력으로 성장한다. 11세기에 들어서자 노르망디의 오트빌Hauteville 일족이 이탈리아 남부로 진출한다. 노르망디의 지배층은 프랑크 왕국의 기사 체제에 편입되지 않고 용병으로 각지에 퍼져나가 살길을 찾는 경우가 많았다. 그런 만큼 토착 왕족이나 귀족 간의 혈연으로 얽힌 기득권으로부터 자유로웠고, 어디로 튈지 모르는 래디컬radical과 같은 존재였다.

당시 이탈리아 남부를 비롯한 아드리아해, 이오니아해 일대는 비잔티움, 로마 교황, 랑고바르드 토착 영주, 이슬람 세력 등이 어지럽게 세력 각축전을 벌이고 있었다. 노르만족은 처음에는 순례자로 이 지역을 방문했으나, 차츰 용병으로 편입되어 이 지역의 세력 다툼에 깊숙이 개입하게 된다. 용맹한(사실은 야만적인) 전사집단이었던 이들은 11세기 중반에는 아예 이탈리아 남부 일대를 접수하고 지배자로 눌러 앉아버린다. 로마 교황은 어느 틈에 로마와 콘스탄티노폴리스 사이에 자리를 잡은 최강 전사집단의 이용 가치에 주목한다. 외부에서 굴러온 돌인 노르만인은 그들대로 새로이 차지한 땅에서 게르만 귀족이 누리던 영예와 지위를 탐했다. 양자의 이해관계가 맞아떨어진 상황에서 1059년 교황 니콜라오 2세는 노르만족 정복자 로베르 기스카르Robert Guiscard에게 풀리아 백작위, 칼라브리아·시칠리아 공작위를 수여한다.* 기스카르가 교황에 대한 충성과 군사 봉공奉公을 서약하는 대가였다. 교황은 비잔티움의 간섭을 견제하고, 기스카르는 최고 작위를 공인받는 누이 좋고 매부 좋은 거래였다.

그레고리오 7세가 황제 하인리히 4세를 파문할 수 있었던 것도 이러한 노르만 세력과의 제휴가 배경에 있었다. 교황에게 충성을 서약한 노르만 전사들은 황제의 로마 원정 발목을 붙잡는 눈엣가시 같은 존재였다. 결국 사면초가의 상황에 처한 하인리히 4세는 1077년 1월 교황이 머물던 카

---

* 풀리아와 칼라브리아는 비잔티움의 영토였고, 시칠리아는 이슬람 점령지였다. 봉지封地와 작위 수여는 황제의 권한이나, 이 지역에 대해서는 황제가 권한이 없었기에 교황이 신의 이름으로 통치권을 부여하였다. 이는 훗날 비기독교 지역에 대한 통치권자 지명을 교황이 좌우하는 단초가 된다.

노사Canossa에 찾아가 눈밭에서 3일을 기다린 끝에 파문 취소를 겨우 허락받을 수 있었다. 중세 유럽사에서 가장 충격적인 사건이라는 '카노사의 굴욕'이었다. 겨우 파문 취소를 얻어낸 하인리히 4세는 훗날 와신상담臥薪嘗膽하여 기어이 로마를 정벌하고 그레고리오 7세를 폐위시킴으로써 복수에 성공했지만, 황제와 교황의 관계는 예전으로 돌아가지 않았다. 사제 서임권·성직 매매권·교황 선출권을 둘러싼 황제와 교황 간의 힘겨루기는 점점 교황 쪽으로 무게추가 기울어졌고, 신성로마제국의 형해화와 함께 점차 교황권이 대세인 시대로 접어든다.

카노사의 굴욕(1077년). 추운 겨울 카노사성城에 도착한 하인리히 4세는 맨발로 3일간 서서 기다린 끝에 굴욕적으로 사면을 받았다.

십자군과 레콩키스타

1088년 교황좌에 오른 우르바노 2세는 그레고리오 7세 이래의 교회 개혁과 교황권 강화라는 난제를 안고 있었다. 황제의 견제, 귀족 이권과의 충돌, 교황청의 내분 등으로 인해 우르바노 2세가 운신할 수 있는 폭은 크지 않았다. 1095년, 비잔티움 제국의 황제 알렉시우스 1세로부터 급보가 날아든다. 당시 비잔티움은 중앙아시아에서 발흥한 이슬람 셀주크 왕조의 서진西進으로 고초를 겪고 있었다. 1071년 만지케르트Manzikert 전투에서 셀주크에 패한 비잔티움은 아나톨리아(지금의 터키 동부)를 상실하면서 경제적·군사적 어려움이 가중되고 있었다. 이처럼 걷잡을 수 없이 내리막길을 걷고 있던 비잔티움은 사방에서 압박해오는 이민족의 공세를 모면하기 위해 우르바노 2세에게 원군을 요청한다. 학자들의 연구에 의하면 당시 비잔티움이 당장 무너질 정도로 절체절명의 상황은 아니었으며, 원군 요청도 비잔티움의 지휘하에 활용 가능한 용병 부대 정도를 의미하였을 것이라고 한다.

그러나 요청하는 쪽의 의도가 무엇이었건 요청을 받은 쪽의 감정이입은 달랐다. 우르바노 2세는 같은 해 12월에 개최된 클레르몽 공의회에서 이교도들이 동방의 교회와 성지 예수살렘을 유린하고 있음을 알리는 한편, 가톨릭 성도들이 성지 탈환에 나설 것을 촉구하면서 이를 '신의 뜻Deus Vult'으로 선언한다. 그 다음해인 1096년, 교황의 부름에 감명한 민중들이 비잔티움으로 달려간다. 이때부터 대규모 원정, 성지 탈환,

예루살렘 왕국 건립을 거쳐 1291년 예루살렘 왕국 소멸에 이르기까지의 200년 동안 유럽과 중·근동 일대는 무참한 살육과 약탈로 점철된 '십자군 운동'의 소용돌이에 휩싸이게 된다. 우르바노 2세 자신도 이토록 큰 혼란과 비극이 초래되리라고는 생각지 못했을 것이다.*

우르바노 2세가 십자군을 주창한 의도가 무엇인지는 알 수 없으나, 교황권을 강화하고자 하는 의도가 배경에 있었던 정황은 역력하다. 우르바노 2세는 취임 초기 하인리히 4세가 세운 대립교황 클레멘스 3세의 존재로 인해 로마에 머물지도 못하는 신세였다. 우르바노 2세는 하인리히 4세가 반대파 왕자·제후의 협공으로 세력이 약화되자, 1093년 로마에 복귀하여 자신의 목소리를 내기 시작한다. 그는 황제의 꼭두각시인 클레멘스 3세가 집전한 모든 사제 서품을 무효화하는 한편, 1095년 클레르몽 공의회에서 평신도의 성직 서임(황제·제후에 의한 사제 서임)과 성직자의 황제 충성서약을 금지시킨다. 십자군 주창은 이러한 교황권 강화 방침 뒤에 덧붙인 소신 표명이었다. 교황으로서는 이교도로부터 기독교를 보호한다는 대의명분을 내세워 세력을 규합한다면 황제와의 권위 경쟁에서 유리한 고지를 점할 수 있었다.

우르바노 2세는 비잔티움 황제의 원조 요청을 근거로 동방교회 보호, 성지 탈환을 위한 이교도 격퇴에 '성전'의 의미를 부여하고 모든 가톨릭

---

* 십자군은 성지 탈환 과정에서 현대의 제노사이드에 비견될 만한 이교도 대학살을 자행한다. 기독교와 이슬람 간에 불구대천의 원한관계를 초래한 비극이었다. 이슬람 못지않은 피해를 입은 대상은 유럽의 유대인들이었다. 유럽에서 십자군의 거병擧兵과 이동 과정에서 자행된 탄압과 학살로 수많은 유대인 커뮤니티가 파괴되고 인명이 희생되었다.

제1차 십자군 당시 기사, 병사, 여자들을 이끄는 피에르 레르미트(은자 피에르).

신자가 '십자군 전사'가 될 것을 촉구한다. 교황은 참전을 독려하기 위해 교황의 필살기인 '면죄' 교리를 동원한다. 십자군 전사가 되면 원죄가 속죄된다는 것이다. 교황의 성전聖傳·Traditio*은 십자군 참가를 지상명령의 일환이자 천국에 이르는 길로 규범화하였고, 황제도 귀족도 평민도 가톨릭교도라면 누구도 그 부름으로부터 자유로울 수 없었다. 유럽 전역에 십자군 운동이 들불처럼 번졌고, 성전의 레토릭과 모티브가 유럽인들의 삶을 뒤덮었다.

---

* 신의 뜻이 사도전승, 즉 사도들의 계승자인 성직자(주교)의 설교, 실천, 관습을 통해 전해지는 것. 가톨릭교회에서는 『성경』과 함께 성전을 신의 계시啓示의 원천으로 간주한다.

이러한 성전 개념은 이베리아의 레콩키스타Reconquista에서 그 원형을 찾을 수 있다. 1063년 교황 알렉산데르 2세가 이베리아에서의 이슬람 발흥을 '기독교의 위기'로 규정하자, 이듬해 프랑스를 위시한 유럽 각지의 귀족과 기사들이 아라곤·카탈루냐 왕국의 바르바스트로Barbastro 공략에 참전한다. 1073년 교황 그레고리오 7세는 이베리아를 가톨릭의 고토古土로 선언하고, 싸움닭으로 알려진 루시Roucy 백작 에블레 2세에게 성전의 임무를 부여하고 이베리아 봉토를 약속하는 교서를 내린다.

학자들은 이때의 이베리아 이슬람에 대항하는 가톨릭 연합 움직임을 '초기 십자군proto-Crusades'이라고 부르기도 한다. 많은 역사서들이 레콩키스타의 기원을 722년 서고트 일족의 코바동가Covadonga 전투 승리와 레온 왕국의 전신인 아스투리아스Asturias 건국으로 기술하고 있지만, 사실 레온·카스티야·아라곤 등 11세기 중반까지 형성된 이베리아의 기독교 왕국들은 종교전쟁을 수행한다는 의식이 희박했다. 이슬람 세력과의 충돌은 통상의 영토 정복 전쟁이었으며, 대對이슬람 항전 의식이 왕조·가문의 파벌적 이익을 초월한 공동의 이념으로 공유되지 않았다.

1085년, 레온-카스티야 왕국의 알폰소Alfonso 4세는 숙원이었던 톨레도 탈환에 성공한다. 톨레도는 서고트 왕국의 옛 수도이자 이베리아 중부 메세타 고원의 전략 요충지이다. 톨레도 함락으로 이슬람 세력권이 남쪽으로 후퇴하면서 레콩키스타는 분수령을 맞이한다. 이와 때를 같이하여 1096년 로마에서 십자군 운동이 전개되면서 레콩키스타는 기독교도의 이교도 대항 성전으로서의 의미가 본격적으로 부각된다. 교황은 이베리아에 출정하는 것과 레반트 성지에 출정하는 것을 동등하게 취급하였고, 이베리아 왕국들의 십자군 참전을 면제하며 레콩키스타를 지원하였다. 12세기 이후 이베리아의 기독교 왕국들은 성전의 최전선에 선 기독교 수호자로서 스스로의 정체성을 인식하기 시작했고, 그만큼 정치·경제·사회 여러 분야에서 가톨릭 색채가 짙고 로마 교황과의 유대감이 깊은 지역성·민족성이 이베리아에 자리잡기 시작한다. 특히 이교도 지역에 대한 영토 확장과 기독교 전파는 불가분의 이념으로 통합되었고, 이는 대서양 진출입로에 위치한 지정학적 요인과 맞물려 이베리아의 역사, 나아가 세계 역사의 진로에 지대한 영향을 미친다.

제6장

성전기사단과 포르투갈

성전기사단

십자군 운동은 가톨릭 세계에 신앙과 무력武力이 일체화된 새로운 형태의 집단을 탄생시킨다. 바로 기사단, 보다 정확히는 '기사수도회' 또는 '무장수도회military orders'이다. 기사들을 구성원으로 하는 수도회는 당시로서는 획기적인 것이었다.[*] 기존의 기사는 하급 영주로서, 독립적인 지위에서 주군에게 충성할 뿐 교회에 소속되어 신앙에 복무하는 신분이 아니었다. 최초의, 그리고 가장 유명한 기사단은 1119년, 위그 드 파앵 Hugues de Payens으로 알려진 인물의 주동으로 9명의 프랑스 출신 기사

---

[*] 1053년 교황 레오 9세가 노르만족의 위협을 맞아 '성베드로 기사단'을 조직한 적이 있으나, 이는 기사들이 모인 집단일 뿐 수도회의 성격은 없었다.

들이 예루살렘에서 수도회를 창립하면서 시작된다. 수도회는 솔로몬 성전으로 알려진 예루살렘 왕궁에 본부를 두었기에 '성전聖殿기사단Knights Templar*으로 불리게 된다. 성전기사단은 성직자가 아닌 기사들이 엄격한 종교 규율을 준수하고 신앙생활에 헌신하겠다고 서약한 무력집단으로 조직화된 것이다. 전례도 없고 교회가 창설한 조직도 아니었으나, 십자군 운동의 와중에 설립 취지에 찬동하는 거물 성직자들의 후원으로 교회의 공식 인가를 얻을 수 있었다.**

가톨릭 교리가 개인의 삶을 전면적으로 지배하던 중세 유럽인들에게 성지순례pilgrimage는 중요한 삶의 목표였다. 그리스도와 사도들의 발자취를 좇는 것은 영혼을 정화하여 구원으로 인도하는 거룩한 의식으로 인식되었다. 1099년 십자군 원정으로 성지 탈환에 성공하고 예루살렘 왕국이 건국되자 유럽 전역에서 순례자가 몰려든다. 예루살렘을 순례하는 것은 교황이 면죄를 약속한 십자군 운동에 동참하는 길이기도 했다. 그러나 순례자들에게 예루살렘으로 가는 길은 위험으로 가득 찬 멀고도 험한 길이었다. 이교도와 불한당이 출몰하는 우트르메르Outremer(소아시아·레반트 일대)의 순례길은 누구도 안전을 보장할 수 없는 무법의 땅이었다. 이러한 상황에서 성전기사단은 '성지 순례자의 보호자'를 자처하면서 탄생한 집단이었고, 이는 유럽 사회에 큰 반향을 불러일으켰다.

---

*   성전기사단의 정식 명칭은 '그리스도와 솔로몬 성전의 가난한 기사단(라틴 명칭 Pauperes commilitones Christi Templique Salomonici)'이다.
** 성전기사단 인가 이후 유사한 기사단 창립이 줄을 이었다. 성전기사단의 영향으로 창립된 구호기사단, 튜튼기사단과 함께 중세 3대 기사단이라고 한다.

성전기사단의 문장紋章. 한 마리의 말에 올라탄 두 명의 기사는 가난함의 상징으로 해석되는 것이 일반적이다.

1129년 트로이 공의회에서 성전기사단이 공식 인가되자, 기사단은 교회법에 따라 단원을 모집하고 기부금을 수취하는 한편, 영지를 소유할 수 있게 되었다. 성전기사단의 순례자 보호활동은 십자군 정신의 숭고한 체현으로 칭송되어 유럽 전역에서 지원자와 기부가 쇄도한다. 1139년 교황 인노첸시오 2세는 교서(Omne Datum Optimum)를 내려 기사단에 대한 세속법 적용을 면제하였다. 이로써 기사단 재산에 대한 영주의 과세가 금지되고, 기사단원에 대한 영주의 사법권 배제와 국경을 넘는 이동의 자유가 보장되었다. 오로지 교황만이 기사단에 대한 통제권을 행사할 수 있었다. 9명의 가난한 기사들이 시작한 성전기사단은 십자군 운동의 총아로 떠오르면서 유럽 전역과 성지에 1만 명이 넘는 인원과 1000개가 넘는 지부를 갖춘 거대 특권집단으로 변모한다.

봉건제하의 유럽에서 (전쟁을 제외하면) 성지 순례는 물자와 인원의 이동을 유발하는 가장 동적인 사회 현상이었다. 서유럽에서 예루살렘 성지를 순례하려면 편도만 2000킬로미터가 넘는 거리를 이동해야 한다. 자급자족형 장원경제하에서는 화폐가 크게 필요하지 않았으나, 대규모 인원의 장거리 이동이 활성화되자 화폐 수요가 급증한다. 여행 중 숙식과 생필품 거래에 화폐가 필요하였기 때문이다. 화폐를 소지한 채 치안이 위험한 지역을 여행하는 것은 순례자들에게 큰 애로였다. 초기에 치안·방범 차원의 순례길 에스코트에 주력하던 성전기사단은 이러한 현실에 착목하여 새로운 서비스를 제공한다. 순례자가 출발지에서 일정한 금액을 성전기사단에 예탁하면 기사단은 '예탁증서'를 발행하고, 순례자는 도착지에서 이 증서를 제시하여 예탁금을 지급받는 서비스이다. 기사단의 보유 자산과 조직망을 활용한 일종의 원격지 송금 비즈니스였다.* 이를 근대 은행업의 시초로 보는 견해도 있다. 기사단은 수수료 수입을 올릴 수 있었고, 예탁자가 변고 등으로 지급 청구를 하지 못하면 예탁금은 기사단에 귀속되니 꿩 먹고 알 먹기 장사였다. 이러한 금융 서비스는 점점 확대되어 나중에는 순례와 관계없이 영주나 상인들이 성전기사단을 통해 자금을 송금하거나 융통함으로써 성전기사단의 운용 자금은 엄청나게 팽창하였다.

이 외에도 기사단은 (다른 수도원들이 그러하였듯이) 영지 내에서 농장, 양조장, 수공업 공장 운영을 통해서도 수익을 올렸다. 성전기사단은 기업이 없던 시대에 가장 혁신적이고 활동적인 비즈니스 엔터프라이즈였던 셈이다. 실제 기사단이라는 명칭에도 불구하고 전투원은 10퍼센트 미만이었

---

* 성지 순례자들의 경유지로 각광을 받은 곳이 이탈리아의 북부 도시국가, 그중에서도 베네치아와 피렌체이다. 3대 기사단이 이곳에 거점을 두고 순례자들에게 편의를 제공하면서 두 도시에는 유럽 각지에서 모여든 순례자들의 소비를 위해 대량의 물자가 유입되었고, 큰 시장이 형성되었으며, 화폐 교환소가 성업하였다. 다양한 민족, 물자, 화폐의 '용광로melting pot'가 된 이들 도시는 14세기 이후 르네상스의 주역으로 성장한다.

고, 90퍼센트는 조직 유지와 사업 수행을 위한 스태프의 기능을 수행한 것으로 연구되고 있다. 성전기사단의 금력은 웬만한 왕국의 수준을 능가하는 것이었고, 단원의 재산 소유 및 상속이 금지된 종교단체로서 공동체 재산은 끊임없이 축적되어갔다. 대중의 지지와 교회의 비호하에 각종 기부와 수익사업으로 막대한 부를 획득하며, 독자적인 영지·요새·군대·선단을 운용하는 성전기사단의 위세는 하늘을 찌를 듯했다.

그러나 너무나 커져버린 세력이 호사다마였다. 14세기에 접어들어 십자군 운동이 쇠퇴하자 성전기사단은 대중의 지지 기반이 약화되고 세속 권력의 견제를 받는 처지가 된다. 레반트에서 패퇴하여 거점을 상실하고 프랑스로 본거지를 옮긴 것이 결정적 화근이 되었다. 막강한 무력과 금력을 갖춘 채 세속 권력에 대한 복종을 거부하는 집단이 자신의 영역에서 활개 치는 것을 반길 군주는 없을 것이다. 프랑스 국왕 필리프 4세는 1307년 10월 13일* 성전기사단의 지도부를 전격 체포하여 이단과 음란 죄목으로 종교재판에 회부한다. 기사단 지도부가 고문에 못 이겨 자백을 하자, 1312년 교황 클레멘스 5세는 교회 내부의 반대에도 불구하고 성전기사단의 인가를 취소하는 교서를 내린다.**

1314년 기사단 단장 자크 드 몰레Jacques de Malay는 파리에서 화형에

---

* 이날이 마침 금요일이었기 때문에 기독교 문화권에서 '13일의 금요일'을 불길한 날로 여기는 속설이 퍼지게 되었다.

** 클레멘스 5세에게는 필리프 4세와 공모하여 전임 교황을 암살했다는 약점이 있었다. 그는 비밀을 폭로하겠다는 필리프 4세의 집요한 협박으로 교황의 호위 세력과도 같은 성전기사단을 해체하는 자해 행위를 저지른다.

파리에서 화형에 처해지는 성전기사단.

처해졌고, 성전기사단은 공식적으로 해체된다. 필리프 4세가 왜 성전기사단 탄압에 나섰는지는 추정의 영역이다. 다만 국왕 자신도 기사단에 걸린 죄목이 무고誣告임을 알고 있었음이 추후 기록으로 밝혀졌다. 필리프 4세가 궁정 사치와 대對영국 전쟁 소요 비용을 조달하기 위해 성전기사단에 진 막대한 채무를 회피하고, 기사단의 재산을 갈취하기 위해 음모를 꾸민 것이라는 해석이 일반적으로 받아들여지고 있다.

기사단의 후예 포르투갈

성전기사단은 프랑스 영토 내에서는 해체되었지만, 다른 지역에서는 지하로 숨어들거나 이름을 바꿔 그 명맥을 이어갔다. 가장 대표적인 지역이 포르투갈이다. 포르투갈은 성전기사단이 유럽 지역에서 가장 먼저 자리를 잡은 곳이다. 포르투갈 성전기사단이 창립되었을 때(1128년경으로 추정) 포르투갈은 아직 레온 왕국으로부터 독립하기도 전인 백작령의 시대였다. 기사단은 이베리아 서남단 알가르베Algarve 공략 등에 기여한 포르투갈 레콩키스타의 공로자이자 왕국 성립의 공신이었다. 12세기 말 이래 성전기사단은 포르투갈 중앙부의 토마르Tomar에 '그리스도 수도원Convento de Cristo'이라는 요새화된 본거지를 두고 이슬람 항전에 종사하고 있었다. 성전기사단 외에 칼라트라바Calatrava 기사단 등도 항전의 한 축을 담당하고 있었다. 이베리아에서 이슬람 축출과 기독교 왕국 보지保持는 분

포르투갈 토마르의 그리스도 수도원. 1160년 성전기사단의 거점으로 건설되어 그리스도 기사단의 본부가 되었다. 1983년 유네스코 세계유산으로 등록되었다.

리되는 사안이 아니었고, 그런 만큼 왕실·교회·기사단은 특별한 유대관계를 맺고 있었다. 이슬람과 경계를 맞대고 있는 이베리아는 유럽 본토와는 상황이 달랐고, 왕실·교회·기사단의 긴밀한 관계는 왕국 안위의 필요조건이었다.

1312년, 교황의 교서로 성전기사단 공인이 취소되자 포르투갈은 충격에 휩싸인다. 리스보아(리스본) 주교가 주재한 종교재판에서 포르투갈 성전기사단에게 무죄판결이 내려진 것을 계기로 국왕 디니스Dinis 1세는 교황의 명령을 우회하기로 한다. 1317년 왕실 주도로 '그리스도 기사단'을 창립한 후, 1323년 교황 요한 22세를 설득하여 성전기사단의 인원·재산을 그리스도 기사단으로 이전해도 좋다는 교서를 얻어낸다. 실질적으로 그리스도 기사단이 성전기사단을 승계하였다고 봐도 무방하다. 이 과정에서 기사단에 대한 왕실의 영향력이 확대되었다. 그리스도 기사단의 단장직은 성직자 단장과 비성직자 단장으로 이원화되었고, 왕족이 비성직자 단장에 취임하는 것이 관행이 되었다. 비성직자 단장이 의사결정권을 행사하는 실질적 수장이었고, 그리스도 기사단은 사실상 왕실 부속기구로 기능하게 된다.*

디니스 1세(재위 1279~1325년)는 정치·경제·문화 여러 분야에서 포르투갈 왕국의 기틀을 다진 인물이다. 그는 상업과 교역을 통한 국부 창출에 눈을 뜬 선견지명의 소유자였다. 1249년, 포르투갈이 이베리아 남단

---

* 그리스도 기사단은 1910년 혁명으로 폐지되었다가 1917년 재창단되었다. 이후 포르투갈의 대통령이 기사단의 단장을 맡고 있다.

알가르베 지방을 획득한 것은 포르투갈에게 여러 면에서 새로운 기회를 안겨주었다. 알가르베는 대서양과 지중해가 맞닿은 곳으로 질 좋은 농산물, 와인, 소금이 생산되는 풍요의 땅이었다. 디니스 1세는 알가르베의 잉여 농산물을 잉글랜드 및 플랑드르 지역에 수출하여 경제 효과를 극대화하는 식산殖産정책에 주목한다. 잉글랜드·플랑드르는 철광석과 모직물의 생산지 또는 중계지였고, 양자 간에는 비교우위에 따른 교역의 이익이 컸다. 디니스 1세는 1293년 리스보아에 제노바, 피렌체, 유대인 상인들을 모아 '볼사 코메르시우Bolsa de Comércio' 결성을 주선한다. 운송 도중 발생한 손해나 법적 문제에 충당하기 위한 기금으로, 유럽 해운보험의 효시로 평가되는 제도이다. 덕분에 리스보아에서 활동하는 상인들의 어깨가 한결 가벼워질 수 있었다.

잉글랜드 십자군이 성지로 가는 길에 포르투갈을 도와 리스보아 공략(1147년)에 참전한 것을 계기로 포르투갈과 잉글랜드의 관계는 건국 초기부터 우호적이었다. 1309년 디니스 1세는 이러한 우호관계를 발판 삼아 와인·코르크·소금·건과乾果를 공급하는 한편, 잉글랜드의 수산물·모직물을 공급받고 상호 선박 기항지를 제공하는 약정을 체결한다. 현대로 치면 국가 주도의 통상通商조약을 체결한 셈이다.*

바닷길 출입이 잦아지면서 포르투갈의 해상 활동은 활발해졌지만, 사실 해양국가로서의 실력은 보잘것없었다. 그때까지 포르투갈은 조선이나

---

* 19세기 영국의 경제학자 리카르도가 '비교우위론'을 주창하면서 영국과 포르투갈 사이의 와인·직물 교역을 예로 든 것은 우연이 아니다. 그만큼 양국 사이의 특화 상품에 대한 교역은 연원이 깊다.

항해 면에서 특출한 것이 없는 나라였다. 이에 반해 아프리카 북단의 이슬람 세력은 뛰어난 항해술로 이베리아 근해를 주름잡고 있었다. 북아프리카의 혼란한 정세를 틈탄 바르바리Barbary 해적의 발흥으로 지브롤터 해역에서 유럽인들의 바닷길 이용이 편치 않은 상태가 오래된 터였다. 디니스 1세는 이러한 상황을 타개하기 위해 식산殖産정책으로 두둑해진 왕실 금고를 기꺼이 연다. 1317년 디니스 1세는 제노바 출신의 귀족이자 해상海商인 마누엘 페산냐Manuel Pessanha를 왕실 제독으로 고용한다. 제노바는 당시 지중해의 최강 해양국으로 가장 우수한 갤리선 건조 기술과 항해술을 보유하고 있었다. 최선진국 제노바에서 촌구석인 포르투갈로 우수 인재를 유치하는 것은 쉽지 않은 일이었을 것이나, 디니스 1세는 파격적인 보상으로 이를 성사시킨다. 페산냐는 막대한 보수와 제독 직위의 가문 내 세습까지 보장받고 포르투갈행을 수락한다. 페산냐는 계약에 따라 왕실 선단을 운용할 항해·조선 전문가를 포르투갈로 데리고 왔고, 제노바의 노하우를 흡수하며 조성된 선단은 포르투갈 해군의 기원이 된다.

14세기 중반 이후 동지중해와 흑해 일대는 원元 제국의 쇠퇴와 오스만 제국의 발칸반도 압박으로 교역로가 어지러운 상황이었다. 이쪽 교역로에 큰 이권이 걸려 있던 제노바와 피렌체는 교역선이 나포되고 항구 이용이 어려운 상황이 지속되자 심각한 경제적 타격을 입는다. 대체지를 찾던 제노바와 피렌체는 북아프리카 및 대서양 연안국 교역에 역점을 두었고, 이탈리아 상업 세력 유치에 적극적이던 포르투갈은 이들에게 안성맞춤의 파트너였다. 리스보아는 제노바와 피렌체 상인들이 가장 선호하는 무역항이 되었고, 리스보아를 거점으로 잉글랜드, 플랑드르, 북해 일대로 교역망이 확장되었다. 가장 선진적인 문물을 보유한 최대 상업 세력과 전략적 제휴관계를 맺은 포르투갈은 그들의 비즈니스·과학·기술·문화 역량을 흡수하며 유럽 교역망에 편입된다.

주앙 1세와 '대단한 형제들'

14세기 말이 되자 레콩키스타도 막바지에 접어든다. 바르셀로나와 그라나다 일대를 제외한 이베리아 전역에서 이슬람 세력이 패퇴하여 북아프리카로 축출된 상태였다. 이슬람의 위협이 줄어들자 이베리아 기독교 왕조들의 관심이 콩밭을 향한다. 서로의 영토를 탐하기 시작한 것이다.

포르투갈의 내륙 경계를 둘러싼 이베리아 최강국 카스티야는 오래전부터 포르투갈을 합병할 기회를 호시탐탐 노리고 있었다. 1383년 포르투갈의 페르난두 1세가 남계 후사後嗣가 없는 상태에서 카스티야 왕자 후안 1세를 공주의 남편으로 맞이하자 궁정에 내분이 발생한다. 후안 1세가 부마駙馬로서 왕위 계승권을 주장하고 나선 것이다. 이에 찬성파와 반대파 사이에 충돌이 발생하고, 카스티야와 잉글랜드가 군대를 파견하면서 내전과 국제전이 섞인 무력 충돌이 온 나라를 뒤덮는다. 이른바 '1383~1385 포르투갈 위기'이다. 반대파의 승리로 주앙 1세(재위 1385~1433년)가 국왕에 즉위함으로써 내전은 종식되고 포르투갈은 독립을 유지할 수 있었으나, 카스티야와 생긴 앙숙관계는 그 후로도 오랫동안 앙금을 남겼다.

천우신조로 대분열을 극복하고 즉위한 주앙 1세의 48년에 걸친 치세하에서 포르투갈은 인류 초유의 대항해시대를 열고 해양제국을 건설하는 초석을 다진다. 주앙 1세 치하에서 포르투갈이 당면한 가장 큰 문제는 카스티야에 의해 나라가 고립되어 있다는 것이었다. 포르투갈은 유라시아 대륙의 서쪽 끝자락 바다에 면한 소국으로, 바다를 염두에 두지 않는다면 지리적으로 유리할 것이 없는 위치였다. 태생적으로 지리적 불리함을 강점으로 전환시켜 바닷길을 개척하는 것이 국가 생존의 전제조건이었다. 주앙 1세는 이베리아의 라이벌 군주들이 서로의 영토를 두고 으르렁거리고 있을 때 대양과 아프리카로 눈을 돌린다.

일반적으로 '항해왕 엔히크' 왕자가 이 시기 포르투갈의 해양 진출을 주도한 이로 알려져 있으나, 이는 역사의 일면에 불과하다. 포르투갈의 해양 진출은 국운을 건 국가 대업이었다. 주앙 1세와 왕자들은 혼신의 팀워크로 이를 추진하였고, 이러한 과업은 대를 이어 계승되었다. 조선 태조가 1392년 역성易姓에 성공하고 방원을 비롯한 왕자들이 건국 대업에 중요한 역할을 하였으니, 포르투갈과 조선의 사정이 비슷했다고도 할 수 있다.

주앙 1세는 잉글랜드의 랭커스터 공작 존John of Gaunt에게 왕위를 빚지고 있었다. 존의 원군이 카스티야군 격퇴에 결정적 기여를 했기 때문이다. 그는 아비스 왕조를 개창한 후 존의 딸인 필리파Phillipa를 왕비로 맞이한다. 필리파는 당시 잉글랜드 최고의 가문으로 손꼽히던 랭커스터 공

상: 항해왕 엔히크로 추정되는 초상화.
하: 상 비센테의 제단화. 최근에는 오른쪽에서 앞줄 두 번째에 무릎을 꿇고 기도하는 인물이 엔히크로 추정되기도 한다.

작가의 훈육법을 체화한 인물로, 신앙심이 깊고 교양이 높은 지식인이었다. 필리파의 품 안에서 교양과 신앙을 전수받은 5명의 왕자는 훗날 인류 역사에 큰 족적을 남기는 '대단한 형제들Illustrious Generation '*로 성장한다. 엔히크 왕자는 그중 셋째 아들이었다.

---

* 포르투갈의 역사가들이 주앙 1세 후손들의 업적을 칭송하며 붙인 별칭.

북아프리카는 고래古來로 귀금속·향신료·상아 등의 보화가 유럽으로 유입되는 교통로였으나, 로마의 쇠퇴와 이슬람의 발흥으로 8세기 이후 유럽인들은 '아프리카로 가는 길'을 상실한 상태였다. 유럽에서 아프리카로 가는 가장 가까운 길은 '헤라클레스의 기둥'* 세우타Ceuta를 통하는 것이다. 지브롤터 대안對岸의 세우타는 지중해의 대서양 진출입 길목이자 유럽-아프리카 대륙을 연결하는 요충지이다. 지브롤터해협의 최단 거리는 고작 14킬로미터에 불과하다. 유럽에서 엎어지면 코 닿을 거리이지만, 이슬람 세력의 제해권 장악으로 기독교 왕국들은 바다를 건널 엄두도 내지 못하는 터였다. 1415년 주앙 1세는 전격적으로 세우타 공략에 나선다. 여타 기독교 왕국이 이슬람의 역습을 경계하고 있을 때, 역으로 바다를 건너 이슬람의 배후를 치는 대담한 구상이었다. 디니스 1세 이래 제노바의 조선술과 항해술을 흡수한 포르투갈은 어느덧 해양강국이 되어 있었다. 200척의 전함에 분승한 2만 명(4만 명이 넘는다는 기록도 있다)의 포르투갈군은 일거에 세우타를 점령하는 놀라운 전과를 올린다.

포르투갈의 기습 원정으로 수백 년에 걸친 유럽의 숙원인 세우타 탈환에 성공하자 기독교 세계가 들썩인다. 당시 독일 남부의 콘스탄츠Constance에서는 복수複數의 교황이 난립하던 '서방교회의 대분열'을 해소하기 위해 각국의 군주·귀족·주교들이 참석하는 대규모 공의회가 열리고 있었다. 콘스탄츠에 세우타 탈환 소식이 전해지자 참석자들은 주앙 1세

---

* 헤라클레스가 아틀라스 산맥을 뽑아 대서양과 지중해를 연결하는 물길이 생겼다는 신화에서 유래한 지브롤터해협 양안兩岸의 별칭.

와 그 아들들의 위업을 칭송하고, 기독교 세계 통합에 박차를 가한다. 이로써 레콩키스타는 유럽 대륙을 벗어나는 새로운 국면을 맞이하였고, 포르투갈은 기독교 세계에 새로운 활력을 불어넣으며 기독교 전파의 구심점으로 떠오른다. 1417년 주앙 1세는 활동적이고 통솔력이 뛰어난 엔히크를 그리스도 기사단 단장으로 임명한다. 사실상 포르투갈 해양 진출의 총지휘자 자리였다.

주앙 1세의 아들 중 엔히크가 해양 진출에 주력하였다면, 그의 형 페드루Pedro는 출중한 외교력으로 포르투갈의 '해양 전략'에 결정적으로 공헌한다. 페드루는 1425년 '유럽 순방' 여정에 오른다. 4년에 걸쳐 영국, 프랑스, 플랑드르, 신성로마제국, 교황청, 베네치아, 피렌체를 아우르는 '대여정'이었다. 페드루는 주요 왕실과 친분을 다지는 한편, 해양 진출 이권을 확보하는 데에 주력한다. 그는 교황 마르티노 5세로부터 새로이 발견되는 영토에 대한 지배권 승인을 언질받고, 금융 중심지 피렌체와 협약을 체결하여 해양 진출을 위한 자금줄과 상품 판로를 확보한다. 포르투갈이 명분과 실리를 고루 챙기며 해양 진출에 나설 수 있는 국제 환경이 조성된 것이다. 페드루는 베네치아로부터 마르코 폴로의 『동방견문록』 사본과 (당시 최고 국가 기밀에 해당하던) 베네치아의 동방 교역로를 담은 최신 지도를 입수하여 반입하는 등 엔히크의 해양 프로젝트를 물심양면으로 지원하였다.

엔히크는 왕국의 최남단 사그레스Sagres에 자리를 잡고 해양 탐험대 파견을 진두지휘한다. 포르투갈 탐험대는 1420년 마데이라Madeira를 획득하고, 1434년 유럽인들의 심리적 저항선인 보자도르Bojador를 돌파한 후, 적도 직전까지 남하함으로써 항해를 통한 아프리카 미개척지 탐험의 지평을 크게 넓힌다. 이때 축적된 조선·항해·지리·천문 등에 관한 지식과 기술이 이후 전 세계를 바닷길로 연결하는 본격적인 '대항해시대'의 단초가 되었다. 엔히크는 기사단의 막강한 금력과 무력을 해양사업에 집중적으로 투입하였고, 해양 진출로 획득한 이권은 기사단에 우선적으로 귀속시켰다. 기사단은 포르투갈 해양 진출의 본부이자 플랫폼이고 엔진이었다. 인과관계를 거칠게 설정하면, 대항해시대는 성전기사단이 인류에 남긴 유산이라고도 할 수 있다.

제7장

항해왕 엔히크

해양 프로젝트의 총책임자가 된 엔히크가 극복해야 할 과제는 지난한 것
이었다. 연안 항해coastal pilotage*와 원양 항해oceanic navigation**는 항행
조건이 근본적으로 다르다. 원양 항해를 위해서는 악천후에 견디며 장기
간 항행 가능한 배가 있어야 하며, 항해에 나선 배가 길을 잃지 않고 출발
지로 복귀할 수 있는 정보와 지식이 필요하다. 이를 위해서는 선박의 설
계·건조 기술, 배의 현재 위치를 파악하는 노하우, 바람·해류·지형지물
정보 등 하드웨어와 소프트웨어 면에서 도구적·기술적 솔루션이 총체적
으로 구비되어야 한다. 엔히크 이전 유럽인들의 항해는 기본적으로 연안
항해였다. 먼바다는 그 끝에 절벽이나 괴물이 있을지도 모르는 두려움의

---

* 연근해에서 알려진 육지의 표식landmark을 확인하면서 해안선을 따라 항행하는 것.

** 장기간 육지에서 떨어져 태양, 별자리 등의 천체 운행을 통해 위치를 확인하면서 항행하는 것.

대상이었다. 엔히크는 누구도 가본 적이 없는 미답의 영역 개척에 그의 생을 바친다.*

마데이라와 아조레스

1419년, 엔히크 휘하의 탐험대가 폭풍에 떠밀려 대서양 외딴 무인도에 표착한다. 후에 마데이라제도로 명명된 이곳은 포르투갈이 확보한 최초의 해외 영토이자 식민지가 되었다. 엔히크는 이듬해 탐험대를 재차 파견해 이 섬의 개척에 착수한다. 마데이라는 울창한 삼림과 천혜의 기후를 갖춘 곳으로, 섬 자체의 생산력과 항해 기지로서의 의미가 큰 곳이었다. 그러나 초기 개척은 지지부진했다. 사실 본국에서 멀리 떨어진 원격지 영토 개척을 위해 물자와 인력을 투입하는 것은 현대 국가조차도 부담이 되는 사업이다.

1430년대가 되기 전에 포르투갈 탐험대는 본토에서 서쪽으로 1500킬로미터나 떨어진 해역에서 아조레스Azores제도를 발견한다. 대서양 한복판의 섬들이 잇달아 발견되면서 해외의 새로운 영토에 대한 효과적 통치제도를 마련할 필요성이 대두한다. 이에 따라 고안된 것이 '도나타리아Donatária' 제도이다. 도나타리아란 해양 진출을 통해 새로이 토지를 발견한 자에게 해당 토지에 대한 시정권施政權과 수익권을 부여하는 것을 말

---

* 엔히크는 평생 독신으로 지냈고, 죽는 순간까지 자신의 해양 프로젝트 거점인 사그레스에 머물며 해양 진출을 독려했다.

마데이라와 아조레스.

한다. 그러한 권리를 부여받은 사람을 '도나타리우'라고 한다. 도나타리우는 권리 획득의 대가로 해당 토지에 대한 식민植民과 개척의 의무를 부담했다. 소유권은 아니더라도 거의 전적인 통치권을 부여함으로써 개척을 촉진코자 하는 일종의 인센티브 제도였다.

초기에 영유화한 섬들의 도나타리우였던 엔히크는 본토를 떠날 수 없었기에 자신의 권리를 위임한 대리자를 '도나타리우의 카피탕capitães dos donatários'이라는 명칭으로 현지에 파견하였다. 따라서 현지에서 실제 시정권을 행사한 것은 카피탕들이었다. '도나타리우-카피탕' 제도는 게르만의 종사제 전통이 포르투갈의 해외영토 사정에 맞게 변용된 것으로, 이후 포르투갈 및 에스파냐의 해외영토 통치 제도로 정착된다. 도나타리아 제도의 시행은 지지부지하던 초기 해외영토 개척사업이 속도를 내는 계기가 되었다.

지리적 조건이 우수하였던 마데이라에는 1440년대부터 식민 인구가 증가하면서 수익성이 높은 사탕수수 플랜테이션이 도입되었다. 당시 설탕은 이슬람과 베네치아가 유통을 독점하던 고가의 향신료였고, 마데이라의 사탕수수 재배는 포르투갈의 중요 관심사였다. 1460년대에 접어들어 플랜테이션이 본격화되고 (베네치아의 라이벌인) 제노바의 자본과 지중해 사탕수수 재배국 시실리의 기술자가 투입되자 마데이라는 일거에 사탕수수 주산지가 된다.* 마데이라의 사탕수수는 피렌체 자본의 개입하에 안트베르펜(앤트워프)으로 운송되어 그곳 제당소에서 설탕으로 가공된 후, 서유럽 및 북유럽 전역에 유통되었다. 포르투갈은 마데이라 사탕수수 플랜테이션을 통해 해외 식민지 획득의 '단맛'을 톡톡히 보았고, 이는 포르투갈의 해외 진출 의욕을 더욱 부추겼다.

---

* 포르투갈인들은 마데이라 개발 과정에서 부족한 노동력을 보충하기 위해 북아프리카 일대의 아프리카인들을 노예로 잡아 투입했다. 포르투갈의 노예사냥은 초기에는 노동력 부족 해소가 목적이었으나 점차 노예무역 자체가 목적으로 변질되었고, 마데이라는 아프리카 노예무역의 거점이라는 오명으로도 알려져 있다.

'볼타 두 마르'

엔히크 이전에 유럽인들이 아프리카 서부 해안을 항행하지 않은 것은 아니다. 로마 제국 시대부터 유럽인들이 이곳을 항행한 흔적은 있다. 13세기 말에는 제노바의 비발디Vivaldi 형제가 인도로 가는 길을 찾아 북서 아프리카 연안 항행에 나섰다는 기록도 있다. 그러나 비발디 탐험대를 비롯한 몇몇 유사한 시도는 탐험대가 실종되거나 오지에 고립되었다가 비참한 최후를 맞는 등 모두 실패로 끝난다. 서부사하라 이남의 아프리카 서부 해안은 유럽인들에게 사실상 '금단의 영역'이자 '저주의 바다'였다. 14세기 이전의 항로 개척 시도가 실패로 끝난 것은 (당시 유럽인들은 이를 알지 못했지만) 근본적으로 자연 현상에 의한 것이었다.

이베리아 남단에서 배를 띄우면 남쪽으로 흐르는 카나리아 해류에 의해 아프리카 북서 해안으로 떠내려간다. 해류에 휩쓸려 남쪽으로 가다보면 이번에는 북동쪽에서 불어오는 무역풍을 만나 더욱 남서쪽으로 떠밀려가게 된다. 당시 유럽인들은 남쪽으로 가는 것은 문제가 아니었으나, 북쪽으로 돌아올 방도가 없었다. 당시 배들의 성능으로는 해류와 바람을 거스르며 북상할 수가 없었고, 유럽인들에게 아프리카 항행은 다시는 돌아올 수 없는 여행이었다.

유럽인들에게 특히 공포의 대상이 된 곳은 북위 26도 서부사하라 연안에 위치한 보자도르곶이다. 보자도르 주변은 무역풍의 영향이 시작되는 곳으로, 연안 항행을 하던 배들은 이 지역에 다다르면 해류와 바람의 영향으로 순식간에 남서쪽으로 떠밀려 해안가에서 멀어지게 된다. 서쪽 바다 끝은 절벽이라는 미신이 지배하던 중세 유럽인들에게 이는 공포로 다가왔을 것이다. 게다가 보자도르 일대는 수면 근처에 잠복한 사구砂丘들이 많아 연안 항행도 어려운 곳이다. 멀쩡해 보이는 바다에 모래톱이 불규칙적으로 불쑥 올라와 자칫하면 배가 좌초되기 십상이다. 뱃길을 통한 접근을 거부하는 보자도르는 유럽인들에게는 심리적 남방 한계선이었다. 1434년 엔히크의 탐험대가 드디어 보자도르의 저주를 풀고 남방 한계선을 넘는다. '볼타 두 마르volta do mar'의 발견으로 인한 쾌거였다.

볼타 두 마르란 '바다의 귀환'이라는 뜻이다. 포르투갈 항해사들은 마데이라와 아조레스 항행 경험을 통해 먼바다로 나가면 남서쪽에서 바람이 불어온다는 것을 차츰 알게 되었다. 현대 과학은 이 바람의 정체가 지구 자전의 코리올리 효과Coriolis effect가 만들어내는 북대서양 환류와 '편서풍' 현상이란 것을 밝혀냈지만, 포르투갈의 항해사들은 어떠한 원리인지는 몰라도 북위 30도 주변에서 포르투갈로 귀항할 수 있는 행운의 바람이 분다는 것은 알고 있었다. 포르투갈 탐험대는 아프리카를 남하하는 도중에 무역풍을 만나 남서쪽 먼바다로 밀려나갔다가, 북위 30도 지점까지 거슬러 올라가서 편서풍을 타고 이베리아 인근 해역으로 복귀하는 방법을 기어이 발견한다. '볼타 두 마르'의 발견으로 심리적 저지선은 깨졌고, 포르투갈은 보자도르를 넘어 남쪽으로 항행을 계속할 수 있었다. 알고 보면 간단한 원리이지만, 최초로 이를 시도한 자들에게는 전인미답前人未踏의 길이었다. '볼타 두 마르'는 현대인의 달 착륙과 다를 바 없는 위대한 도전이자 모험이었고, 대항해시대를 여는 결정적 계기가 되었다.*

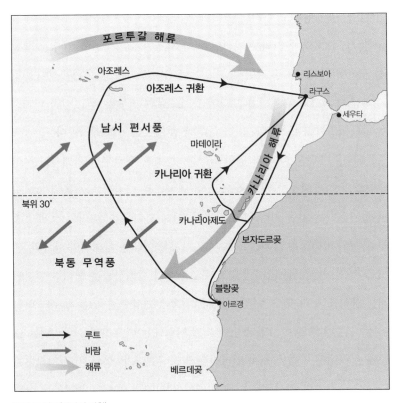

볼타 두 마르(바다의 귀환).

---

* 콜럼버스가 인도를 찾아 서쪽 항로 개척을 결심할 수 있었던 것도 포르투갈의 볼타 두 마르 항행 기법을 습득했기에 가능한 것이었다. 콜럼버스는 무역풍을 타고 대서양을 서진하였고, 북위 30도로 북상한 후, 편서풍을 이용하여 귀환하였다.

해양 진출의 요람 사그레스

포르투갈이 '볼타 두 마르'에 성공한 것은 단순한 정신 승리의 결과가 아니다. 기술적 선결과제를 해결하지 못한 모험은 도전이 아니라 도박일 뿐이다. 엔히크의 위대함은 단지 탐험대를 꾸려 바다로 내보낸 데에 있는 것이 아니라, 해양 진출에 필요한 수많은 기술적 난제를 해결하기 위해 뚝심 있는 리더십을 발휘한 데에 있다. 엔히크의 탐험대는 포르투갈 최남단 상 빈센테곶St. Vincent을 모항母港으로 삼고 있었다. 엔히크는 항구가 내려다보이는 사그레스에 본부를 두고 해양 프로젝트를 진두지휘하였다. 3킬로미터 떨어진 라구스Lagos에는 조선소도 건설되었다. 어느 한 곳 엔히크의 입김과 손길이 닿지 않은 곳이 없었다. 엔히크는 기사단 단장이자 알가르베 총독으로서 자신의 통제하에 있는 막강한 금력을 투입하여 사그레스에 당대 최고의 천문학자, 지도제작자, 조선 기술자, 항해 전문가 등을 불러모아 해양 진출에 필요한 지식·기술·도구 발전을 위한 협업 체계를 구축한다. 사그레스는 포르투갈 해양 진출의 중심이자 근대 해양학의 요람이었다.*

초기 탐사가 지지부진했던 이유 중 하나는 원양 탐사에 적합한 배가 없었기 때문이다. 당시 해양강국인 제노바와 베네치아가 사용하던 배는 주

---

* 사그레스에 엔히크가 설립한 항해연구소가 있었다는 속설이 있다. 이에 반해 현대적 의미의 조직화된 연구소가 있었다기보다는 사그레스가 당시 해양 연구의 중심지였다는 의미로 받아들여야 한다는 견해가 있다.

로 갤리선galley이었다. 갤리선은 돛과 노를 추진력으로 삼는 배이다. 바람에 구애받지 않고 항행이 가능한 반면, 노를 젓는 인력이 필요하기에 운송비용이 높고 장거리 항행이 어렵다는 단점이 있다. 지중해 내해 운송이 중심이었던 이탈리아 도시국가들은 갤리선의 단점이 크게 문제가 되지 않았고, 이에 따라 이탈리아의 조선술은 단위 운송비용 절감을 위한 선박 대형화 위주로 발전하였다. 13세기까지 100톤급에 머물던 배수량排水量이 14세기 이후 300톤에 이를 정도로 선박 대형화 기술은 진보하였다. 그러나 갤리선의 대형화 기술은 원양 탐사에 크게 도움이 되지 못했다. 원양 항해를 위해서는 필수 인원을 최소화할 수 있는 범선帆船이 필요했다.

당시 지중해의 갤리선이나 북해의 코그선cog에 사용되고 있던 돛은 사각돛square sail이었다. 사각돛은 바람을 추진력으로 전환하는 효율은 높지만, 원하는 방향으로 진행하기 위해서는 뒷바람이 필요하다는 단점이 있었다. 진로를 풍향에 의지하는 배로 장거리 탐사를 수행할 수는 없다. 풍향과 관계 없이 자유자재로 진행할 수 있는 범선이 절대적으로 필요했다. 이러한 요구조건을 충족시키기 위해 사그레스에서 집중적으로 개량된 배가 '카라벨선caravel'이다. 카라벨선은 아랍 계통의 소형 범선*에 장착된 삼각돛lateen sails을 채용한 선박이다. 사그레스의 전문가팀은 지중해 연안 지역에서 활동하던 삼각돛 범선의 기민한 활동성에 주목한다. 삼

---

* '카라벨'의 어원과 원형에 대해서는 많은 학설이 있으나, 알가르베, 마그레브 지역에서 아랍인들이 사용하던 소형 범선 카리브qârib에서 유래한 것이라는 견해가 폭넓게 받아들여지고 있다.

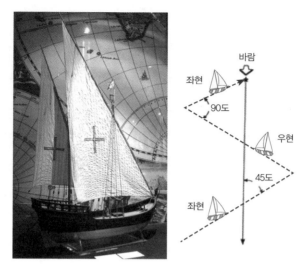

포르투갈의 카라벨선과 태킹 기법.

각돛을 사용하면 바람이 불어오는 방향의 45도 각도로 진행하는 것이 가능하다. 이를 '태킹tacking' 기법이라 하며, 오른쪽과 왼쪽을 번갈아 지그재그로 항행하면 '역풍항해(바람이 불어오는 쪽으로 진행하는 것)'를 할 수 있다. 바람이 불지 않으면 어쩔 수 없으나 바람이 불기만 하면 배는 원하는 방향으로 조향操向이 가능한 것이다.

엔히크의 탐험대에게 이보다 중요한 성능은 없었다. 사그레스와 라구스의 조선 기술자들은 장거리 탐험에 적합하도록 최소 인원으로 운용이 가능하고, 삼각돛 장착과 용골keel 설계로 민첩성과 안전성을 향상시킨 카라벨선의 개량과 개발에 주력한다. 엔히크의 탐험대는 초기 탐사에 사용되었던 굼뜬 바크선이나 바리넬선에서 벗어나 날쌘 카라벨선에 올라 대서양을 휘젓고 다녔고, 카라벨선의 활약으로 순항거리가 확대되고 불확실성이 감소하자 이는 탐험 성공률의 증가로 이어졌다.

카라벨선이 원양 항해에 나설 수 있게 된 데에는 운도 작용했다. 카라벨선은 6개월 이상의 장기 항해를 목표로 설계되었다. 범선으로 장기간 항해를 하기 위해서는 선원 거주 및 식수·식량 적재를 위한 공간 확보와 함께 악천후에도 버틸 수 있는 돛과 삭구素具*가 필수적이었다. 기존의 아마亞麻·flax나 목면 삭구는 연안 항해는 몰라도 원양 항해에는 내구성에 문제가 있었다. 기술적 난제에 봉착한 유럽인들에게 중국 문명에서 전래된 제지製紙 기술이 새로운 가능성을 열어주었다. 중국의 제지 기술은 이슬람을 통해 유럽에 전파되었고, 이슬람의 영향하에 있던 이베리아가 가장 먼저 그 혜택을 향수하였다. 유럽의 종이 생산은 12세기 중반 발렌시아 지방의 하티바Xativa에 제지소가 세워진 이래 유럽으로 확산된 것으로 알려져 있다. 당시 종이는 주로 교회 의식용 카탈로그를 만드는 데에 사용되었고, 수도원 등 종교기관이 제지에 관여하고 있었다. 이베리아인이 무어인으로부터 습득한 제지법은 대마大麻·hemp 펄프로 종이를 만드는 기술이었고, 포르투갈에서는 14세기 이후 수도원이나 기사단 영지 등에서 제지용 대마가 대량으로 재배되기 시작하였다. 대마는 생장이 빠르고 재배가 손쉬운 작물이다. 대마 섬유로 짠 직물은 놀랍도록 가벼우면서도 튼튼하다. 튼튼한 천의 대명사인 캔버스canvas는 본래 대마 패브릭

---

* 로프, 케이블, 체인 등 범선의 돛 구성 및 작동 시스템의 총칭.

fabric을 일컫는 명칭이었다. 항염抗鹽 처리를 한 대마 재질의 돛과 로프는 중량 대비 내구성이 우수하여 원양 항해에 안성맞춤이었고, 포르투갈과 에스파냐의 선박들은 그 덕을 톡톡히 봤다. 콜럼버스가 대서양을 건널 때 사용한 배의 삭구도 대마 패브릭으로 만든 것이었다. 아랍을 거쳐 유럽에 도달한 중국의 제지 기술이 대항해시대라는 그림의 퍼즐 한 조각을 구성하고 있는 셈이다.

하지만 선박이라는 하드웨어의 발전만으로는 원양 항해에 나설 수 없다. 항해술과 해양학이라는 소프트웨어의 뒷받침이 필요하다. 사그레스가 해양 진출의 요람이라고 할 수 있는 진정한 이유는 이러한 소프트웨어의 발전에 있었다. 범선 항해는 해류와 바람의 영향이 절대적이다. 사그레스에서는 탐험대가 수집한 해역의 해류와 바람에 대한 방대한 데이터베이스가 구축되었고, 이는 전문가들에 의해 분석되었다. '볼타 두 마르'와 같이 인간의 직관으로는 파악하기 어려운 항해 기법을 발견할 수 있었던 것도 우연이 아니라 이러한 체계적 연구의 산물이었다.

엔히크는 항해를 위한 그래픽 정보, 즉 해도海圖의 제작에 관심을 기울였다. 엔히크는 1419년 마요르카의 '마스테르 자콤Master Jacome'이라는 인물을 초빙한다. 역사가들은 이 인물이 당시 '해도의 달인'으로 불리던 마요르카의 유대인 작도가作圖家 예후다 크레스케스Yehuda Cresques일 것으로 추정하고 있다.* 예후다는 1장에서 소개한 '나침반의 달인' 아

---

* 예후다 크레스케스는 1391년 아라곤 통치하에 강제로 기독교로 개종하면서 하이메 리바 Jaime(Jacoba) Riba로 개명한다.

브라함 크레스케스의 아들로, 당대 최고의 포르톨라노 해도 제작자였다. 엔히크가 초빙한 인물이 예후다인지 확정할 수는 없지만, 14세기 말 이후 카탈루냐 지방에서 기독교 세력의 유대교 박해가 심해진 사정을 감안할 때, 마요르카의 유대인 지도제작자들이 사그레스에서 피신처를 찾았을 가능성은 높다고 할 수 있다.

고대 그리스·로마 시대 이래 유럽인들은 천체 항행법celestial navigation 을 터득하고 있었다. 북극성과 별자리를 기준으로 방위方位를 확인하고 육지의 주요 지형지물을 대조하면서 항행하는 방식이다. 다만, 체계화된 항행 매뉴얼이 있었던 것은 아니며, 항해는 어디까지나 뱃사람의 도제식 훈련과 경험에 의존하는 방식이었다. 12세기 이후 유럽에 나침반이 전래 되면서 항해술에 큰 전기가 마련된다. 한漢나라는 1세기부터 풍수에 지 남침指南針을 사용했고 9세기부터 나침반을 항행에 사용했다는 기록이 있으니, 동양의 나침반은 서양보다 1000년을 앞선 것이었다. 유럽에서는 베네치아와 제노바인들이 12세기 말~13세기 초부터 나침반을 항행에 사용하기 시작한다. 초기에는 천체 관찰을 보조하는 도구였으나, 14세기 에 들어 나침반 항행법이 지중해 해양국가들 사이에서 퍼지면서 나침반 은 해도와 함께 필수 항해 도구로 자리잡는다. 포르톨라노 해도는 나침반 항행법 발전과 궤를 같이하며 진화한 해도이다. 항해사들은 (자신의 위치만 확인할 수 있으면) 포르톨라노 해도에 표시된 나침반 방위선에 맞추어 항로 를 설정하면 훨씬 수월하게 목적지에 도달할 수 있었다.

엔히크가 초빙한 인물이 예후다이건 아니건, 15세기 중반 이후 포르

1485년에 제작된 페드루 헤이넬의 유럽 및 아프리카 서부 해안 지도. 나침반 항행을 고려하여 제작된 포르톨라노 해도이다.

투갈은 유럽 최고의 해도 선진국으로 도약한다. 1485년 페드루 헤이넬 Pedro Reinel의 해도나 1492년 호르헤 드 아기아르Jorge de Aguiar의 해도는 대서양 일대의 섬과 아프리카 서부 해안의 모습을 정교하게 재현한 것으로 유명하다. 포르투갈은 이러한 해도를 국가 기밀로 관리하고 철저히 유출을 금지하였다. 포르투갈은 지도가 국부의 원천임을 꿰뚫어보았다.

식별물landmark이 존재하지 않는 망망대해에서 최대 난제는 자신의 위치를 파악하는 것이다. 정교한 지도와 나침반이 있어도 현 위치를 파악하지 못하면 무용지물이다. 엔히크는 학자들을 초빙해 그들의 과학 지식과 항해사들의 경험을 융합시킨다. 현 위치를 파악하는 기본은 위도 측정이다. 사그레스에서는 북극성이 보이지 않는 곳에서 방위 확인에 필요한 별자리 측정법, 태양 고도를 이용한 위도 계산법 등 다양한 원양에서의 위치 파악법이 고안되었다. 적도 부근에 다가갈수록 북극성을 활용한 위도 측정법은 무용지물이 되기 때문에 새로운 위치파악 기법은 포르투갈에게 대단히 중요한 의미가 있었다.

엔히크 사후 주앙 2세의 후원으로 그간 축적된 항해 천문학을 집대성한 『사분의와 아스트롤라베 사용법Regimento do Astrolabio e do Quadrante』이 발간된다. 유럽 최초의 '항행 매뉴얼'이라 불리는 기념비적인 이 소책자에는 당대 최고의 천문학자인 에스파냐의 아브라함 자쿠토Abraham Zacuto가 작성한 연중 태양 고도표 및 환산표를 이용한 위도 측정법이 담겨 있다. 사분의四分儀·quadrant, 아스트롤라베astrolabe 등 천체 관측 기구가 유럽 항해사들의 필수도구가 된 것은 이때부터이다.

이로써 유럽의 항해술은 '경험의 항해'에서 '도구의 항해'로 진화한다. 엔히크의 집념이 시동을 건 포르투갈의 원양 항해술 발전 덕분에 유럽의 항해사들은 나침반, 해도, 태양 고도표, 사분의·아스트롤라베만 있으면 망망대해에서 파도와 바람에 떠밀리다가 미아가 될 걱정 없이 항해에 나설 수 있게 되었다. 인공위성에 의한 지구위치정보 시스템(GPS)이 개발되기 전까지 인류의 항해 방식은 15세기 말 포르투갈이 사용한 방식과 기본원리가 동일하다. 이후의 근대 항해술은 측정 도구와 측정치의 정확성을 높인 것에 불과할 뿐이라고 말하는 해양사학자도 있다. 포르투갈이 발전시킨 항해술은 따지고 보면 유럽의 독자적인 기술이 아니다. 그 원천 기술의 대부분은 중국, 인도, 아랍, 유대로부터 온 것이다. 원천이 어디건 원조가 누구건, 자신의 필요에 따라 새로운 쓸모와 유용성을 찾아내는 지적 흡수력과 개방적 태도는 중세 후기 이후 유럽 문명의 두드러진 특징이었다. 대항해시대는 그러한 유럽의 실용적이고 목적지향적인 사고가 당시 가용한 세계의 지식 자산을 융합하여 창출해낸 시너지의 산물이다.

제8장

대항해시대의 서막

아프리카의 황금해안

엔히크가 뿌린 해양 진출의 씨앗은 1460년대부터 본격적으로 결실을 맺기 시작한다. 1450년대까지 해양 진출은 소득보다 비용이 많이 드는 적자 사업이었다. 엔히크가 관장하는 기사단의 금력이 없었다면 지속적인 투자는 불가능했을 것이다. 1460년대 후반 포르투갈 탐험대는 적도 직전까지 남하하여 기니만灣에 진입한다. 왕실로부터 기니 일대의 무역 특권을 약속받은 리스보아(리스본) 상인 페르낭 고메스Fernão Gomes의 탐험대는 1471년 (지금의 가나 남해안에 위치한) 엘미나Elmina에 다다른다. 포르투갈이 애초에 아프리카에 눈독을 들인 가장 큰 동기 가운데 하나는 무슬림 카라반들이 북아프리카로 반입하는 황금이었다. 유럽인들은 프레스터 존의 기독교 왕국만큼이나 사하라 사막 남쪽 어딘가에 있다는 황금왕국의 전설을 철석같이 믿고 있었다. 전설의 금을 찾아 불굴의 의지로 남항南航하던 포르투갈인들은 엘미나에서 드디어 노다지를 만난다. 기니 인근 내륙 지방은 사금이 풍부했고, 무슬림 상인들이 직물, 철기 도구, 유리제품 등을 가져와 현지인들의 금과 교환하는 교역 시장이 바로 엘미나였던 것이다. 페르낭 고메스는 무슬림 상인들을 몰아내기 위해 현지 세력을 포섭하는 한편, 무역 포스트를 세우고 아프리카의 금(나중에는 흑인 노예)을 유럽으로 실어 날랐다.* 포르투갈 왕실에서 직접 관장하게 된 엘미나는 요새화된 거점으로 개척되었고, 이후 포르투갈이 서아프리카를 경영하는 데에 없어서는 안 될 요충지로 자리매김한다.

포르투갈의 아프리카 진출이 본격적으로 대박을 터뜨리려 할 즈음 이베리아 본토에서는 '카스티야 왕위 계승 전쟁'이 발발하여 대혼란이 야기된다. 1474년 12월 카스티야의 엔리케 4세가 후계자를 지명하지 않고 사망하자, 그의 이복 여동생 이사벨과 딸 후아나 사이에 왕위 계승 분쟁이 발생한다. 이사벨은 아라곤의 페르난도 왕자와 혼인한 상태였고, 후아나는 포르투갈의 아폰수 5세와 혼약한 상태였다. 어느 쪽이건 이베리아 최대 강국인 카스티야를 차지한다면 단숨에 유럽의 맹주로 도약할 수 있었다. 장례식의 여운이 가시기도 전에 이사벨이 선수를 치고 나온다. 이사벨이 세비야 궁성회의에서 왕위 계승권을 주장하며 세력 규합에 나서자

---

* '황금해안Gold Coast'이라는 지명은 이때의 금 반출에서 비롯된 것이다.

아폰수 5세의 행보도 급해진다. 그는 1475년 5월 군대를 이끌고 국경을 넘어 카스티야의 플라센시아로 진군한 후, 전격적으로 후아나와 혼인식을 올리고는 왕위 계승전에 참전한다. 이때 훗날 복선이 된 것이 두 사람의 관계였다. 아폰수 5세와 후아나는 외삼촌-조카의 근친관계였고, 혼인 효력을 인정받기 위해서는 교황의 승인이 필요했다. 아폰수를 등에 업은 후아나가 왕위 승계를 선언하고, 이에 대응하여 페르난도가 군사를 일으키자 양 진영은 카스티야 왕위 자리를 놓고 전면적인 무력 충돌에 돌입한다. 나라를 두 동강 낸 전쟁은 4년 동안 계속되었고, 밀고 밀리는 접전 끝에 1479년 이사벨 진영의 승리로 종결된다.

주요 접전의 고비마다 우유부단함으로 실책을 범한 아폰수 5세에 비해 이사벨·페르난도 커플은 뛰어난 지도력과 지략의 소유자였다. 전황을 유리하게 이끄는 능력도 뛰어났지만, 특히 외교 감각이 출중했다. 육상 전력이 열세라고 판단한 아폰수는 프랑스와 동맹을 맺고 군사 지원에 목을 매고 있었다. 페르난도는 프랑스 군대의 통로인 나바라 지역의 귀족들을 설득하여 프랑스의 개입을 차단하는 한편, 프랑스와 갈등관계에 있던 교황 식스토 4세를 포섭하여 1478년 12월 아폰수-후아나 간의 혼인 승인 취소 선언을 이끌어낸다. 아폰수 5세와 후아나에게는 청천벽력과도 같은 교황의 이중 플레이였다. 수세에 몰린 채 전쟁의 명분마저 잃은 아폰수 5세가 카스티야 왕위를 포기함으로써 1479년 9월 이사벨이 카스티야 여왕으로 즉위하였고, 카스티야·아라곤은 부부 왕이 통치하는 연합왕국이 된다. 이후 수 세기 동안 세계를 호령한 에스파냐 제국의 전신이다.

카스티야·아라곤의 부부 왕 이사
벨 – 페르난도 커플.

　양 진영 간의 전쟁은 육지에서만 벌어진 것이 아니었다. 포르투갈의 해
상 도발에 자극을 받은 이사벨·페르난도는 육상에서의 승기를 기회 삼아
포르투갈의 제해권에 도전한다. 1478년 이사벨·페르난도 진영이 35척
규모의 정예 함대를 카나리아제도와 기니만으로 파견하자 포르투갈 함
대가 추격에 나섰고, 전쟁은 본토에서 1000킬로미터나 떨어진 대륙 건너
바다로 장소를 옮겨 계속된다. 카스티야 함대는 우여곡절 끝에 카나리아
제도의 거점을 지킬 수 있었으나, 기니만에서는 포르투갈 함대에게 완패
를 당한 채 쫓겨나고 만다. 해상 전력은 포르투갈이 한 수 위였던 것이다.
본토에서의 열세를 해외 거점 쟁탈전으로 만회한 포르투갈은 기세가 올
랐으나, 그렇다고 전세를 근본적으로 뒤집을 수 있는 것은 아니었다.* 포
르투갈의 기니만 해전 승리, 교황의 혼인 무효화 선언 등 상호 희비가 교

---

*　승자가 누구이건 유럽인 간의 전쟁으로 현지인들이 노예로 포획되거나 전투에 동원되어 희생되는
전화戰禍를 입었다. 이때의 전쟁을 유럽국가 간에 벌어진 최초의 식민지 쟁탈전으로 보는 견해도 있다.

알카소바스 조약.

차하는 혼란 속에서 전황戰況이 교착되자 양 진영은 종전 교섭에 돌입한
다. 카스티야 왕위 계승과 더불어 가장 큰 쟁점이 된 것은 대서양의 세력
권 설정 문제였다. 1479년 9월 양측은 '알카소바스Alcáçovas 조약'을 체
결하고 강화講和에 최종 합의한다. 이 협정에서 아폰수 5세는 카스티야
왕위 계승권을 포기하였고, 이사벨·페르난도는 카나리아제도를 제외한
대서양의 (이미 발견되었거나 향후 발견될) 모든 섬에 대한 포르투갈의 영유
권을 양해하였다.

카리타스와 아바리스

이사벨·페르난도로부터 인정받은 포르투갈의 대서양 권리는 사실 카스티야 왕위 계승 전쟁 이전부터 교황의 교서에 의해 형성된 기득권이었다. 14세기 말 이후 오스만 제국과 베네치아의 동지중해 장악으로 위기감을 느끼던 기독교 세계는 무슬림의 압박에서 숨통을 틔워줄 돌파구로 대서양·아프리카 진출에 큰 기대를 걸고 있었다. 세우타를 점령한 포르투갈은 기대주였고, 엔히크의 인기와 명성은 고공행진을 하고 있었다. 엔히크를 아프리카로 인도한 것은 신에 대한 사랑과 황금에 대한 욕망이었다. 어느 쪽이 먼저인지를 묻는 것은 무의미하다. 이교도 지역 진출의 대의大義는 카리타스caritas(신의 사랑)와 아바리스avarice(세속적 욕망)가 신의 뜻으로 일체화된 합성체였다. 엔히크와 추종자들에게 '미지의 땅terra incognito'에 기독교를 전하는 것과, 그곳의 이교도와 재물을 기독교도가 지배하고 소유하는 것은 구분되는 개념이 아니었다.

아폰수 5세와 엔히크는 자신들의 입지를 지렛대 삼아 교황청과 거래에 나선다. 1452년 당시 오스만 제국은 보스포루스 해협 북쪽 기슭에 요새를 건설하고 콘스탄티노폴리스를 압박하고 있었다. 비잔티움 황제의 절박한 원조 요청을 접수한 교황 니콜라오 5세가 사태의 심각성을 깨닫고 제2의 십자군 운동을 촉구해보지만, 각종 전쟁과 내부 권력 다툼으로 제 코가 석자인 유럽의 왕실과 귀족들의 반응은 미온적이었다. 포르투갈만은 그 상황 속에서 '기브 앤드 테이크'의 기회를 포착한다. 아폰수 5세는 교황의 부름에 호응함으로써 교황의 위신을 세워주는 한편, 새로이 진출한 아프리카 영토에 대한 특권, 즉 교역 독점권과 포로·노예 처분권을 인정해줄 것을 조건으로 제시한다. 다급한 교황은 포르투갈의 요구를 수용하고, '둠 디베르사스Dum Diversas' 교서를 내린다. 이로써 포르투갈은 "사라센과 이교도 왕국을 공격하고 포획하여 복속시키는 한편, 그들의 인신을 예속시킬 권리"에 대한 법적 근거를 획득한다.

　1453년, 결국 오스만 제국에 의해 콘스탄티노폴리스가 함락되자 교황청의 위기감은 극에 달하였다. 아폰수 5세는 새로 발견한 땅에 대한 특권 확인을 재차 요구했고, 1456년 교황 갈리스토 3세는 '인테르 카이테라 Inter Caetera' 교서를 교부하여 포르투갈의 권리를 재확인하였다. 포르투갈은 이러한 일련의 교서에 의해 포르투갈만이 아프리카 서부 해안을 항해할 권리가 형성되었다는 입장이었다. 그리고 이러한 권리는 거저 주어진 것이 아니라 수많은 희생과 순교에 대한 보상으로 인정된 신성한 권리라고 인식하고 있었다. 카스티야 왕위 계승 전쟁 당시 이사벨·페르난도가 교서를 무시하고 기니만을 공략한 것에 대해 포르투갈이 분노하였던 것은 이 때문이다. 기니만 쟁탈전에서 승리한 포르투갈은 알카소바스 조약에서 카스티야 왕위를 포기하는 대신 대서양 섬들에 대한 포르투갈 영유권을 에스파냐가 인정할 것을 명문화한다. 알카소바스 조약은 1481년 교황의 '아이테르니 레기스Aeterni regis' 교서에 의해 공인되었고, 교황의 공인은 조약의 구속력을 더하였다.

콜럼버스와 토르데시야스 조약

1479년 아라곤-카스티야 연합왕국을 실현하여 이른바 에스파냐의 통일을 이룬 이사벨·페르난도 부부 왕은 1492년에 그라나다의 마지막 이슬람 세력을 축출함으로써 대망의 이베리아 레콩키스타를 완성한다. 이사벨은 에스파냐의 지리적 이점을 살릴 수 있는 대서양 진출을 갈망하고 있었다. 알카소바스 조약으로 아프리카 항해가 봉쇄된 것을 아쉬워하던 이사벨에게 접근한 것이 바로 콜럼버스였다.

콜럼버스는 사실 포르투갈이 낳은 항해가이다. 제노바 출신으로 알려진 그는 어릴 적부터 제노바 무역선에서 선원 생활을 시작하기는 했지만, 원양 항해를 기획할 정도로 고급 항해술을 습득할 수 있었던 것은 포르투갈에서의 경험 덕분이었다. 그는 25세이던 1476년부터 10년 동안 리스보아(리스본)에 거주하면서 포르투갈의 아프리카 탐험선에 올라 장거리 항해의 경험을 쌓는다. 마데이라 초대 카피탕의 딸을 아내로 맞이한 덕분에 첨단 항해술에 대한 비밀 자료 및 고급 정보에 접근할 수 있었던 것도 그에게 큰 도움이 되었다.

최첨단 항해술을 습득한 콜럼버스는 독학으로 지리·천문·역사를 공부하면서 지구는 둥글다는 결론에 도달한다. 결론은 맞았지만, 결론의 기반이 된 팩트는 오류투성이였다. 그는 프톨레마이오스 시대 이래 유럽에 형성된 지리관을 벗어나지 못한 채 지구의 크기를 실제보다 훨씬 작게 추정하였고, 서쪽으로 3700킬로미터만 항해해가면 일본(치팡구)에 도달할 수 있다고 믿었다. 카나리아제도에서 서쪽으로 갈 경우 일본까지의 실제 거리는 1만 5000킬로미터가 넘는다. 대서양 너머에 미지의 대륙이 있음을 알지 못했으니 불가피한 오류였다. 오류에서 비롯된 신념이었지만, 어쨌든 그 신념이 그에게 서쪽으로의 항해를 실행으로 옮길 용기를 주었다. 세상의 위대한 일들은 '아는 것이 힘'과 '모르는 것이 약' 사이의 절묘한 조합으로 이뤄지기 마련이다.

콜럼버스는 당초 포르투갈의 주앙 2세에게 후원을 요청하였다. 그는 서쪽 항로를 택하면 아프리카 항로보다 더욱 수월하게 향신료군도에 도착할 수 있다고 주장했지만, 콜럼버스보다 더 능숙한 항해가를 보유하고 있는 주앙 2세는 그의 요청에 관심이 없었다. 번번이 제안이 거절되자 그는 대서양 진출에 목을 매고 있던 에스파냐로 눈을 돌렸고, 아프리카 항로가 가로막힌 이사벨 여왕은 주위의 만류를 뿌리치고 과감하게 콜럼버스의 서진 항로 제의에 투자를 결단한다. 이사벨은 부족한 자금을 마련하기 위해 자신의 보석과 왕관을 내놓을 정도로 콜럼버스의 제안에 승부수를 던졌다. 콜럼버스는 그를 사기꾼으로 치부하던 포르투갈과 에스파냐 학자들을 비웃기라도 하듯 1492년 8월 에스파냐 카디스를 떠난 지 두 달 반 후인 10월 지금의 바하마제도에 해당하는 카리브 해안 상륙에 성공한다. 그가 도달한 곳은 인도가 아닌, 후에 아메리카로 불리게 되는 신대륙이었지만, 콜럼버스는 눈을 감는 순간까지 그곳이 인도라고 믿었다.

콜럼버스의 대서양 횡단은 에스파냐와 포르투갈 사이에 새로운 분쟁을 야기한다. 귀환 길에 아조레스에 기착한 콜럼버스는 본토로 돌아오

외젠 들라크루아가 그린 〈콜럼버스의 귀환〉.

는 도중에 운 나쁘게도 폭풍에 떠밀려 리스보아에 입항한다. 포르투갈이 콜럼버스의 항로가 알카소바스 조약을 위반한 것이라고 항의하고 신발견지를 접수하겠다고 위협하자, 다급해진 에스파냐는 교황에게 분쟁 해결 중재를 의뢰한다. (사실상 에스파냐와 특수관계에 있던) 교황 알렉산데르 6세는 1493년 카보베르데Cabo Verde제도 기점 서쪽 100리그(league, 1리그는 5.556킬로미터에 해당) 지점에 남북으로 분계선을 그은 후, 서쪽은 에스파냐, 동쪽은 포르투갈의 특권 영역으로 정하는 인테르 카이테라Inter caetera 교서를 교부한다. 분계선이 이렇게 설정되면 포르투갈은 신대륙

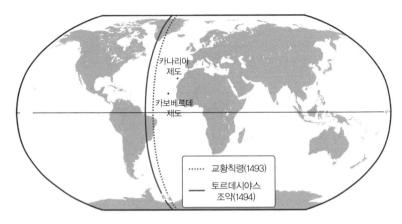

카나리아
제도

카보베르데
제도

············ 교황칙령(1493)

──── 토르데시야스
조약(1494)

토르데시야스 조약.

으로 가는 항로가 완전히 차단되어버린다. 포르투갈은 교서의 개정을 강력히 요구하였고, 이듬해 분계선의 위치를 카보베르데 기점 100리그에서 370리그로 변경한 '토르데시야스Tordesillas 조약'이 교황의 중재와 양국 간의 합의로 체결된다.* 포르투갈-에스파냐 간의 대서양 구획 분할 문제를 해결하기 위한 이 조약이 훗날 인류의 역사에 엄청난 영향을 미치리라고는 당사자들도 생각하지 못했을 것이다.

---

* 토르데시야스 조약에 의해 브라질 동쪽 끝이 포르투갈 관할 구역으로 이전된다. 이에 따라 포르투갈이 집요하게 경계선 서쪽 이동을 주장한 것은 남아메리카 대륙의 존재를 이미 알고 있었기 때문이라는 추측이 제기되기도 한다.

바스쿠 다 가마의 돌파

아폰수 5세의 뒤를 이은 주앙 2세는 엔히크가 기틀을 닦은 해양 진출 대업을 완성한 인물이다. 그는 강성한 귀족 세력에 대항하기 위해서는 무엇보다 왕실의 재정이 튼튼해야 하며, 왕실이 직접 해양사업을 관장해야 한다고 판단했다. 그는 왕세자이던 1474년 페르낭 고메스의 기니만 일대 특허권이 종료되자 그를 직접 인수하는 한편, 1481년 국왕 즉위와 함께 야심찬 해양 프로젝트를 추진한다. 당시 유럽에서는 아라비아해에서 지중해 사이의 향신료길Spice Road을 꿰찬 오스만과 베네치아의 횡포로 향신료 가격이 천정부지로 치솟고 있었다. 주앙 2세는 산지에서 향신료를 직접 입수할 수만 있다면 그 경제적 효과는 아프리카 경영에 비할 바가 아니라고 판단했다. 엔히크의 목표가 아프리카 진출이었다면, 주앙 2세의 목표는 아프리카를 돌아 인도로 가는 뱃길 개척에 두어졌다.

1482년에 디오구 캉Diogo Cão 탐험대는 적도를 남하하여 콩고와 앙골라 일대를 탐사한다. 1488년에는 바르톨로메우 디아스Bartolomeu Dias 탐험대가 드디어 아프리카 최남단에 도달한다. 연안을 벗어나 남대서양을 항행한 것은 이때가 처음이다. 천체·해류·바람 등 항행 환경이 북반구와 상반되는 남반구 대양 정보를 수집한 디아스의 항해는 인도 항로를 여는 열쇠가 되었다. 주앙 2세는 디아스가 보고한 아프리카 남단의 한 장소를 '희망봉'으로 명명한다. 인도로 가는 길이 활짝 열리길 바라는 염원이 담긴 이름이었다.

주앙 2세의 인도 진출 프로젝트는 주도면밀한 것이었다. 1487년 디아스의 탐험대가 파견될 때, 주앙 2세는 또 한 명의 심복 페루 다 쿠빌냐웅Pêro da Covilhã을 인도로 가는 땅길로 파견한다. 바닷길 개척과 별도로 베네치아와 아랍인들이 독점하고 있는 아라비아해에서 지중해를 잇는 향신료 교역 루트와 인도 현지의 향신료 사정을 파악하는 것이 쿠빌냐웅의 임무였다. 산업 스파이인 셈이었다.

쿠빌냐웅은 바르셀로나, 나폴리, 그리스의 로데스를 거쳐 향신료 중계무역 거점인 알렉산드리아에 도착한다. 알렉산드리아에서 아랍 상인들에 섞인 쿠빌냐웅은 유럽인들에게는 금단의 영역인 홍해를 남하하여 '아프리카의 뿔' 인근 아덴Aden에 도착한 후, 아라비아해 횡단선에 올라 염원하던 인도에 도착한다. 인도의 카나노르Cannanore, 캘리컷 등지에서 향신료 사정을 조사한 쿠빌냐웅은 1490년경 고아를 거쳐 호르무즈로 돌아온 후, 내친김에 이제껏 베일에 가려 있던 아프리카 동부 해안 탐사에 나선다. 모잠비크의 소팔라Sofala까지 남하한 그는 바다 건너 '달의 섬*'에 아랍인들이 항해 거점을 두고 있다는 정보를 얻는다. 카이로로 돌아온 쿠빌냐웅은 그곳에서 자신의 행방을 수소문하고 다니던 포르투갈 유대인과 조우한다. 이 유대인들은 근동 일대의 향신료 사정을 파악하기 위해 주앙 2세가 별도로 파견한 인원으로, 주앙 2세가 쿠빌냐웅에게 보내는 서한을 소지하고 있었다. 쿠빌냐웅은 이들을 통해 향신료 루트와 인도 향신료 시

---

* 코모로제도 또는 마다가스카르로 추정.

장의 소상한 사정과 함께 아프리카 동부 해안의 마다가스카르에 도달하면 그곳을 경유하여 인도의 캘리컷으로 갈 수 있음을 본국에 보고한다.

1492년 콜럼버스의 대서양 횡단으로 허를 찔린 포르투갈은 아프리카를 두르는 인도 항로 개척에 박차를 가한다. 1497년 8월 마누엘 1세의 특명으로 4척의 선단을 꾸려 리스보아를 출항한 바스쿠 다 가마Vasco da Gama는 천신만고 끝에 1498년 5월 인도의 캘리컷에 도착한다. 유럽과 인도를 연결하는 대망待望의 바닷길이 드디어 뚫린 것이다. 대서양과 인도양이 육지로 분리되어 있다는 고래古來의 지리관은 타파되었고, 그를 최초로 입증한 포르투갈은 아시아의 진귀한 향신료, 보화에 대한 우선적 접근권으로 보상을 받는다. 거저 주어진 보상이 아니라, 엔히크 시대에만 100차례가 넘는 탐험대를 다시는 돌아오지 못할 길이 될지도 모르는 대양으로 내보내면서 값비싼 수업료를 치른 집념의 결과였다. 다 가마 선단의 기함旗艦 상 가브리엘São Gabriel이 리스보아로 귀항한 것이 1499년 8월이니 꼬박 2년의 세월이 소요된 항해였다. 그의 선단이 항해한 거리는 지구를 한 바퀴 돈 것보다 더 먼 거리였고, 그 절반 이상은 지도도 없이 가야 하는 초행길이었다. 다 가마와 그 선원들의 성공은 현대인들이 화성에 유인 우주선을 보냈다가 다시 귀환시키는 정도의 위업에 비유해도 과장이 아닐 것이다.

제9장

인도로 가는 길

바스쿠 다 가마의 인도 항로 개척은 모든 세계사 교과서에 소개되는 내용이다. 그러나 그 위대함은 몇 줄의 서술로 설명될 수 있는 것이 아니다. 다 가마의 첫 '돌파breakthrough'를 비롯하여 포르투갈이 개척한 인도 항로의 진정한 위대함은 이들이 대자연과 사투를 벌여가며 축적한 항해 루트의 스케일과 노하우의 디테일에 있다. 포르투갈인들이 완성한 그 스케일과 디테일은 현대인이 보아도 경이로운 것이다. 포르투갈인들은 아프리카 남단을 둘러 대서양과 인도양을 왕복하는 항로(또는 그 항해)를 '인도 카레이라Carreira da Índia', 그 항로에 투입되는 무장 상선 선단을 '인도 아르마다Armadas da Índia', 인도에 구축한 식민지를 '인도 에스타도Estado da Índia'라고 불렀다.*

인도 카레이라

인도 카레이라는 '북대서양→남대서양→남인도양→북인도양**의 네 해
역을 통과해야 한다. 각 해역은 천체·해류·바람의 상태와 조건이 모두 다
르다. 자연 동력에 의존하는 범선으로 인도 카레이라를 완주하려면 각 해
역에 최적화된 루트와 시기를 세밀하게 설계할 수 있는 능력이 필요하다.
북대서양과 달리 남대서양에서는 환류Gyre가 시계반대방향으로 회전한
다. 따라서 적도 인근 시에라리온을 지나면 근해를 떠나 원양으로 나가
크게 회전하는 '볼타 두 마르' 항행을 해야 한다. 남서쪽으로 브라질 인근
까지 갔다가 회전하는 해류를 따라 남동쪽으로 진행하면 아프리카 남단
에 도달할 수 있다. 아프리카 남단에는 북동쪽에서 빠르게 흘러내려오는
서안경계류Western boundary currents***인 아굴라스 해류Agulhas Currents
가 흐른다. 이에 휩쓸리면 동진東進이 어렵게 되므로 인도양으로 향하는
배들은 이를 피해 아프리카 남단에서 상당한 거리를 두고 항행해야 한다.
　아프리카 남단을 벗어나 북상하려면 (모잠비크와 마다가스카르 사이의) 모

---

* Carreira는 영어의 run, rush의 뜻이고, Estado는 state라는 뜻이다. 인도 에스타도는 주로 '포르투
갈령 인도'로 번역된다.
** 아프리카 대륙 최남단 아굴라스곶(동경 20도)을 기준으로 대서양, 인도양을 나눈다.
*** 대양의 서쪽 끝과 대륙의 동쪽 끝이 만나는 경계에서 해안을 따라 저위도에서 고위도로 흐르는 해류
를 일컬음.

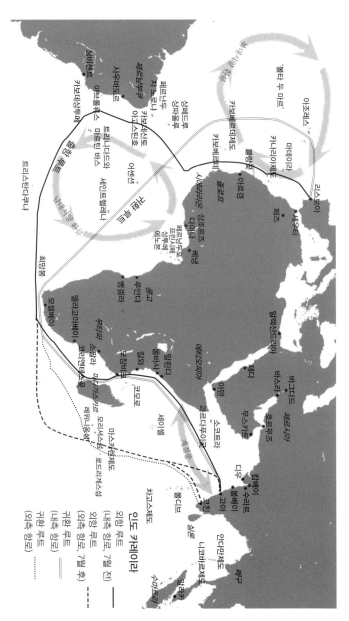

인도 카레이라

잠비크해협에 진입하여 코모로제도, 케냐의 몸바사, 말린디 등 아프리카 동부 해안에 위치한 기항지로 빠져나가는 길이 순로順路이다. 리스보아를 출항한 지 3개월이 지난 배들은 이곳에서 보급과 수리를 받아야 나머지 항해를 안전하게 마무리할 수 있다. 모잠비크해협 통과 루트를 '내측 항로'라고 한다. 사정이 생겨서 내측 항로를 이용하지 못하는 경우에는 어느 항구에도 정박하지 못할 각오를 하고 마다가스카르 우측으로 빠져나가 북상하면서 인도로 직행하는 '외측 항로'를 타야 한다. 대서양과 인도양의 가장 큰 차이 중 하나는 바람이다. 아라비아해 횡단에 이용하는 인도양의 바람은 계절풍monsoon으로, 편서풍이나 무역풍과는 달리 풍향이 계절에 따라 바뀌는 까다로운 바람이다. 여름(5월~9월)에는 남서풍(동아프리카→인도)이지만, 겨울(10월~4월)에는 북동풍(인도→동아프리카)으로 불기에 주의가 필요하다.

따라서 루트를 찾았다고 해서 언제든지 항행이 가능한 것이 아니다. 계절 별로 바람과 해류가 달라지기 때문에 항행 루트와 타이밍의 조합을 찾는 것이 대항해 플랜의 핵심이다. 리스보아에서 출발하는 인도 카레이라의 가장 중요한 포인트는 6월 말, 늦어도 7월 초에 맞춰 희망봉을 통과해야 한다는 것이다. 그래야 8월 중순에 모잠비크, 늦어도 8월 말에는 동아프리카 중부 몸바사나 말린디에 기항하여 보급을 받은 후 안전하게 인도로 향할 수 있다. 만약 그 시기를 놓치게 되면 아프리카 동부 해안에 미물며 다음해 5월까지 허송세월을 보내거나, 희망봉에서 동쪽으로 진행하여 마다가스카르 외측 항로를 이용해야 한다. 앞서 설명한 대로 외측 항로는 보급을 받지 못한 채 수천 킬로미터를 항행하는 위험을 감수해야 한다.

내측 항로는 내측 항로대로 위험 요소가 있다. 모잠비크해협은 지형적 특성으로 해류가 빠르고 바람의 방향이 변덕스러우며, 양측 해안을 따라 산호초나 암초가 시도 때도 없이 출몰하는 곳이다. 해협의 중앙을 항행하는 것이 가장 안전하지만, 당시의 위치파악 기술로 최적의 항로를 찾는 것은 지난한 일이었다. 수많은 배들이 이곳 해역에서 조난당하기 일쑤였고, 난파된 동인도 무역선의 30퍼센트가 이곳에서 사고를 당했다는 통계가 있을 정도이다. 특히 인도에서 짐을 가득 싣고 귀로에 오른 배들은 조종성이 현저히 저하된 상태여서 모잠비크해협이 더욱 위협적일 수밖에 없었다. 도중에 조난을 당할 위험도 크지만, 계획이 완벽하게 실행된다고 해도 탑승자들은 짧게는 3개월에서 길게는 6개월을 배에서 지내야 했다. 적도의 살인적 더위, 사이클론과 사투를 벌여야 했으며, 질 낮은 식사와 비위생적인 식수, 괴혈병·각기병·이질의 만연 등 고난의 연속인 대항해의 길이었지만, 당시 유럽인들은 그 어려운 길을 마다하지 않았다. 그러한 모험risk taking을 가능하게 한 동기부여motivation가 바로 '료料·금金·신神'이었다.

인도 아르마다

인도 카레이라가 뚫리자 왕실은 본격적으로 인도에 진출하기 위한 체제 정비에 착수한다. 쿠빌나웅과 다 가마가 보고한 인도는 향신료와 진귀한 보화가 넘치는 기회의 땅이었다. 마누엘 1세는 인도 카레이라를 왕실의 독점사업으로 경영하고자 했다. 그를 위해 모든 인도 카레이라를 왕실의 특허 대상으로 삼는 한편, 인도 아르마다의 입·출항지를 리스보아로 한정하고, 그를 관장하는 총괄 기관으로 왕실 산하에 인도무역청Casa da Índia을 설립한다. 인도무역청의 전신은 엔히크가 라구스에 두었던 '엘미나·기니 무역소Casa de Mina e Guine'이다. 엘미나에서 반입되는 각종 상품과 원료에 대한 통관 업무를 처리하는 기관으로, 현대의 CIQ* 관청에 해당한다. 주앙 2세가 엘미나의 특권을 인수한 것을 계기로 무역소는 리스보아로 이전하였고, 마누엘 1세가 CIQ 기능에 인도 아르마다의 기획·재무관리 기능을 더해 출범시킨 것이 인도무역청이다. 인도무역청은 (후술하는) 포르투갈의 해외 소재 팩토리의 본부이자 최상급 기관으로서, 포르투갈 해양제국 경영의 중추부였다.

이러한 인도무역청에는 특별히 출입 제한이 엄격한 방이 하나 있었다. '왕실 지도Padrão Real'가 보관되어 있는 방이다. 왕실 지도는 엔히크 시대부터 수집한 정보를 집대성하여 작성한 세계지도이다. 탐험대가 미지의 영역을 탐행探行하면서 수집한 새로운 정보를 바탕으로 리스보아의 학자와 전문가들이 지속적으로 업데이트한 지도이기에 그만큼 당대 최고의 정확성과 완성도를 자랑했다. 인도 카레이라에 오르는 카피탕과 항해사들은 무역청 지도반이 제작한 세부 항해도와 가이드북rutter으로 브리

---

* CIQ: 관세Customs, 출입국Immigration, 검역Quarantine.

칸티노 지도The Cantino planisphere(1502년). 칸티노라는 인물이 무역청 내부자를 매수해서 '왕실 지도'를 복사하여 제작한 세계지도로 추정된다.

핑을 받고 그를 소지한 채 출항했다. 왕실 지도와 각종 항해도 및 가이드 북은 최고의 국가기밀로 취급되었다.

무역청이 인도 카레이라의 기획·재무·CIQ를 담당하는 기관이라면, 인도 아르마다 운용을 위한 조달·군수軍需, 즉 영어의 'logistics'에 해당하는 업무를 담당하기 위해 설치된 기관이 '인도 조달본부Armazem da India'이다. 'Armazem'은 영어의 'arsenal'에 해당하는 의미로, 리스보아 부두에 건설된 대규모 창고와 공작소에서 아르마다 선박에 장착될 각종 도구·집기·무기 류 등을 자체 제작하거나 외부에서 구매하여 공급하는 기능을 수행하였다. 리스보아를 관통하는 테주Tejo강 하구에 자리잡은 조선소에서는 조달본부의 지시하에 아르마다 선박들이 건조되었다. 전성기에는 조달청과 조선소를 합하여 1500명에 달하는 기술자와 작업자들이 쉴새없이 대패질을 하고, 돛과 로프를 짜고, 쇳물을 녹여 클램프를 만들고, 대포를 실어 나르며 포르투갈의 해양제국을 뒷받침하였다.*

인도 아르마다용으로 건조된 배는 주로 '카라크선carrack'이었다. 카라크선은 늘어난 항행 거리와 화물량에 대응하기 위해 포르투갈이 집중적으로 개량한 대형 범선으로, 아프리카 경영이 본격화된 15세기 후반 이후 포르투갈의 주력 선박이 되었다. '나오nao'라고 불리는 에스파냐의 대형 범선은 기본적으로 카라크선과 동일한 선박이다. 카라크선의 가장 큰

---

* 인구 소국인 포르투갈은 조달본부의 인력을 대거 저지대국가Low Countries에서 수입하였다. 플랑드르와 네덜란드 출신의 기술자와 노동자들은 우수·근면·성실했고, 무엇보다 저렴하였다. 포르투갈의 조선·항해 기술은 저지대국가 기술자들에게 자연스럽게 흡수되었다.

좌: 클링커 방식과 카라크선의 카벌 접합 방식. 우: 카라크선.

특징은 돛대 수의 증가이다. 늘어난 선박 중량에 비례하여 추진력을 확보하기 위해 3~4개의 대형 돛대를 장착하는 한편, 선수돛foremast과 주돛mainmast에는 사각돛을 채용하여 추진력을 높이고, 후미돛mizzenmast에는 삼각돛을 채용하여 조타성을 향상시키는 설계가 일반적이었다.

선박이 대형화됨에 따라 건조 방식과 구조 면에서도 새로운 설계가 도입되었다. 카라크선은 기존의 클링커clinker 방식이 아닌 카벌carvel 접합 방식이 본격적으로 도입된 선박이다. 클링커 방식은 판목 위에 판목을 덧대어 못으로 고정시키며 층층이 쌓아올려 동체를 조성한 후, 동체 측면 안쪽에 보保를 가설架設하여 강성剛性을 보강하는 방식이다. 선체 내부가 단순하여 배수량 대비 공간 확보가 용이한 반면, 선체의 강성이 약하여 복수의 대형돛 장착과 선체 대형화가 어렵다는 단점이 있다. 이에 반하여 카벌 방식은 기초 골조骨組를 시공한 후, 골조 외측에 판목을 (덧대기가 아닌) 이어붙이기 방식으로 부착하여 매끄러운 표면을 유지하면서 동체를 제작하는 방식이다. 복잡한 골조가 있어 내부 공간 활용성이 제약되는 단점이 있었으나, 구조적으로 선체 강성이 높고 이론적으로 골조만 구축되면 얼마든지 대형화가 가능하다는 이점이 있다.

카벌 방식은 원양 항행을 위해서는 반드시 필요한 기술이었다. 특히 선원 거주 공간 마련, 돛대 수의 증가, 무장용武裝用 대포 탑재를 위해서는 선체 강성 확보와 대형화는 피해갈 수 없는 과제였다. 카라벨선이 50~200톤급 선박이었던 데에 비해 카라크선은 500~800톤급 선박이었고, 1500~2000톤급의 초대형 카라크선도 드물지 않았다. 카라크선의 등장으로 대항해시대를 여는 가장 중요한 도구적 조건의 하나가 충족되었고,* 카벌 방식은 이후 에스파냐의 갤리언선galleon, 영국의 프리깃선frigate 등 유럽 대양 항해용 범선 제작의 기본 방식이 되었다.

인도 에스타도

초기 인도 아르마다가 상륙한 곳은 인도 남서 지역의 말라바르Malabar 해안 일대였다. 말라바르 해안은 이슬람, 페르시아 상인이 왕래하는 향신료 시장이 점재點在해 있는 곳이다. 이곳의 향신료 가격은 유럽 시장가격

---

* 1492년 콜럼버스의 대서양 횡단 선단은 산타마리아Santa Maria호號, 니냐Niña호, 핀타Pinta호 총 3척으로 구성되어 있었다. 이 중 산타마리아호는 카라크선, 니냐호와 핀타호는 카라벨선이었다. 산타마리아호는 기함이자 보급함, 니냐호와 핀타호는 호위함이자 초계함 역할을 수행하는 구성이었다.

의 1할에도 미치지 못했다. 꿈에 그리던 향신료 산지를 눈앞에 둔 포르투갈의 인도 진출 발걸음이 급해진다. 1505년 마누엘 1세는 인도 에스타도 수립을 선언하고 부왕副王 겸 총독에 프란시스쿠 드 알메이다Francisco de Almeida를 임명한다. 알메이다는 향신료 획득이 용이한 말라바르 해안 남부의 코친Cochin에 본거지를 두고 팩토리와 요새를 건설하면서 본격적인 인도 경영에 나선다.

포르투갈의 말라바르 진출은 이슬람의 향신료 무역 기득권과 정면으로 충돌했다. 이는 이슬람과 연결된 베네치아의 향신료 독점을 위협하는 것이기도 했다. 초기 진출 시기에 포르투갈이 인도에서 맞닥뜨린 상대는 동아시아-인도-아라비아해를 연결하는 중계무역으로 번성하던 항구도시 캘리컷Calicut이었다. 캘리컷으로서는 포르투갈이 교역 상대의 하나였고, 포르투갈도 그 체제에 순응하면 캘리컷과 평화롭게 교역을 할 수 있었다. 그러나 인도 카레이라를 레콩키스타의 연장으로 여기던 포르투갈은 현지 질서를 무시하면서, 요새를 짓고 무력으로 주민을 위협하여 복종을 강요하는 서아프리카 진출 방식을 인도에서도 답습했다.

캘리컷의 지배자 사모린Zamorin은 자신의 영역 내에서 질서를 어지럽히는 포르투갈인들을 위협으로 인식하고, 동맹 토후국인 (인도의) 구자라트 술탄국과 (이집트의) 맘루크 술탄국과 연합하여 포르투갈을 축출코자 하였다. 1509년 2월 인도 북서부 디우Diu 앞바다에서 포르투갈과 이슬람-인도 연합 세력이 정면충돌한다. 사실은 그 전해에 이슬람 세력에게 아들을 잃은 알메이다의 사적 복수심이 개입된 전쟁이기도 했다. 향신료 독점을 지키려는 베네치아가 이슬람 연합 세력에 물자와 기술을 지원하며 간접 참전함으로써 전쟁은 완연한 국제전의 양상이 되었다.

어웨이 입장의 포르투갈은 홈에서 전쟁을 치르는 유리한 입장의 연합 세력에게 깜짝 놀랄 완승을 거둔다. 함정 수에서는 5 대 1이 넘는 현격한 열세였지만, 아르마다의 카라크선과 카라벨선이 압도적인 함포의 화력으로 100척이 넘는 연합 세력의 갤리선과 다우선dhow을 산산이 부숴버린 것이다. 이미 이 시기에 카라크선은 동체 양쪽에 현창舷窓을 내어 수십 문의 함포를 장착한 '떠다니는 요새'로 진화하고 있었다. 이에 반해 이슬람의 갤리선은 갑판 위에 4~5정의 소형포를 장착하는 중세 전력에 머물러 있었다. 물량이 아니라 기술의 차이가 승패를 결정하는 근대 전쟁의 서막이었다. 디우 해전으로 인도-이슬람 연합 세력의 해상 전력은 궤멸되었고, 포르투갈은 아라비아해 제해권 장악에 한 걸음 다가선다. 역사가들은 이 전투를 압도적 전력과 과학 기술로 무장한 서양 세력이 동양으로 밀고 들어오는 서세동점西勢東漸의 기원으로 보기도 한다.

아라비아해 제해권을 장악한 포르투갈은 파죽지세로 인도양 일대에 진출한다. 1510년 제2대 총독이 된 '정복자' 아폰수 드 알부케르크Afonso de Albuquerque는 인도 서안 중부에 위치한 고아Goa를 점령하고 그곳에 에스타도의 본거지를 구축한다. 코친은 향신료 집산지이기는 했으나, 군사적 견지에서는 남쪽에 치우친 코친보다 중앙에 위치한 고아가 아라비아해를 장악하는 데에 더 적합했다. 고아에는 인도 아르마다의 위용에 걸맞은 대규모 부두가 조성되었고, 리스보아의 인도 조달본부에 필적하는 대

포르투갈은 인도의 고아를 점령하고 그곳에 에스타도의 본거지를 구축한다.

규모의 에스타도 조달본부armazem가 설치되어 선박 건조·수리와 아울러 대포·화약·머스킷 소총 등의 무기를 생산하며 자급自給체제를 구축하였다. 물론 에스타도의 총독들은 점령하는 곳마다 크고 아름다운 교회를 지어 신의 은총에 보답하는 것을 잊지 않았다.

인도 서부 해안 일대에 확실한 교두보를 확보한 알부케르크는 인도양을 넘어 서태평양으로 세력을 확장한다. 그는 코친과 고아를 허브로 삼아 남중국해-인도양 연결 길목인 말라카, 아라비아반도와 홍해의 인도양 출입로인 호르무즈와 아덴 등 일련의 입구항entrepot 벨트를 장악하면 향신료 무역을 독점할 수 있다고 판단했다. 말레이반도 이서以西의 동남아 일대는 10세기 이후부터 이슬람 세력의 술탄국이 지배하는 일종의 이슬람 연합체제가 형성되어 있었다. 1511년 알부케르크는 직접 원정에 올라 술탄 마무드 샤Mahmud Shah가 지배하는 말레이반도의 말라카Malacca를 점령한 후, 그곳에 요새화된 팩토리를 건설한다. 말라카해협*은 인도에서 중국, 향신료군도인 말루쿠제도로 가는 길목이기에 마누엘 1세가 직접 나서 관심을 보이던 전략 요충지이다. 말라카 확보를 계기로 포르투갈은 동남아 진출을 개시하였고, 1530년대에는 고아와 말라카를 기점으로 버마, 타이, 수마트라, 자바 등지를 연결하는 교역망이 형성되었다.**

한편 말라카 무력 점령은 동아시아 교역의 대어인 중국 진출에는 악영향을 미쳤다. 말라카가 중국(명明나라)의 조공국 지위에 있었기 때문이다. 명나라의 불편한 심기야 어떻건, 비단·도자기·약재 등 중국의 값비싼 상품에 혈안이 된 포르투갈은 중국의 문을 계속 두드린다. 고아에서 파견된 선발대가 1513년 튄문屯門(지금의 홍콩 서쪽 지역으로 추정)에 도착하여 중국과 최초로 접촉하고, 1517년에는 통상 사절단이 광저우廣州를 찾는 등 포르투갈은 중국과의 교역을 열렬하게 희망했으나, 명의 경계警戒와 이슬람 세력의 견제로 오랫동안 공인公認 무역의 기회를 얻지 못한 채 동남아와 중국 남부 해안을 떠돌면서 (역시 명나라 관리의 단속을 피해 떠도는 신세

---

* 말레이반도와 수마트라섬 사이의 해협. 동남아시아에서 인도양으로 진출하는 선박들이 가장 많이 이용하는 항로이다.
** 1521년, 에스파냐 왕실의 후원을 얻은 마젤란이 서진 항로로 태평양을 횡단하여 필리핀에 도착하자 에스파냐와 포르투갈 간에 향신료군도의 이권 문제를 포함하여 동아시아 지역 관할권 분쟁이 발생한다. 1529년 사라고사Zaragoza 조약이 체결되어 보상금 지불 조건으로 포르투갈의 동아시아 관할 우선권이 합의되었으나, 필리핀만은 에스파냐의 점령 강행과 포르투갈의 묵인으로 에스파냐의 관할이 되었다.

인) 중국 상인과의 밀무역에 만족해야 했다. 포르투갈 상인들이 단속 걱정 없이 중국 무역에 종사할 수 있게 된 것은 마카오에 상주할 권리를 승인받은 1550년대 이후의 일이다.

알부케르크가 말라카 이상으로 공략에 심혈을 기울인 곳은 페르시아만 초입의 호르무즈와 홍해 입구의 아덴이었다. 알부케르크는 1507년 인도로 오는 길에 호르무즈를 공략하여 한때 군사적으로 점령하기도 하였지만, 인력과 물자 부족, 내부 반란 등으로 요새를 완공하지 못하고 도망치듯 떠난 바 있었다. 그는 1515년 고아의 함대를 이끌고 호르무즈를 재차 공략하여 복속시키고 철통 방어의 요새를 건설한다. 이로써 호르무즈해협을 지나 바스라, 바그다드로 향하던 인도·이슬람 상선들은 포르투갈의 게이트키핑gate keeping으로 활동이 크게 위축된다. 문제는 아덴이었다. 메카를 지나 수에즈, 알렉산드리아로 향하는 홍해 루트는 베네치아 향신료 무역의 사활이 달려 있는 루트였다. 알부케르크는 유럽 세력으로는 최초로 홍해를 항해하며 무력을 과시하는 등 역사서에 자신의 이름을 남길 자리 하나를 더 만들었으나, 홍해 루트의 핵심인 아덴 공략은 현지 세력의 완강한 저항에 부딪혀 실패하고 만다.

아덴을 확보하지 못한 것은 생각보다 포르투갈의 인도 전략에 심각한 문제를 야기한다. 포르투갈 왕실의 구상은 기존 이슬람-베네치아 교역 루트(향신료길)를 철저히 봉쇄해 향신료 무역을 독점하는 것이었다. 이는 물량과 가격을 좌지우지해 수익을 극대화한다는 야심찬 구상이었다. 1520년대 이후 인도 아르마다는 인도양 일대에서 왕실 특허를 얻은 상선

이외의 사私무역선을 발견하면 모조리 나포하거나 침몰시켜버리는 봉쇄 작전을 폈고, 초기 수십 년간 포르투갈의 구상은 성공하는 듯했다. 그러나 아무리 단속에 나선다고 해도 넓은 대양을 전부 커버할 수는 없었다. 인도양 일대에는 수백 년간 대대로 향신료 무역에 종사하던 이슬람-인도계 로컬 상인들이 부지기수였고, 이들이 포르투갈의 눈을 피해가며 나서는 밀무역을 완전히 근절할 수는 없었다. 아덴 접수에 실패한 포르투갈은 가장 중요한 길목인 홍해 루트를 완전히 차단하지 못했고, 베네치아가 관장하는 향신료의 동지중해 반입도 지속되었다.

향신료 독점 실패는 포르투갈 왕실의 재정 상황과 맞물려 인도 카레이라 경영에 구조적 변화를 가져왔다. 첫째, 에스타도 역내 무역의 성행이다. 인도 카레이라는 왕실 독점사업으로 운영되었지만, 리스보아로 향하지 않고 에스타도 내에서 이루어지는 교역은 왕실의 통제에서 벗어나 있었다. 당시의 교통·통신 수준을 감안할 때, 두 개의 대양을 건넌 원격지에 있는 식민지 정부를 본국이 시시콜콜 간섭하며 통제할 수는 없었다. 더구나 식민 정부에게 본국이 예산을 지급하는 것도 아니었다. 왕실 독점사업을 제외하고는 에스타도 역시 자기 명의로 수익사업, 특허권 판매, 수수료 부과 등으로 운영비를 마련하는 것이 허용되었다. 문제는 시간이 갈수록 전자보다 후자의 사업성이 더욱 높아졌다는 것이다. 왕실 직속 팩토리보다도 에스타도 관할 팩토리가 늘어났고, 리스보아행 화물은 원거리 운항에 따른 리스크, 착복·횡령 등으로 수익성에 적신호가 커지기 일쑤였으나, 에스타도가 인도·동남아·중국·일본 등지에서 수행하는 아시아권 교역은 상대적으로 높은 수익을 창출하며 지속적으로 활성화되었다.

둘째, 리스보아로 반입되는 향신료 유통의 주도권이 포르투갈 왕실이 아니라 안트베르펜 상인들에게 넘어갔다. 인도 카레이라 경영 초기에 자금이 부족하였던 포르투갈 왕실은 안트베르펜 상인들에게 자금을 빌렸고, 자금이 있다 하여도 반입된 향신료를 유통시킬 능력이 없었다. 이것이 베네치아와 포르투갈이 가장 달랐던 점이다. 리스보아에 도착한 향신료는 값싼 도매가로 전량 안트베르펜으로 반출되었고, 수익성을 결정하는 유럽 시장 유통은 아파이타티Affaitati나 멘데스Mendes 가문 등 포르투갈 왕실에게 자금을 대여하는 안트베르펜 대상인들에 의해 주도되었다. 왕실은 대상인들에게 미래에 들어올 향신료를 담보로 선금을 받아 왕실 위신을 세우는 데 흥청망청 썼고, 예상치 못한 사유로 향신료 반입에 차질이 빚어지거나 라이벌 베네치아의 물량·가격 조절로 시장 환경이 악화되면 빚을 내어 빚을 갚는 악순환에 허우적거렸다. 시간이 갈수록 왕실의 대상인들에 대한 채무는 변제 불가 수준으로 누적되어갔고, 향신료에 대한 지배권은 점점 상인들에게 넘어갔다.

1550년대가 되자 포르투갈 왕실은 귀족이나 상인들에게 특권을 매각하거나, 관세·통행료·수수료를 부과함으로써 안전하게 수입을 챙기는 쪽으로 인도 카레이라 경영 방식을 전환한다. 전술한 대로 인도 에스타도 역내 무역은 증가 일로에 있었고, 인도 아르마다는 우월한 해군력을 바탕으로 인도양과 남중국해를 안방처럼 휘젓고 다녔다. 로컬 상선들을 만나면 나포하거나 통행세를 챙기면서 해적과 다를 바 없는 횡포를 일삼았고,

기회가 포착되면 발달된 해운 능력을 활용해 아시아 각지를 연결하는 중계무역으로 수익을 올렸다. 16세기 중반이 되면 아시아는 향신료 공급지를 넘어 다양한 비즈니스 기회가 존재하는 신흥시장으로 떠올랐고, 일확천금을 노린 포르투갈의 귀족·상인·하층민들과 기독교를 전파하려는 사제·수도사들이 물밀듯이 쏟아져 들어왔다.

제2부

유럽과 일본의 만남

제10장

다네가시마의
뎃포 전래

포르투갈인들의 도래

1606년 일본의 승려 난포분시南浦文之가 집필한 『철포기鐵砲記』에 의하면, 1543년 8월 수상한 배가 다네가시마種子島(규슈九州 남단에 위치한 섬) 해안에 표착漂着한다.* 배에는 100명이 넘는 중국인이 타고 있었고, 그 중에 붉은 피부와 곱슬머리의 해괴한 외모에 알아들을 수 없는 말을 하는 자들이 있었다. 지역 우두머리가 승선해 있던 중국인 오봉五峰과 필담을 나눠보니 '남만南蠻의 상인'이라고 불리는 서역인들이었다. 이들이 일

---

* 당시 저장성浙江省에 본거지를 두고 동중국해 일대에서 밀무역으로 큰 세력을 형성하고 있던 중국계 왜구 우두머리인 왕직王直은 명 조정의 해금령 압박이 심해짐에 따라 1540년 규슈 최서단 고토五島에 역외 본거지를 마련하였는데, 이 배는 두 지역을 오가던 왕직 수하의 밀무역선인 것으로 추정된다.

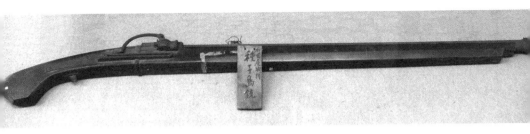

다네가시마 뎃포(종자도총種子島銃).

본 문헌에 '牟良叔舍(Francisco Zeimoto)'와 '喜利志多侘孟太(Antonio Da Mota)'로 기록된 포르투갈인들로, 일본 땅에 최초로 발을 디딘 유럽인이었다.

이들은 곧 도주島主 다네가시마 도키타카種子島時堯 앞에 불려간다. 도키타카는 이방인들에게 호의적이었다. 호기심 충만한 젊은 지배자와 그의 환심을 사려는 이방인 사이에 중국어-포르투갈어 이중 통역으로 대화가 이루어진다. 도키타카는 이방인들이 들고 있던 보자기에 싸인 길쭉한 막대 같은 물체에 관심을 보인다. 도키타카의 흥미를 눈치챈 이방인들이 허락을 얻어 시연試演에 나선다. 과녁을 세우고 화약을 재운 후 방아쇠를 당기니 천둥 같은 소리와 함께 목표물이 박살난다. 자욱하게 피어오른 연기 속에 그 광경을 지켜보던 다네가시마 사람들은 벌린 입을 다물지 못했다. 훗날 일본에서 '뎃포鐵砲'로 불리게 되는, 근대 무기의 대명사 소총musket이 일본 땅에 첫 선을 보이는 순간이었다.

포르투갈과 일본의 만남에 대한 유럽 측 기록은 이와는 조금 차이가 있다. 인도 에스타도 총독 안토니우 갈방António Galvão은 에스타도 각지의 사정에 대해 생생한 기록을 남긴 것으로 유명하다. 1563년에 간행된 그의 저작 『신구新舊세계 발견기Tratado dos Descobrimentos, antigos e modernos, feitos até a era de 1550』에는 포르투갈인들의 일본 방문(또는 발견)에 대해 다음과 같이 기술하고 있다.

1542년, 샴 왕국(지금의 태국)의 도드라에 정박해 있던 배의 선장 디에고 데 프레이타스 휘하에 있던 3인의 포르투갈 선원이 허가 없이 정크선을 타고 중국으로 출항하였다. 안토니우 다 모타, 프란시스쿠 세이모투, 안토니우 페이호투 3인은 북위 30도 부근에 있는 닝보寧波로 가고자 했으나, 폭풍으로 인해 육지로부터 멀어져 바다로 떠밀려가다가 북위 32도에서 동쪽에 있는 섬을 발견했다. 그 이름은 일본Japoes이라고 하며, 실로 소문에 전해져 내려오는 부귀富貴의 섬 치팡구와 같이 금은보화가 넘쳐흘렀다.*

갈방의 기술에서 볼 수 있듯, 당시 일본은 유럽인들에게 마르코 폴로가 심어놓은 환상의 황금섬 치팡구로 인식되고 있었다. 뎃포의 위력에 반한 도키타카는 뎃포 2정을 2000냥을 주고 사들였다고 한다. 10냥이면 병

---

* 일본과 포르투갈의 기록이 각각 1543년과 1542년으로 1년의 시차가 있어 어느 쪽이 정확한 연도인지를 놓고 연구자들 사이에 논쟁이 있다. 그러나 거시적으로 볼 때 일본과 서양의 첫 만남이 어떠한 시대적 배경과 정황하에서 이루어진 것인지를 이해하는 데 1년의 차이는 큰 의미가 없다 하겠다.

사 한 명의 1년치 봉록에 해당하니 2000냥이면 200명의 군대를 1년간 유지할 수 있는 어마어마한 금액이다. 훗날 이 소문이 포르투갈인들을 통해 유럽에 퍼지면서 일본은 교역을 통해 막대한 부를 챙길 수 있는 엘도라도의 땅으로 다시 한번 유럽인들의 뇌리에 각인된다.

뎃포의 국산화

포르투갈인들로부터 사격술을 습득한 도키타카는 뎃포에 푹 빠진다. 머리 좋은 가신家臣에게 작동법과 화약 제조법을 익히게 하는 한편, 한 정을 리버스 엔지니어링용 샘플로 기술자에게 제공한다. 복제의 명을 받은 것은 섬에서 제일가는 도검刀劍 대장장이 야이타긴베 기요사다八板金兵衛淸定였다. 『철포기鐵砲記』에는 야이타긴베가 이듬해인 1544년 뎃포 복제에 성공하였다고 기록되어 있다.

처음 접하는 메커니즘의 서양 무기이지만, 비교적 간단한 구조여서 총신barrel 등은 솜씨 있는 대장장이라면 못 만들 것도 아니었다. 문제는 다른 곳에 있었다. 바로 '나사screw'였다. 당시 화승火繩·matchlock 방식의 유럽 소총은 화약을 총신 안에 재운 후, 총열의 후미 안쪽을 암나사bolt로 깎고 수나사 마개를 돌려넣어 폭발 압력이 배출되지 않도록 입구를 열었다 막았다 하는 것이 핵심 기술이었다. 당시 일본의 금속가공 기술로는 정확한 매칭의 나사를 제조할 수가 없었다. 뎃포가 전래된 이듬해인 1544년 다른 배를 타고 포르투갈인 기술자가 다네가시마를 방문했을 때,

야이타긴베가 그를 통해 이 문제를 해결하였다는 기록이 있지만, 정확히 어떻게 나사 문제를 해결했는지는 불명확하다.

다네가시마 민담에는 야이타긴베 기요사다의 딸인 와카사若狭가 아버지를 돕기 위해 프란시스쿠 세이모투와 결혼하여 해외로 나갔다가 1544년 포르투갈 기술자를 데리고 귀국하였다는 스토리가 전해지고 있다. 어디까지가 사실인지 알 수 없으나, 일본에서는 와카사를 유럽인과 혼인한 최초의 일본 여성으로 보는 속설이 널리 퍼져 있다.*

이렇듯 뎃포의 전래와 복제가 다네가시마에서 이루어진 배경 때문에 뎃포라는 명칭이 정착되기 전까지 뎃포는 다네가시마라는 이름으로 불렸다.

다네가시마의 복제 성공 이후, 뎃포는 믿을 수 없는 속도로 빠르게 일본 각지에서 생산되기 시작한다. 다네가시마는 철 함유량이 높은 모래의 산지로, 그를 제련하여 생산한 철을 수출하고 있었다. 이러한 사정 때문인지 다네가시마에는 사카이堺(오사카 인근에 위치한 상공업 중심지) 출신의 다치바나야 마타사부로橘屋又三郎라는 주물품鑄物品 전문 상인이 체류하고 있었다. 다치바나야는 다네가시마 체류 기간 중 뎃포 제작기법을 익힌 후 사카이에 돌아와 뎃포 제작에 나선다. 사카이는 전국에서 상인과 기술자들이 몰려들던 곳이다. 다치바나야의 뎃포는 오사카와 교토의 긴키近畿지역은 물론 멀리 간토關東 일대에까지 알려져 구매 주문이 끊이

---

* 와카사의 스토리는 일본에서는 매우 유명하며, 그 가련한 내용으로 인해 와카사를 주인공으로 하는 오페라가 창작되기도 하였다.

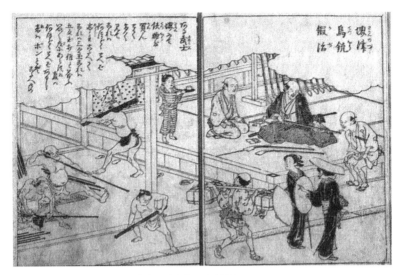

사카이의 뎃포 공장. 사카이는 초기 뎃포 생산지 중 하나였다.

지 않았고, 그는 '뎃포마타鐵砲又'로 불리는 대상인이 되어 막대한 부를 거머쥐었다.

기이노쿠니紀伊国(지금의 와카야마和歌山현)의 무장武將 쓰다 가즈나가津田算長는 뎃포의 가능성을 꿰뚫어보고 발 빠르게 움직인 대표적인 인물이다. 그는 직접 다네가시마에 가서 뎃포를 손에 넣은 후, 도검 철장鐵匠 시바쓰지 세이에몬芝辻清右衛門에게 복제를 의뢰한다. 시바쓰지가 복제에 성공하자 가즈나가는 뎃포의 대량 생산을 후원했고, 이후 쓰다가의 본거지인 네고로根來는 일대 뎃포 생산지가 되었다.

쓰다 가즈나가는 스스로가 뎃포의 명사수였으며, 그가 고안한 뎃포 활용 전술은 쓰다류포술津田流砲術로 불리며 뎃포의 실전화에 선구적 역할을 하였다. 쓰다 일족은 네고로지根来寺라는 사찰을 본거지로 하고 있었는데, 가즈나가의 지휘하에 뎃포로 무장한 이곳 승병들은 '네고로슈根来衆'라 불리며 센고쿠戰國시대의 전란 속에서 주군을 바꿔가며 강력한 전투력을 갖춘 용병집단으로 활약하였다.

이 외에도 히노日野 등 많은 곳에서 뎃포 생산이 이루어졌으나, 특히 주목할 곳은 사카이, 네고로와 함께 3대 뎃포 생산지로 명성을 떨친 구니토모國友(지금의 시가滋賀현)이다. 구니토모는 당시 집권 세력인 무로마치 막부가 직접 나서 뎃포를 전력화한 사례이다.

1544년 쇼군 아시카가 요시하루足利義晴는 다네가시마로부터 헌상받은 뎃포를 보고 즉각 뎃포 생산을 명한다(그의 아들 요시테루義輝가 명했다는 설도 있다). 당시 무로마치 막부는 내분과 하극상으로 큰 위기에 처해 있었다. 전략무기에 해당하는 뎃포의 존재에 누구보다 민감하게 반응한 것은 어찌 보면 당연한 일이다. 쇼군의 명을 받은 구니토모 젠베에国友善兵衛를 필두로 하는 구니토모의 대장장이들이 1544년 두 정의 복제품을 완성하여 쇼군에게 헌상한다.*

쇼군의 명으로 최신 전략병기를 생산하는 구니토모는 최중요 전략시설이 된다. 가장 먼저 구니토모를 낚아챈 것은 뎃포가 전쟁의 판도를 바꿀 것을 직감한 오다 노부나가였다. 노부나가는 구니토모에 뎃포 주문을 하는 것에 만족하지 못하고 1570년 아예 구니토모를 장악하고 소령所領으

---

* 『구니토모철포기』에 이러한 기록이 있으나 연도의 정확성에 대해서는 이론이 있다.

다네가시마 뎃포를 사용하는 아시가루足輕(경보병)들.

로 삼아 뎃포 생산에 박차를 가한다. 이때 뎃포 생산을 관장한 것이 도요토미 히데요시이다.

노부나가는 뎃포를 사용한 혁신적 전법으로 경쟁 다이묘들과의 전투에서 승승장구하면서 전국 통일을 향한 기선을 잡았다. 노부나가 휘하의 히데요시 역시 뎃포 생산과 사용에 있어 둘째가라면 서러워할 전문가였다. 히데요시의 뒤를 이어 덴카비토天下人(전국을 통일하여 권력을 잡은 자)가 된 도쿠가와 이에야스는 구니토모를 직할령으로 편입하고 핵심 기술자들에게 뎃포다이칸鐵砲代官이라는 공직을 부여하는 한편, 구니토모 이외의 무허가 뎃포 생산을 금하였다. 이에 따라 에도 막부 치하에서 구니토모는 실질적으로 뎃포의 생산과 관리를 독점하는 국가기관으로 기능하였다.

전파와 전래의 차이

인도 에스타도 조달본부는 아르케부스arquebus(일본에 전래된 화승총의 명칭) 생산 병기창兵器廠을 운영하고 있었고, 그곳에서 생산된 아르케부스는 1520년대 이래 동남아, 중국 남부 일대에 소개되고 있었다. 포르투갈의 해외 진출은 지도, 나침반, 아르케부스로 유지된다는 말이 있을 정도로 아르케부스는 포르투갈이 동방의 문을 여는 열쇠와 같은 존재였다. 포르투갈인들은 아르케부스를 가득 싣고 다니다가 문명의 정도가 낮은 곳에서는 아르케부스를 사용해 약탈에 나서고, 문명의 정도가 높은 곳에서는 아르케부스를 상품으로 판매하였다. 해적과 상인의 구분이 무의미한 시대였다.

사실 동아시아 역사에 있어 뎃포가 언제 어떻게 일본에 전해졌는지보다 더 중요한 것은 뎃포를 받아들인 일본의 대응방식이다. 일본의 학자들 중에는 유럽 세력의 진출에 대한 동아시아 각 지역의 대응을 개념화하면서 '전래'와 '전파'를 구분하는 경우가 있다. 이들은 '전래'는 '외부의 문물이 도입되어 현지에 뿌리 내리고 내재화되는 현상'으로, '전파'는 '외부의 문물이 도입되어 널리 퍼지는 현상'으로 구분한다.

이러한 정의에 따르면, 유럽의 아르케부스가 '전파'된 것은 서남아나 동남아, 중국이 먼저이지만, 능동적 대응을 통해 전파가 짧은 시간 안에 '전래'로 성격 전환이 이루어진 곳은 일본이 유일하다는 것이다. 처음 그 존재를 알게 된 지 불과 수년 만에 뎃포의 국산화와 연이은 대량 보급에 성공하고 그로 인해 전쟁의 양상과 국면이 완전히 달라지는 획기적 변화가 일본에서 있었음을 생각할 때 딱히 부정하기도 어려운 일본인들의 역사 인식이다.

제11장

뎃포가 운명을 바꾼
두 전투

1592년 (음력) 4월 13일 임진왜란이 발발한다. 도요토미 히데요시의 명으로 조선 침공의 선봉을 맡은 고니시 유키나가小西行長의 제1군은 상륙과 함께 부산진성과 동래성을 일거에 함락하고 파죽지세로 북진을 거듭한다. 밀양, 대구, 상주, 문경을 지나 불과 2주 만에 충주에 도달한 일본군은 삼도 도순변사都巡邊使 신립申砬이 이끄는 조선의 주력군과 맞닥뜨린다. 양측은 이곳에서 전쟁의 향방이 달린 물러설 수 없는 결전을 벌인다. 이른바 탄금대 전투이다.

탄금대 전투의 쓰라린 기억

조선 조정은 북방 여진족 토벌에 혁혁한 공을 세운 신립에게 왜적 격퇴의 기대를 걸었다. 선조가 직접 나서 군주의 상징인 상방검尚方劍을 하사하고 군무軍務에 관한 전권을 신립에게 위임하였다. 그러나 조정의 기대가 무색하게도 4월 28일의 탄금대 전투에서 신립의 8000 병사(『징비록』 기록)는 일본군에게 처참하게 패했고, 신립도 군신의 서약을 지키지 못한 채 전장의 이슬로 사라졌다.

신립이 배수의 진을 치며 주력 부대를 남김없이 투입한 결전의 패배는 뼈아팠다. 한양 사수의 관문인 충주가 함락되자 도성에 이르는 길이 무방비 상태로 뚫리는 지경에 처했고, 임금과 중신들은 허둥지둥 도성을 빠져나와 피신을 가야 했다. 분노한 백성들은 궁성에 불을 지르고 백성을 저버린 지배층을 원망했다. 이제 조선의 항전 능력과 의지를 입증할 수 있는 길은 무엇인가? 내우외환에 처한 조선의 운명은 그야말로 풍전등화였다.

탄금대 전투의 패인은 무엇일까? 많은 연구자들은 신립이 방어에 유리한 산악지형의 조령鳥嶺(문경 새재)을 버리고 탄금대 일대의 평지를 전장으로 삼은 것이 가장 큰 실책이었다고 지적한다. 신립은 기병전의 권위자였다. 자신의 장기인 기병 전법을 이용해 적을 패퇴시킬 수 있다고 확신했다. 그러나 북방 이민족을 제압하는 데 효과적이었던 전법이 일본군에게 통할지는 알 수 없었다. 더구나 일본군은 조총이라는 신병기로 무장하고 있음이 알려져 있었다.

주위의 만류와 권고에도 불구하고 신립은 완고했다. 신립은 조총의 위력에 대해 "쏘는 대로 그것이 다 맞는다더냐?" 하고 반문하며 대수롭지 않게 여겼다고 한다. 신립은 조선의 궁기병弓騎兵이 보병 중심의 일본군보다 전력상 우위에 있다고 확신하고 있었다.

일본군과의 결전에 나선 신립의 조선군은 정예 기병을 주력으로 구성되어 있었다. 기병이 위력을 발휘할 수 있는 평지를 전장으로 택한 것은 어찌 보면 합리적 선택일 수도 있다. 문제는 일본군이 이미 조선의 기병을 무력화無力化할 수 있는 전술을 꿰뚫고 있었다는 것이다. 기마병의 최대 강점은 기동력과 돌파력이다. 적이 보유한 무기의 최대 사거리 언저리에서 빠르게 이동하는 마상馬上 활쏘기로 적의 예봉을 꺾은 후, 단숨에 전선을 돌파하여 적진을 교란시키고 진영을 붕괴시키는 것이 조선 기병의 전법이었다.

일본군은 이러한 전법을 잘 알고 있었고, 그에 대항하기 위한 솔루션을 예비하고 있었다. 약체로 위장한 중앙군을 전면에 내세우고 좌우에 주력군을 매복시킨 다음, 조선의 기병을 방심시켜 깊숙이 끌어들이고는 3각 화망火網을 형성하여 집중 사격함으로써 조선 기병을 제압하였다. 정예병인 기병이 제압되자 급조된 나머지 보조군은 그저 살육전의 사냥감 신세에 불과했다.

조선 기록에 의하면, 탄금대 전투에서 살아 돌아온 사람은 단 4명이었다. 일본 문헌에는 일본군 전사자가 150명으로 기록되어 있다. 그만큼 조선군의 완패였다.

세상 모든 일은 지나고 나서 보면 쉬워 보이는 법이다. 조령이 아닌 탄금대를 택한 신립의 판단 또한 당시 그 현장에 서보지 않고는 함부로 말할 수 없는 사정이 있을지도 모른다. 후세가 조상의 실책을 왈가왈부하는 것은 쉬우나, 그로부터 교훈을 얻느냐는 별개의 문제다. 특히 그 교훈의 피상이 아니라 본질을 간파하지 못한다면 같은 실책을 되풀이하지 말란 법이 없다. 신립의 판단을 한 개인의 자만심 또는 무모함으로 환원하여 교훈을 찾으려 한다면 그리 쓸 만한 교훈을 얻지 못할 것이다. 개인의 능력은 통제할 수 있는 변인變因이 아니다.

탄금대 전투의 교훈은 '국가로서의 조선의 안보 태세'라는 거시적 차원에서 찾을 수 있고 또 찾아야 한다. 전쟁에서 승리하기 위한 기본은 '지피지기知彼知己면 백전불태百戰不殆'이다. 승리의 첫 번째 요건인 '지피'는 현대전으로 말하면 '정보전'이다. 정보력이 열세인 전장에서 승리를 바라는 것은 전쟁을 운에 맡기는 것과 같다. 임진왜란 당시의 조선이 가장 취약한 것은 정보전이었고, 그 결과는 고스란히 전황戰況에 반영되었다. 탄금대 전투가 가장 대표적인 사례이다.

오다 노부나가의 나가시노 전투

탄금대 전투 이전에 일본에서는 탄금대 전투와 매우 유사한 전투가 벌어진 적이 있다. 오다 노부나가가 천하통일의 고삐를 바짝 당기는 계기가 된 '나가시노 전투長篠の合戰'이다.

1573년, 천하통일을 놓고 오다 노부나가와 자웅을 겨루던 다케다 신겐武田信玄이 급서한다. 신겐을 중심으로 형성된 반反노부나가 동맹의 견

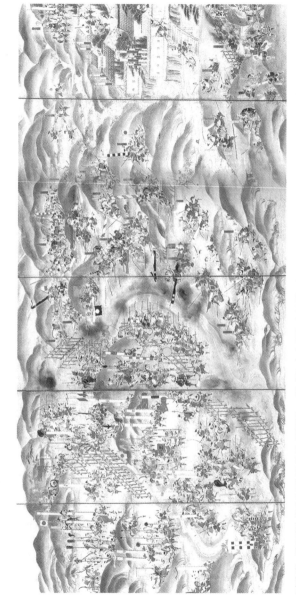

나가시노 전투에서 오다 노부나가의 군대(왼쪽)는 기병대를 막기 위한 기병대를 막기 위한 마방책을 치고 뎃포 부대를 앞세워 다케다군이 기병대(어른쪽을 완패시켰다((나가시노합전도병풍長篠合戰圖屛風)).

제로 천하통일 행보에 제동이 걸렸던 노부나가는 신겐의 죽음을 계기로 차례차례 반대 세력을 제압하면서 승기를 확고히 할 기회를 노린다. 다케다군을 꺾는다면 천하통일의 8부 능선을 넘을 수 있다. 노부나가는 다케다군과의 결전을 준비한다.

신겐의 뒤를 이은 아들 가쓰요리勝賴는 다혈질의 젊은 무장이었다. 다케다군은 당시 기마군단의 막강한 전투력을 자랑하고 있었다. 선친이 물려준 군사적 유산의 강성함에 큰 자긍심과 자신감을 갖고 있었던 가쓰요리는 신겐의 죽음 이후 동맹 세력의 동요를 막고 신겐의 후계자로서 인정을 받기 위해서 노부나가와의 한판 승부를 더 이상 늦출 수 없다고 판단했다. 이러한 양측의 결전을 향한 의지가 맞부딪친 곳이 미카와노쿠니三河の國(지금의 아이치愛知현)의 나가시노이다.

나가시노는 본래 도쿠가와 이에야스의 소령所領이었으나, 1571년 신겐이 탈취했다가 1573년 이에야스가 다시 차지하면서 양측 간의 긴장이 고조되던 '섬광 지역flash point'이었다. 이에야스는 노부나가 연합 세력의 일원이 되어 다케다가家에 대한 협공 기회를 노리고 있었다. 가쓰요리는 눈엣가시 같은 이에야스를 선공先攻의 타깃으로 선택한다. 1575년 가쓰요리는 1만 5000명의 정예군을 이끌고 미카와노쿠니 침공에 나선다. 다케다군의 나가시노성城 포위 소식을 접한 노부나가·이에야스 연합군도 각각 3만 및 8000명의 군사를 동원해 나가시노로 출정한다. 나가시노성 인근에 위치한 시타라가하라設樂原에서 대치하게 된 두 진영은 운명을 건 결전에 돌입하는데, 그 결과가 깜짝 놀랄 만한 것이었다.

노부나가는 다케다군과의 결전에 대비해 두 가지의 비책을 궁리해두었다. 첫째는 뎃포鐵砲 부대의 주 전력화이고, 둘째는 마방책馬防柵의 도입이었다. 전투 초기 기병이 적진을 돌파하여 기선을 제압하면 후방의 보병이 육박전으로 밀고 들어가는 것이 다케다군의 전법이었다. 이에 따라 다케다군은 기병이 위력을 발휘할 수 있는 평지를 전장으로 선호하였다. 노부나가는 이러한 적의 승리 공식을 역으로 이용하였다. 노부나가는 당시로서는 어마어마한 규모인 3000정의 뎃포를 확보한 후, 사수병을 5개 부대로 편제하여 주력 부대로 삼았다. 뎃포 사거리 내로 적 기병을 깊숙이 유인한 후 마방책으로 군마의 기동력을 무력화시키는 한편, 마방책 배후에 배치된 뎃포 사수들이 집중 사격을 가해 기병을 제압하는 전술이 고안되었다. 후자의 집중사격법은 세계 최초의 '3단쏘기volley fire'* 방식으로 알려졌으나, 이는 후세의 추측일 뿐 정확한 방식에 대해서 당시 기록이 남아 있는 것은 없다. 그러나 대량의 뎃포를 동원하여 부대를 편제하고 마방책과 연동된 (현대로 치면 화망 형성 사격술에 해당하는) 집중 사격 방식을 고안한 것만으로도 뎃포 전력화에 한 획을 그은 획기적인 발전으로 평가된다.

전투가 개시되자 다케다군의 기마병이 바람같이 내달려 적진 앞에 도달하지만, 방책에 막혀 놀란 말들이 우왕좌왕하는 사이 방책 뒤에 늘어선 뎃포가 불을 뿜으면 당대 최강 기마군단도 어찌 할 바를 모르고 총탄

---

* 사수를 3열로 배치하여 사격과 장전을 교대로 행함으로써 사격 간 인터벌을 최소화하는 방식.

세례 속에서 속절없이 스러져갔다. 중앙 선봉대의 돌파가 좌절되자 우측 2번대, 좌측 3번대가 차례차례 돌격해나갔지만 결과는 마찬가지였다. 불과 8시간의 전투 끝에 다케다군은 궤멸적인 타격을 입고 패퇴한다.

다케다 진영에는 역전의 명장들이 많았다. 이들은 개전 전부터 노부나가의 유인계誘引計에 넘어가지 않도록 주군에게 재삼 숙고와 자제를 요청하였으나, 젊은 혈기의 가쓰요리가 이를 뿌리치고 원정을 감행했던 터였다. 다케다가는 이 나가시노 전투로 인해 주력 전투부대를 상실하는 심대한 타격을 입고 패잔敗殘의 길을 걷게 된다. 상대를 생각하지 않고 자신의 강함만을 믿고 행동에 나선 가쓰요리는 그 대가를 멸문滅門으로 치렀다.

뎃포 전력화의 전략적 의미

나가시노 전투는 일본의 전쟁 양상을 일거에 바꿔놓았다고 할 정도로 일본 내에서는 널리 알려진 전투다. 뎃포의 등장으로 기존에 필승 전력으로 인식되던 기마병의 중요성과 유용성이 재정의되고, 전쟁의 승리 공식이 뎃포를 중심으로 재구성되는 결과가 초래되었기 때문이다.

서구 역사학계에는 '등자 논제Stirrup Thesis'라는 것이 있다. 일찍부터 등자가 발달한 중앙아시아의 유목민족과 달리 유럽에는 8세기가 되어서야 등자가 사용되기 시작한다. 미국의 역사학자 타운센드 화이트는 등자의 등장이 8세기 이후 유럽 역사 전개에 지대한 영향을 미쳤다고 주장하는데, 이를 '등자 논제'라고 한다. 화이트는 등자의 사용으로 인해 장창長槍과 충격법을 주 무기로 하는 중장기병重裝騎兵이 등장하였으며, 전장에서 활약이 큰 이들이 왕과 봉신 계약을 맺은 기사knight 계급으로 성장하여 유럽이 봉건체제로 이행하는 결정적 요인이 되었다고 주장했다.*

  화이트의 주장을 계기로 등자에 관심이 모아지면서 등자가 유럽 역사에 미친 영향에 대한 가설은 8세기가 아닌 4세기로 거슬러 올라간다. 훈족의 대침략 당시 유럽이 속수무책으로 유린당했던 것은 그들의 기마병이 등자를 사용함으로써 유럽인들에 비해 안정된 마상 전투를 할 수 있었으며, (그보다 더 중요한 요인으로) 등자의 존재로 인해 기마병을 양성하는 시간이 단축되어 기마병을 주 전력으로 유지할 수 있었다는 것이 가설의 핵심이다. 즉 등자가 없던 시절에는 숙련된 기마병을 양성하는 데 오랜 시간이 걸렸고, 기마병 손실은 단기간 내에 메울 수가 없어 기마병을 주력으로 하는 전력 구성이 어려웠으나, 등자의 등장으로 이러한 문제가 해결됨으로써 기마병의 명실상부한 주 전력화가 진행되었다는 것이다.

  등자 가설이 얼마나 적확的確한 것인지는 알 수 없지만, 오다 노부나가가 꿰뚫어본 뎃포의 가능성은 바로 이 점에 있었다. 기마병을 양성하기 위해서는 몇 년간의 집중적 훈련과 기술 연마가 필요하였지만, 뎃포의 경우는 불과 몇 달의 훈련으로도 기마병을 제압하는 전력으로 활용할 수 있었다. 나아가 군비軍費 면에서도 당시 뎃포가 고가의 무기이기는 했지만,

---

* 이에 대해서는 지나친 기술결정론이라는 비판과 반론이 제기되고 있고, 화이트의 주장이 널리 받아들여지고 있는 것은 아니다.

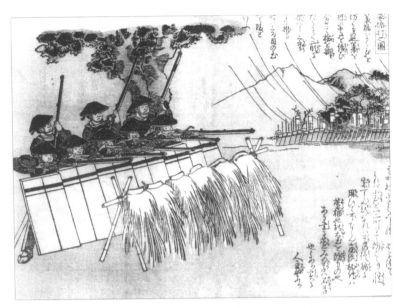

방책 뒤에서 뎃포를 쏘는 병사들. 뎃포의 등장은 일본의 전술을 전면적으로 변화시켰다.

군마를 사육·조련하여 전장에 동원하는 것에 비하면 비경제적이라고도
할 수 없었다.

노부나가는 사카이堺와 구니토모國友 등 뎃포 주 생산지를 우선적으로
손에 넣고 자원을 투입하여 뎃포 대량생산에 나서는 한편, 일자리가 없어
빈둥거리는 젊은 청년들을 대거 모집하여 뎃포 사수로 양성하였다. 그 결
과 불과 3개월 훈련받은 아시가루足輕(최말단 병사 계급)가 발사한 총탄에
10년을 전장에서 누빈 베테랑 기마 무장들이 추풍낙엽처럼 떨어지는 사
태가 발생하였고, 핵심 전력의 개념 전환을 맞아 전쟁의 양상은 변할 수
밖에 없었다. 이후 일본에서는 뎃포 없이 전쟁에 나가는 것은 무모한 짓

이 되었다. '무뎃포無鐵砲'라는 말이 여기서 나왔다.

앞선 설명에서 볼 수 있듯이 나가시노 전투와 탄금대 전투는 교전자 간의 전력과 전술 면에서 많은 공통점을 찾을 수 있다. 만약 조선이 일본의 동향에 조금이라도 관심을 갖고 알고자 했다면 나가시노 전투에 대한 정보를 어렵지 않게 얻을 수 있었을 것이다. 그러나 조선 문헌 어디에도 그러한 정보에 대한 기록은 남아 있지 않다. 신립의 언행을 보아도 나가시노 전투에 대해 알고 있었다고 추측하기 어렵다.

역사에 가정은 없다지만, 신립이 뎃포와 방책防柵을 활용한 기병 무력화 전법이 일본에서 개발되었고, 일본군이 그러한 능력을 보유하고 있다는 것을 알았다면 다른 판단을 했을지도 모를 일이다. 1000년 전 중국의 경전經典은 토씨 하나 틀리지 않고 외우는 조선의 지배층이었지만, 스스로 한 수 아래의 야만국으로 규정한 일본에 대해서는 동시대에 어떠한 일들이 벌어지고 있는지 터럭만큼도 알려 하지 않았다. 이보다 더 큰 탄금대 전투의 패인이 달리 있을까 한다.

제12장

뎃포 전력화의 비결: 전략적 아웃소싱

1543년 뎃포가 일본에 전래된 것은 동아시아의 국제 정세를 요동치게 하는 일대 요인이 되었다. 뎃포의 등장으로 센고쿠戰國시대 패권 양상이 변화하여 통일 일본이 탄생하였고, 나아가 일본의 조선 침공으로 한·중·일 3국 간에 대규모 국제전이 발발하였다. 신흥국의 부상浮上으로 세력균형이 깨지면 신흥 강국의 현상타파 의지와 기존 강국의 현상유지 의지가 충돌하여 전쟁이 발발한다는 논리가 '투키디데스의 덫Thucydides Trap'으로 불리는 고전적 전쟁론이다. 하지만 16세기 말 동아시아에서는 조선과 중국이 일본을 신흥 강국으로 여기고 경계하는 인식의 전환을 기할 틈도 없었다. 중화문명의 핵심부에 있던 두 나라는 변방국 일본의 침공을 받고 나서야 판도 변화의 실체를 깨달을 수 있었다. 그만큼 일본의 전력 상승은 전격적이었다.

뎃포의 도입이 이러한 전란을 촉발한 중요한 기술적 요인이 되었다는 것에는 역사가들 사이에서도 이론이 없다. 역사적으로 신무기의 등장이 세력균형 변동을 초래하고 전쟁으로 귀결되는 것은 드문 일이 아니다. 다만 16~17세기에 걸쳐 뎃포가 동아시아 각국 전력에 미친 영향을 이해하는 데 놓쳐서는 안 될 특기사항이 하나 있다. 일본은 당시 뎃포 운용에 필요한 핵심 요소를 완벽하게 내재화하지 못한 '반쪽 상태'에서 뎃포의 주전력화에 성공했다는 점이다.

화약 불모지에서 화약 강국으로

뎃포의 무기화를 위해서는 제반 요소가 갖추어져야 한다. 무엇보다 뎃포는 '화약'의 존재를 전제 조건으로 한다. 화약은 3대 발명품이라 불릴 만큼 인류 역사에 엄청난 파급효과를 미친 기술적 개가凱歌의 상징이다. 그만큼 15세기 이전까지 화약 제조 기술은 가장 중요한 전략기밀로 취급되었다. 원元나라는 특수관계의 부마국駙馬國인 고려에도 그 기술을 알려주지 않았다.

엄격한 통제를 뚫고 최무선이 원나라의 상인을 통해 어렵사리 카피한 것이 한반도 화약 역사의 시초였다. 경위야 어찌 되었건, 중국의 화약 기술을 흡수한 고려는 당대의 화약 선진국이 되었다. 14세기 말에 이미 완성도 높은 화약 제조에 성공하고 그 폭발력을 인명 살상력으로 전환한 무기를 개발하여 실전에 활용했다. 그를 이어받은 조선도 마찬가지였다. 그

조선의 화포 천자총통.

러나 아이러니하게도 고려나 조선의 화약 기술은 다른 의미에서 보안을 유지해야 했다. 중국에 버금가는 화약 기술이 있다는 것이 알려지면 괘씸죄로 봉변을 당할 수 있기 때문이었다. 중국과 한반도는 화약 기술에 있어서만큼은 단절된 관계였다. 현대 개념으로 말하면 원이나 명明은 고려나 조선이 우방국이 된 다음에도 화약이라는 전략 기술을 이전하는 데에 소극적이었다.

화약은 초석saltpeter, 유황sulfur, 숯carbon을 각각 75:10:15의 비율로 혼합하여 제조한다. 이들 중 핵심은 초석이다. 초석은 자연채취가 아니라 제조manufacture를 통해서만 얻을 수 있다. 그 공정이 꽤 복잡하여 우연적으로 그를 터득한다는 것은 불가능에 가깝다. 고려나 조선은 화약 제조법을 획득하기는 하였으나, 기술이 있다고 원하는 만큼 생산할 수 있는 것은 아니었다. 문제는 원료의 확보였다.* 한반도에는 초석이 부족했다. 보다 정확히는 초석의 원료가 되는 질산칼륨을 다량 함유한 염초토焰硝土가 부족했다. 동물의 분변에 소변의 요소尿素가 가해져 장기간 박테리아 분해 과정에서 생성되는 것이 천연 질산칼륨인데, 한반도는 염초토 생성을 위한 인구나 가축의 수가 부족하였다. 인위적으로 초석 생산을 늘리기 어려운 환경이었다.

유럽은 이보다 사정이 나았다. 일단 가축이 많았고, 인간이나 가축의 분변을 고高순도 질산칼륨 생성에 유리하도록 처리하는 기술이 있었다. 13세기 이후 아랍에서 건너온 연금술로 축적된 화학의 기초가 도움이 되었다. 인도와 직교역로가 열린 16세기 중반 이후에는 더욱 많은 양의 초석을 외부로부터 조달할 수 있었다. 역사적으로 중국이 화약 발명국으로 알려져 있지만, 기록이 없을 뿐 인도가 먼저 가연성과 폭발성이 높은 폭죽을 만들어 축제 때 사용했다고 주장하는 학자도 있다. 인도에는 유럽보다 앞선 초석 제조 기술이 있었고, 유럽인들은 인도의 초석을 대량으로 가져갔다. 16세기 중반 이후 유럽의 역사는 화기火器를 사용하는 전쟁으로 점철되는데, 인도에서 공급되는 초석이 없었다면 그 정도의 화기전을 수행할 수 없었을 것이다.

---

* 1635년에 발간된 『신전자취염초방新傳煮取焰硝方』은 부엌의 아궁이·마룻바닥·담벼락·온돌 밑의 흙 등을 긁어내어 여기에 재와 오줌을 섞고, 이를 말똥으로 덮고 나서 말똥이 마르면 태운 다음, 다시 물을 붓고, 이 용액을 가마에 끓여 결정시켜 초석硝石을 제조한다고 기술하고 있다.

일본은 화약의 불모지대였다. 대륙과 한반도로부터 기술 이전이 차단된 상태에서 독자적인 기술이 발생할 수가 없었고, 실질적으로 15세기까지 화약이 부재한 지역이었다. 전기轉機가 마련된 것은 16세기 중반이다. 포르투갈인들이 일본 땅에 발을 디디면서 화약을 둘러싼 일본의 상황이 일변한다. 이때는 이미 유럽의 화약 기술이 중국을 넘어서고 있었다. 일본은 서양과의 조우를 기화로 단숨에 화약의 실전實戰 무기화를 달성할 수 있었다. 동아시아 중화中華체제하에서 중국으로부터 화약 기술을 정상적으로 입수할 방법이 없었던 일본은 그 체제를 우회하여 서양 세력과 손을 잡음으로써 화약 문명에 편입하는 돌파구를 마련한 셈이다. 중화체제의 변방에 위치한 덕분에 누리던 자율성의 틈새가 득이 되었다. 틈새의 핵심은 '무역'이었다. 일본 스스로의 능동적 노력이 아닌 서양의 접근이 제공한 수동적 기회였지만, 어쨌건 일본은 그 기회를 놓치지 않았다.

해상무역의 파일럿, 왜구

일본의 뎃포 전력화 과정에서 매우 중요한 역할을 한 존재가 '왜구倭寇'이다. 한국에서는 노략질이나 일삼던 일본의 해상 도적 떼 정도로 인식되고 있지만, 왜구의 실체는 그렇게 간단하지 않다.

최근 서구의 동양사 연구자들을 중심으로 16세기 왜구에 대해 다양한 연구와 새로운 해석이 시도되고 있다. 새로운 해석의 포인트는 왜구의 존재가 서양문물의 동아시아 전파에 있어 '길잡이pilot' 역할을 했다는 것이

일본 해적과 중국 해군 간의 전투 장면.

다. 같은 왜구라는 이름으로 불리지만 15세기 이전의 왜구와 16세기 이후의 왜구는 완전히 다른 존재이다. 전자, 즉 전기前期 왜구는 주로 일본 지역에서 발흥한 해적집단이 주를 이루나, 후기後期 왜구는 인적 구성이나 활동 영역과 성격 면에서 완전히 다른 집단이었다.

후기 왜구는 중국인들이 주를 이룬다. 일본인들은 오히려 소수였고, 인도인, 일본인, 심지어 터키계 중앙아시아인까지 섞인 다민족집단을 형성하고 있었다. 여러 갈래의 그룹이 있으나, 본거지에 따라 동남아 거점, 남중국 연해 거점, 일본 규슈 거점의 왜구로 분류하는 것이 일반적이다. 중국인들이 다수였음에도 '왜倭'구라고 부르는 것은 명나라의 사가史家들이 그러한 명칭을 사용하였기 때문이다. 명의 사가들은 명의 법도에서 벗어난 불법집단을 자국민으로 인정하고 싶지 않았던 탓에 기존의 이국 해적에 대한 멸칭蔑稱을 사서史書에서 그대로 사용했다.*

후기 왜구의 발흥은 명의 해금海禁 정책에서 기인한다. 명은 조공무역 체제를 유지하기 위해 바닷길을 통한 사私무역을 규제했다. 심할 때에는 연안 어부들이 아예 바다로 나가지 못하도록 출어出漁를 금지하고, 연안 도서島嶼의 무인도화 정책으로 섬 주민을 강제로 내륙으로 이주시켰다.

이러한 폐쇄 정책은 남중국 연안 주민의 생존권을 크게 위협하였다. 중국의 푸젠성福建省, 저장성浙江省 일대의 연안은 토질이 척박하여 농업만으로는 거주민들의 생계유지가 어려운 지역이다. 더구나 이곳은 당·송·원대에 걸쳐 대대로 무역으로 경제적 부를 누린 경험이 있는 곳이다. 명 조정의 해금 정책은 이곳 주민들에게는 순응하기 어려운 압제에 해당하는 것이었다.

16세기 들어 명 조정의 통치력 약화를 틈타 밀어密漁와 밀무역에 나서는 주민들이 늘어났다. 변경 지역에서 무역을 억제하면 밀무역이 성행하는 것은 동서고금의 현상이다. 특히 해안 지역은 그러한 속성이 더욱 두드러진다. 바다는 드넓은 곳이다. 쾌속정이 단속을 하는 현대에도 바다를 통제하는 것이 어려운데, 그 옛날 무동력선으로 관리들이 바다를 엄격히 통제한다는 것은 더더욱 어려운 노릇이다. 무역 통제가 심할수록 밀무역

---

* 적賊이 일반적인 도적 떼bandits를 일컫는 데 비하여 구寇는 '외부로부터의 침입자intruder'의 의미가 있다. 명확한 정의가 기록으로 남아 있는 것은 아니나, 중국의 사가들이 왜적倭賊이 아니라 왜구라는 명칭을 사용한 것은 그들이 중국 법도를 따르지 않는 외부 야만 세력임을 나타내기 위한 것으로 해석하는 견해가 있다.

의 이익은 커지기 마련이다. 상인 기질이 뛰어난 광둥, 푸젠, 저장성의 주민들은 점점 국가의 통제를 벗어나 밀무역의 영역을 넓혀갔다.

이러한 중국 밀무역 상인들의 활동에 새로운 활력을 불어넣은 것이 1부에서 설명한 포르투갈의 등장이었다. 포르투갈은 인도의 고아를 기점으로 1520년대부터 본격적으로 동아시아 진출을 모색한다. 말라카, 자바, 시암, 참파 등에 무역 포스트가 만들어지고, 1540년대에 들어서는 드디어 동중국해에 진입한다.

포르투갈은 명과의 통상을 희망했지만, 전술한 대로 명 조정은 조공무역 외의 사私무역을 허용하지 않았다. 이 지점에서 중국 밀무역 상인과 포르투갈 세력 간의 이해관계가 교차한다. 동남아 일대의 무역 포스트에서 거래를 트기 시작한 두 세력은 점점 활동 범위를 넓혀 동중국해 일대에서 이인삼각의 무역 파트너십을 형성해나간다. 포르투갈인들이 유럽과 동남아에서 운반해온 물자를 중국 상인들에게 넘기면 중국 상인들이 이를 자신들의 밀무역 유통망을 가동하여 처분하고, 그 대가로 얻은 이익을 포르투갈 상인들과 나누는 일종의 대리무역이 성행하였다.

1543년 이러한 활동에 종사하던 중국인 왜구 왕직王直의 정크선이 태풍의 영향으로 규슈 남단의 다네가시마에 표착한다. 앞에서 밝혔듯이, 바로 그 배에 일본에 조총을 전한 포르투갈인들이 타고 있었다. 유럽과 일본의 만남 자체가 왜구의 존재와 연결되어 있는 셈이다.

후기 왜구는 단순한 해적집단이 아니었다. 처음부터 도적집단인 경우도 있었지만, 많은 중국 왜구들은 그저 생계를 위해 밀무역에 종사하다가 관헌에 의해 가족이 몰살당하거나 돌아가면 처벌을 면할 수 없는 범죄자의 신분이 되자 어쩔 수 없이 상업적 거래와 무력적 약탈을 병행하는 불법집단으로 변모해간 것이다. 이들의 해상 본거지에는 일본인들과 류큐인들이 용병으로 고용되기도 하고 동남아인들이 합류하기도 하는 등 다국적 (또는 무국적) 변경인邊境人 집단의 성격을 띠고 있었다.

일본계 왜구와 중국계 왜구의 처지를 가른 것은 이들에 대한 출신국의 정책이었다. 중국인들은 중국에 돌아가면 모두 범죄자로 처벌받는 신세였지만, 일본의 다이묘大名들은 왜구의 이용가치를 높이 평가하고 협력을 모색했다.

16세기 들어 동중국해에서 왜구들에 의한 밀무역이 성행할 수 있었던 이유 중 하나는 일본과 명나라 사이의 공무역인 '감합勘合무역'이 유명무실해졌다는 것이다. 중앙 통치력이 부재한 센고쿠시대의 혼란 속에서 생존을 건 부국강병을 추진해야 했던 규슈 지방의 다이묘들은 왜구를 비호함으로써 공무역과는 비교도 할 수 없는 경제적 이익을 거둘 수 있다는 데에 주목했다. 포르투갈이 밀무역의 한 축으로 등장하자 왜구의 가치가 일본 다이묘들에게 더욱 큰 의미로 다가오게 된다. 기존의 생사生絲나 도자기 등 사치성 소비재를 넘어 조총, 화약 등 전략물자 조달 중개자로서 왜구의 전략적 중요성이 커졌기 때문이다.

포르투갈인들이 가져온 아르케부스와 불랑기포佛朗機炮 등의 총포류로 촉발된 화약 수요는 남중국과 일본 간에 상호 비교우위 품목의 교역 확대 유인誘因을 제공하였다. 공무역이 제한된 환경 속에서 왜구들에 의한 사무역 또는 밀무역은 교역 이익 실현을 위한 중요 수단이었다. 규슈 지방의 다이묘들은 유력 왜구집단을 가신화家臣化하면서 능력 본위로 경제적·신분적 인센티브를 제공하고 이들의 해상 활동을 후원하였다.

뎃포 전력화의 핵심인 화약의 경우, 일본 규슈 지역에서는 고품질의 유황이 생산되었으나, 일본인들은 초석 생산능력이 없었다. 반대로 중국 남부 해안 지방에서는 초석이 생산되었지만, 그곳의 화약 제조업자들은 질 좋은 유황을 확보하는 데 애로를 겪고 있었다. 공무역체제하에서는 양자 간의 거래가 성립될 수 없었으나, 왜구는 그 체제를 우회하여 거래를 성사시키는 촉매 역할을 하였다.

이 과정에서 규슈 및 세토 내해內海 일대의 왜구들이 다이묘들의 해상 전력으로 포섭되는 현상이 발생한다. 무역의 중요성이 커지면서 각 다이묘 관할 운송선의 경비警備와 안전확보를 담당하는 일종의 해군 또는 해안경비대 역할이 부여되고, 그에 상응하는 가신화가 진행된 것이다. 일본의 다이묘들은 왜구를 제도권으로 편입시키고 공적 영역으로 흡수하였지만, 명 조정은 끝까지 왜구의 존재를 부정하고 대역 죄인으로 취급하였다.

문물 개방성과 수용성

비단 화약뿐만 아니라, 일본의 뎃포 생태계 자체가 기본적으로 포르투갈-중국-일본을 연결하는 삼각무역에 의존하고 있었다. 이를테면 일본

일본 나가사키에 온 포르투갈 무역선. 일본인들은 '남만선南蠻船'이라고 불렀다. 가노 나이젠狩野内膳의 〈남만인도래도南蠻人渡來圖〉(부분).

은 덴포의 몸통 생산을 위해 남만철南蠻鐵로 불리는 주조철鑄造鐵을 수입했다. 기존에 도검류 제작에 사용되는 일본산 철은 사철沙鐵이라 불리는 단조용鍛造用 연철軟鐵로 주조에는 적합하지 않았기 때문이다. 남만철도 화약과 마찬가지로 포르투갈 상인과 연계된 왜구를 매개로 하여 남중국에서 입수되었다.

덴포는 '화승총火繩銃'이라고도 한다. 불을 붙이는 심지라는 의미의

'화승'은 한자로만 보면 '짚으로 꼰 새끼(繩)'라는 의미이나, 실제로는 목면木棉을 꼬아 만든 심지를 사용하였다. 뎃포의 등장으로 면은 소비성 직물을 넘어 전략물자가 되었다. 일본은 16세기 말에 면화 재배가 보급되기 시작하였고, 면포의 국산화가 이루어진 것은 17세기 이후이다. 그전까지는 면도 (조선과의 왜관무역 등 공무역도 있었지만) 밀무역을 통해 조달되었다.

일본은 이처럼 무역을 하는 데 자율적 공간을 확보함으로써 전략물자를 손쉽게 입수할 수 있었다. 그를 위해 이용 가치가 있다면 왜구이건 포르투갈인이건 상대를 가리지 않았다. 조선이 많은 공을 들여 기술을 습득하고 민간에 폐를 끼쳐가며 전 국토를 훑어도 전략물자 조달에 애를 먹었던 것과는 대조적이라 할 수 있다.

한 가지 더 언급할 가치가 있는 특기사항은 무역의 결제수단이다. 당시 국제 결제수단은 중국이 선호하는 은銀이었다. 무역의 길이 열리더라도 결제수단이 부족하면 그림의 떡이다. 일본은 은광석이 풍부하였지만, 제련 기술의 미발달로 은 보유고가 높은 나라가 아니었다. 그러던 일본이 16세기 중반 이후 갑자기 세계 유수의 은 생산국이 되었다. 1530년대에 조선으로부터 잠상潛商(밀무역상)을 통해 '회취법灰吹法'이라는 은연銀鉛 분리법이 도입되어 은 생산량이 급격하게 늘어난 덕분이었다. 무역의 전략적 중요성에 눈뜬 일본으로서는 너무나 절묘한 타이밍에 터진 '잭팟'이었다.

이처럼 일본은 16세기 중반 이후 형성된 동아시아의 비공식 해상무역망에 한 꼭지로 편입되면서 예전에는 꿈도 꾸지 못하던 전략물자를 무역을 통해 입수할 수 있는 환경을 맞이한다. 일본의 뎃포 전력화는 그 환경 속에서 이루어진 일종의 전략적 '아웃소싱'의 결과물이다. 외부와의 통교 通交를 통해 가용해진 자원을 결합하여 즉각적 전력화를 기하는 한편, 기술의 흡수와 내재화를 꾸준히 병행한 것이 기존의 폐쇄체제 때와는 비교가 되지 않는 속도와 효율성으로 달성한 부국강병의 비결이었다. 신문물을 이념으로 배제하기보다는 이용가치로 평가하고 개방적 태도로 수용한 실리주의가 그 바탕에 깔려 있었다.

16세기 중반 이후 유럽 세력의 진출과 함께 동아시아에서는 새로운 물결이 일렁이고 있었다. 기술과 물자가 정치적 권위에 의한 배분이 아니라 상업 논리로 거래되는 환경의 변화를 맞아, 고유의 문물이 얼마나 우수한가가 아니라 타자他者의 문물을 어떻게 유입시켜 자기의 것으로 소화하느냐가 국력의 척도가 되는 시대가 된 것이다. 그 새로운 변화의 물결에 대한 개방성과 수용성이 이후 동아시아 3국의 번영 또는 쇠퇴의 길을 갈랐다. 제1차 글로벌라이제이션globalization이라고 해도 좋을 그 변화의 물결 속에서 조선은 무풍지대로 남아 있었다. 축복이라고 보는 사람도 있고 저주라고 보는 사람도 있을 것이다.

제13장

동아시아의 팩토리

동서고금을 막론하고 모든 문명은 지리의 영향을 받는다. 이동성mobility
과 연결link에 사활적 이익이 달려 있는 문명일수록 주요 교통로에 위치
한 지정학적 거점을 어느 세력이 차지하느냐에 문명의 판도와 흥망성쇠
가 달려 있는 경우가 드물지 않았다. 15세기 말 포르투갈의 선구로 촉발
된 대항해시대는 이러한 전략적 요충지의 개념에 큰 변화를 불러온다. 해
양문명의 상징, '팩토리factory'의 등장이다.

팩토리의 시대

팩토리는 (물건을 제조하는 '공장'이라는 뜻이 아니라) 중세 말부터 근세에 걸
쳐 원거리 교역의 중심지로 기능한 무역 포스트를 뜻하는 역사 용어이다.

안트베르펜에 있는 칸토르.

본래는 특정 건물을 지칭하였으나, 점차 기능적으로 불가분의 관계를 이루는 무역지대 전체를 의미하게 되었다.

　팩토리의 원형은 중세 유럽의 무역동맹인 한자Hansa동맹의 '칸토르Kontor'에서 찾을 수 있다. 칸토르란 한자동맹의 길드가 수상운송 요지에 설치한 역외 물산 집산지를 말한다. 한자동맹의 길드는 수상운송이 편리한 지역에 물류창고, 거래소, 사무소 등으로 이루어진 단지를 건립하고 지역 통치자와 계약을 맺어 이들 시설에 대한 일정한 자치권을 행사하였다. 일종의 초기 형태의 자유무역지대라고 할 수 있다.

대항해시대의 물꼬를 튼·포르투갈은 칸토르를 모델로 주요 해양로 거점에 무역관trade post을 설치하였는데, 이 무역관의 명칭이 팩토리(포르투갈어로는 'feitoria')이다. 1부에서 살펴본 바와 같이 포르투갈은 이베리아반도 남단에서 출발하여 아프리카 서부 해안을 거쳐 남단의 희망봉을 돌아 동부 해안을 거슬러 올라온 후, 아라비아해를 건너 인도양, 남중국해, 동중국해에 이르는 동서교통 해양로를 개척함으로써 당시로서는 미증유의 거대한 해양제국을 건설하는데, 이 해양제국의 기초가 된 것이 바로 팩토리이다.

포르투갈의 팩토리는 한자동맹의 칸토르와 달리 이異문명 지역에 설치되는 접점이다. 오랜 항해 끝에 인종·언어·종교·문화·제도·관습 등 제반 삶의 양식을 달리하는 이질적 지역과 조우한 후, 그곳에 상륙하여 교두보를 구축하고 생존 공간을 확보하는 작업은 사실 유럽의 전매특허 역사이다. 미지 또는 미답의 영역에 발을 내딛고자 하는 강한 욕망은 지금도 유럽 문명을 특징짓는 요소의 하나이다. 당시 유럽인들의 정서를 지배하였던 경제적·종교적 열망은 동방 항로를 향한 모험을 촉발하였고, 이는 결과적으로 인류 역사에 불가역적인 변곡점을 가져왔다.

목숨을 건 모험이 대가를 바라지 않을 수는 없다. 치명적 리스크를 상쇄하는 보상으로서 독점적 무역이 추구되었고, 그 실현을 위한 장소적 기초로서 팩토리 확보가 최우선으로 추진되었다. 포르투갈의 팩토리는 현지 세력과 합의를 통해 취득하거나 무주지無主地를 평온하게 점령하는 경우도 있었지만, 무력행사를 통한 강제 점령도 드물지 않았다. 현지 세력의 적대에 항시 노출되어 있었기에 방벽과 포대 등 군사시설을 갖춘 요새와 일체화된 형태로 건설되는 경우도 많았다.

16세기에서 17세기에 걸친 전성기에 포르투갈은 50개가 넘는 팩토리를 구축하였다. 여기에는 북유럽의 안트베르펜에서 시작하여 아프리카 북동 해안의 세우타, 남동 해안의 모잠비크, 아라비아해의 호르무즈, 인도의 고아, 동남아의 말라카, 동중국해의 마카오에 이르기까지 대서양·인도양·태평양을 아우르는 가장 중요한 해상 요충지가 포함되어 있다.

팩토리의 중심에는 앞서 소개한 리스보아의 인도무역청이 있었다. 사실상 본국의 무역청과 해외 팩토리를 연결하는 군사·해운 네트워크가 포르투갈 해상제국의 실체라고 해도 과언이 아니다. 대항해시대를 '팩토리의 시대'라고 명명하여도 어색함이 없을 정도로 16세기 이후 초기 글로벌라이제이션의 역사는 팩토리의 역사라고 할 수 있다.

포르투갈의 뒤를 이어 제해권을 장악한 네덜란드 역시 팩토리를 기초로 글로벌 무역 네트워크를 구축하였다(이는 영국도 마찬가지다). 네덜란드의 동인도회사(VOC)는 기본적으로 암스테르담의 본사와 네덜란드어로 'factorij'라 불리는 지점 간의 네트워크 조직이었다. VOC가 활약하던 시대에는 인도, 동남아 일대의 상업 플랜테이션 진전에 따라 팩토리가 단순한 상품거래소를 넘어 주요 원자재의 1차 상품화를 위한 집산, 가공소로

인도에 설립된 네덜란드 동인도회사.

발전하면서 기능과 규모가 더욱 확대되었다. VOC의 팩토리가 설립된 대표적인 지역은 남아프리카의 케이프타운, 예멘의 모카, 남인도의 캘리컷, 인도네시아의 암본, 바타비아(지금의 자카르타), 스리랑카의 콜롬보, 포르모사(지금의 대만), 데지마出島(지금의 나가사키) 등을 망라한다.

16세기 이후 동아시아 지역에서 팩토리가 갖는 의미는 많은 지역에서 팩토리가 유럽과 현지 세력 간의 접점이자 유럽 신문물의 창구가 되었다는 것이다. 동아시아의 남방 해양지대는 대항해시대 이전까지 유럽과 직접 접촉할 기회가 봉쇄되어 있었지만, 포르투갈과 그 뒤를 이은 에스파냐, 네덜란드, 영국에 의해 역사상 처음으로 유럽과 직접 연결되는 시대를 맞이하게 된다. 팩토리는 그 이異문명 간 연결의 핵심 고리였다. 포르투갈 해양제국은 영토 획득보다는 무역 이권의 독점을 목표로 형성되었기에 현지 세력과의 관계에서 충돌과 협력의 유인이 공존하였고, 그에 따라 그 관계의 양태도 침략적 수탈과 호혜적 교역이 교차하였다. 일례로 말라카 지역은 토착 이슬람 세력과의 60년에 걸친 적대적 관계가 지속되면서 지역민들의 삶이 피폐해졌으나, 명나라로부터 조차한 마카오는 동방의 진주로 불리며 무역항으로 흥성하였다. 동서 교류의 지각 변동을 맞아 동아시아 각 지역의 운명은 유럽 세력과 어떠한 관계를 맺는가에 의해 절대적으로 영향을 받게 된다.

동아시아의 관문 마카오

16세기 이후 한·중·일 3국의 역사 경로에서 각국 간에 가장 대별되는 지점의 하나가 바로 팩토리에 대한 수용 또는 대응의 역사이다. 중국 역대 왕조가 그러하였듯이 명明과 그 뒤를 이은 청淸의 대외무역은 황제국이라는 이념에 종속되었다. 이에 따라 무역은 경제활동 이전에 군신君臣관계를 규율하는 전례典禮로서의 성격이 강조되었다. 조공무역체제를 기본으로 하였고, 특히 바닷길을 통한 사무역은 해금령으로 엄격히 통제되었다. 그러한 중화질서 속에서 팩토리가 중국의 영토에 자리를 잡는 것은 지난한 일이었다.

아시아로 가는 길목을 장악한 포르투갈 입장에서는 중국(명)은 절대 놓칠 수 없는 대어였다. 동남아의 향신료는 원료commodity였지만, 중국의 비단과 도자기는 상품goods이었다. 왕실의 독점권이 적용되지 않는 중국의 고가 사치품은 상인들에게 향신료를 뛰어넘는 수익의 원천이었다. 포르투갈은 집요하게 통상의 문을 두드렸지만, 명은 완고하게 이 불랑기佛狼機*들에게 곁을 내주지 않았다. 아시아 진출 초기인 1517년, 페르낭 안드라드Fernão Pires de Andrade가 포르투갈 왕의 친서를 휴대하고 중국을 찾았을 때에는 일이 순조롭게 풀리는 듯했다. 안드라드 일행은 명나라 관리들을 설득하여 1520년 천신만고 끝에 난징南京에 도착하여 황제 알현의 기회를 엿보고 있었다. 조정의 중신들은 서양 오랑캐 추방을 황제에게 간언했지만, 기행奇行을 일삼는 특이한 성격의 정덕제正德帝는 오히려 포르투갈의 내항에 관심을 보였다. 그러나 갑작스러운 사고로 정덕제가 1521년 붕어하면서 좁은 기회의 문이 닫힌다. 명 조정은 바로 포르투갈 추방령을 내렸고, 이후 양국관계는 쫓아내려는 명과 버티는 포르투갈 사이의 숨바꼭질로 점철된다. 명은 군대를 동원해 포르투갈 선단을 공격하고 사신들을 잡아 잔인한 처형과 형벌을 가했지만, 포르투갈 상인들은 중국을 포기할 수 없었고, 광둥·푸젠·저장성 일대를 떠돌며 현지 상인들과의 불법 무역에 나섰다.

전기가 마련된 것은 1540년대 후반이다. 이때에는 명 조정이 연안 섬들에 대한 유기 정책을 취하면서 섬들이 방치되었고, 이들에 대한 관헌의

---

* 중국 남부 지방에서 16~17세기에 포르투갈인을 부르던 명칭. 이에 반해 네덜란드인, 영국인들은 홍모인紅毛人이라고 불렀다. 일본에서는 포르투갈·에스파냐계 백인은 남만인南蠻人, 네덜란드계 백인을 홍모인이라고 불렀다.

단속도 느슨하였다. 포르투갈 상인들은 그 틈을 노려 당시 마카오 남서쪽 80킬로미터 지점에 위치한 상촨섬 上川島을 중심으로 활동하고 있었다. 명확한 역사 기록은 없으나, 이때부터 포르투갈인들이 해적 퇴치 등 광둥 관리들의 애로사항을 해결하거나 뇌물을 주면서 친분을 쌓고 환심을 산 것으로 추정된다.

1550년대 중반이 되자 중국 관리들은 광둥 바로 앞바다에 위치한 마카오에 포르투갈인들의 거주를 승인한다.* 마카오는 동남아-중국-일본을 연결하는 입지로 천혜의 항구 조건을 갖춘 곳이다. 숙원인 동중국해 거점이 확보되자 포르투갈의 마카오 진출이 급물살을 탄다. 1560년대가 되기 전에 포르투갈인 인구가 600명에 달했으며, 1570년에 기독교도가 이미 5000명을 헤아릴 정도라는 예수회 기록이 있을 정도로 마카오는 유럽인들과 그들이 동반한 식솔, 노예들에 의해 빠르게 점유되어갔다.

당시 마카오는 국제무역항이자 자유도시로 매우 특별한 모습을 하고 있었다. 극동의 입구에 위치한 탓에 리스보아는 물론 고아의 영향력조차 제한적인 반면, 중국·일본과의 교역에서 얻을 수 있는 이익은 향신료 무역에 못지않았다. 일확천금을 노린 포르투갈·이탈리아·유대인들이 몰려

---

* 이때의 마카오의 법적 지위에 대해서는 논란이 있다. 포르투갈은 명으로부터 조차租借를 공식 인정받았다고 주장하나, 중국은 이를 부인한다. 학자들은 명이 명시적으로 포르투갈에게 조공국 지위를 부여하거나 영토 관할권을 할양한 증거는 없으며, 명과 청에 의해 묵시적으로 거주권 및 일부 자치권이 인정되었고 이에 대해 일종의 기득권이 형성된 것으로 법적 성격을 파악한다. 다만 1887년 베이징 조약으로 청이 마카오에 대한 포르투갈의 영유권을 인정함으로써 마카오는 공식적으로 포르투갈의 식민지가 되었다.

테오도어 데 브리Theodor de Bry가 그린 〈마카오 풍경〉(1598년).

들고, 중국·일본·동남아 상인들이 왕래하는 한편, 마카오를 동아시아 선교 거점으로 삼은 도미니코회·예수회 선교사들이 교회·신학교·수도원 건립에 나섰다. 마카오는 순식간에 다양한 인종이 어울린 가운데 상점·유흥가의 흥청거림과 종교적 경건함이 공존하는 문명의 교차로가 되었다. 1570년대에는 '볼 수 없는 인종, 살 수 없는 물건이 없는 곳'으로 불릴 정도로 동아시아 교류의 핵심으로 떠올랐고, 그만큼 동아시아의 (공식이건 비공식이건) 역내 교역도 활성화되었다. 당시 마카오와 교류한 흔적이 없는 동아시아 세력은 아마도 조선이 유일할 것이다.

마카오의 경제를 움직인 것은 포르투갈 상인들이 삼각무역 형태로 주도하는 사무역 또는 밀무역이었다. 포르투갈 왕실은 마카오에 카피탕을 파견하여 동아시아 무역의 과실을 챙기기는 했으나, 카피탕이 마카오에 머무는 기간은 연중 수개월에 불과했고, 관심을 두는 품목도 비단, 도자기 등 일부 품목에 한정되었다. 마카오의 상업 활동은 마카오에 본거지를 둔 대상인들에 의해 주도되었고, 이들은 사병私兵을 거느리고 사선私船을 운영하며 교역·밀수·약탈의 경계를 넘나드는 사실상 국가의 통제를 벗어난 변경인邊境人들이었다.

최근의 연구는 그 대표적인 인물로, 종교 박해를 피해 1560년대에 마카오로 피신해온 유대인 출신의 바르톨로뮤 란데이루Bartolomeu Vaz Landeiro라는 상인에 주목한다. 중국·일본·동남아를 아우르는 방대한 지역을 무대로 삼아 역내 무역의 이권을 좌지우지하며 영향력을 행사한 그의 활동을 통해 당시 마카오의 성격과 역내 교역에 미친 영향을 엿볼 수 있다는 것이다. 16세기 동아시아 바다에 '마카오판 유대인 장보고'가 활약하고 있었다니 흥미롭지 않을 수 없다.

광저우 십삼행十三行

마카오에 포르투갈의 팩토리가 마련되기는 했지만, 중국 본토와의 교역을 공식적으로 인정받은 것은 아니었다. 마카오의 포르투갈 상인들은 (공식적으로는) 정해진 시기와 절차에 따라 광저우에 입항하여 중국 관리들의 통제하에 상품을 구입할 수 있었으나, 중국은 이를 공무역으로 인정하지 않았다.

유럽인들의 대對중국 통상에 전기가 찾아온 것은 청나라 강희제康熙帝 연간인 1684년이었다. 청 조정은 쇄국정책에서 벗어나 기존의 유명무실한 시박사市舶司를 폐지하고 본격 해상무역 관리기관인 해관海關을 설치하는 교역 개방 조치에 나선다. 광저우廣州의 월해관粤海關, 샤먼夏門의 민해관閩海關, 닝보寧波의 절해관浙海關, 윈타이산雲臺山의 강해관江海關 등 총 네 곳에 해관이 설치되어 외국 선박의 입항을 허용하되, 청 당국이 교역품을 통제하고 관세를 징수하는 관리무역체제가 가동되었다.

이 중에서 두각을 나타낸 것은 일본과의 교역 창구인 닝보였다. 일본에서 유입되는 은과 일본으로 향하는 강남江南의 물산은 물량 면에서 여타 지역을 압도했고, 중국-일본-유럽을 잇는 삼각무역의 성행으로 유럽 상선들까지 몰려들면서 닝보는 17세기 후반부터 18세기 중반에 걸쳐 최대의 무역항으로 번성하였다. 청 조정은 닝보의 독주와 광저우의 상대적 쇠락을 막기 위해 건륭제 연간인 1757년, 모든 서양 선박의 기항을 광저우로 한정하는 상유上諭(황제의 조칙)를 발령한다. 이른바 '일구통상一口通商' 조치이다.

중국의 항구에서 무역 중개 등의 상행위와 더불어 통관, 관세 징수 등 국가사무를 대리하여 수행하는 업자를 '행行'이라 한다. 광저우에는 명대明代 이래로 '광저우 십삼행十三行'이라 불리는 공행公行 연합*이 있었는

---

* 십삼행은 관용적 표현일 뿐 실제로는 더 많은 숫자의 행行들이 있었다.

윌리엄 다니엘William Daniell이 그린 〈광둥 팩토리 풍경View of the Canton Factories〉(1805년).

데, 이 명칭이 서양에 'Kanton Thirteen Factories'로 알려진다. '행行'을 'factory'로 번역하게 된 것은 유럽인들이 '십삼행'이 소유한 건물 또는 부지를 임차하여 광저우에 무역사무소를 두었기 때문이다. 비록 완전한 할양지나 조차지는 아니었으나, 광저우의 팩토리에는 유럽의 상인들이 상주하면서 무역 사무에 종사하고 대중국 통교의 창구 역할을 하였다.

광저우는 18~19세기 초반에 걸쳐 유럽인을 비롯한 인도·아랍의 이국인들이 상주하고, 대형 화물선이 빈번하게 왕래하는 국제도시가 되어 상업적으로 큰 활기를 띠면서 흥성하였다.

이 시기의 광저우는 현대인이 방문해도 깜짝 놀랄 정도로 현대의 홍콩을 연상시키는 코즈모폴리턴의 면모를 갖추고 있었다. 광저우를 비롯한 남중국 일대에서는 유럽인들과 이인삼각의 상업 네트워크를 구축한 행상行商들이 막대한 부를 축적하면서 신흥 세력으로 대두하였고, 청 조정의 통제에도 불구하고 무역항을 통해 유럽의 사상과 문물이 자연스럽게 중국 사회에 유입되었다. 남중국 연안과 배후 지역 일대는 섬유, 도자기, 차茶 등 수출 품목에 특화된 수공업과 전·후방 연계 산업이 발달하였고, 그 대가로 유럽과 일본에서 유입되는 은銀이 넘쳐나면서 경제는 흥청거렸다. 베이징의 조정이나 내륙 거주민들은 여전히 중화사상에 젖어 유럽과의 무역을 오랑캐에 대한 시혜적 조치 정도로 인식하고 있었지만, 이들 무역항에서 벌어지고 있는 일들을 목도하고 경험한 중국인들은 세상이 변화하고 있음을 실감할 수밖에 없었다.

일본의 나가사키

16세기 중반에 유럽 세력과 최초로 조우한 일본은 누구보다 이 생면부지의 이방인들을 호의적으로 대하였다. 포르투갈인들의 입장에서 보면 1543년 다네가시마에 최초로 발을 내디딘 이래 일본처럼 교역의 물꼬가 순조롭게 트인 곳은 없었다. 일본에 도달하기 전에 거쳐온 인도, 동남아, 중국 등지에서는 적대적 환경 속에서 어렵사리 교역의 문을 두드려야만 했던 포르투갈인들에게 먼저 적극적으로 교역의 문을 열고 자신들과 손을 잡으려는 일본은 신비하고도 특별한 존재였다.

에도 막부가 1634년 나가사키에 데지마出島라는 인공섬을 만들고 1641년 이곳에 네덜란드 VOC 상관商館을 입주시키는 한편, 쇄국정책의 기조하에 데지마 상관을 유럽과의 유일한 교역 창구로 열어두었다는 것은 널리 알려진 사실이다. 이 데지마에 설치된 상관이 팩토리에 해당하는 시설이다. 네덜란드인들로서는 격리된 협소한 장소에 팩토리를 두는 것이 성에 차지는 않았지만, 워낙 일본과의 교역이 가져다주는 이익이 막대하였기에 거액의 사용료를 내면서 19세기 중반까지 데지마 상관을 유지하였다. 데지마라는 인공섬의 조성 경위도 흥미롭지만, 사실 더욱 흥미로운 것은 일본인들이 데지마 조성 이전인 16세기 중반부터 17세기 초반에

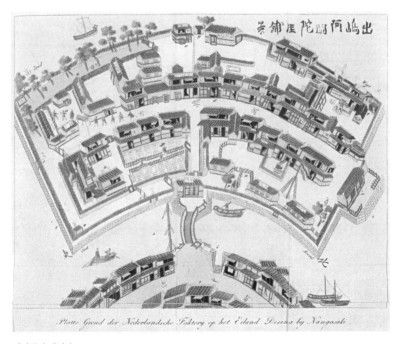

나가사키 데지마.

걸쳐 당시 접근해온 유럽인들에게 보인 인식과 태도였다.

포르투갈과 일본 사이에 가장 먼저 교역이 이루어진 곳은 히라도平戸이다. 히라도의 영주 마쓰라 다카노부松浦隆信는 1550년 예수회 선교사 프란시스코 사비에르Francisco Xavier의 히라도 체재와 선교를 허용하면서 포르투갈 상선의 입항을 유치하였다. 포르투갈 상선의 왕래는 다카노부가 기대한 대로 히라도에 큰 경제적 이득을 가져다주었다. 그러나 기독교 포교로 인한 불교도들과의 마찰로 교회가 불타고 거래 분쟁으로 포르투갈인들이 살상되는 사태가 발생하자, 포르투갈인들은 1562년 입항지를 인근 요코세우라橫瀬浦로 옮겨버린다.

요코세우라의 영주였던 오무라 스미타다大村純忠는 기독교 포교의 자유와 선교사의 안전을 확약하는 한편, 스스로 세례를 받아 일본 최초의 기리시탄 다이묘キリシタン大名(기독교로 개종한 다이묘)가 될 정도로 포르투갈인들에게 호의적이었다. 기독교에 귀의한 스미타다는 완전히 종교에 심취하여 주위의 친지와 가신에게 개종改宗을 강요하기에 이르렀고, 이러한 스미타다의 독단적 행동은 곧 가신과 영민領民들의 반발을 불러일으켰다. 스미타다를 등지는 가신이 속출하고 요코세우라에 건립된 교회들이 습격을 받아 불타는 등 선교사와 선원들의 안전이 위협받게 되자 포르투갈인들은 입항지를 후쿠다우라福田浦로 재차 이전한다.

1565년 10월, 일본인과 유럽인 간에 벌어진 최초의 무력 분쟁으로 일컬어지는 '후쿠다우라 전투'가 발발한다. 후쿠다우라 앞바다에 정박해 있는 포르투갈 선박을 히라도의 영주 마쓰라 다카노부 휘하의 군대가 공격한 사건이다. 마쓰라 일족은 포르투갈인들이 히라도에서의 무역을 거부하고 오무라가의 영지인 후쿠다우라에 입항한 것에 불만을 품고 남만선 南蠻船(포르투갈 무역선)을 공격하는 보복에 나섰으나, 압도적인 포르투갈의 화력 앞에 무릎을 꿇고 패퇴하고 만다. 유럽 세력의 접근을 거부하며 적대적 태도를 보인 곳은 많아도 자신들과 교역을 하지 않는 데에 불만을 품고 공격해온 지역은 일본밖에 없을 것이다. 1570년 스미타다는 더욱 안전한 항구를 찾기 위해 고심하던 포르투갈인들에게 (당시 조그만 어촌에 불과하던) 나가사키를 제공하였고, 이후 나가사키는 유럽과 일본을 연결하는 접점이자 유럽의 문물이 일본으로 유입되는 관문으로서 일본 역사에 큰 의미를 갖는 장소가 된다.

센고쿠시대의 피비린내 나는 투쟁 속에서 규슈 일대의 다이묘들은 군사적·경제적 힘을 기르기 위해 전력을 경주하고 있었다. 이러한 전략적 환경하에서 눈앞에 나타난 포르투갈인들은 배척의 대상이 아니라 어떻게 해서든지 자신의 세력에 결부시켜야 하는 포섭의 대상으로 인식되었다. 그것이 여타 동아시아국과 일본이 가장 대별되는 점이다. 다이묘 간에 기독교 개종을 마다하지 않으면서까지 유럽 세력을 자기 편으로 만들기 위한 치열한 경쟁이 벌어질 정도였다. 오다 노부나가는 유럽 세력과의 통교와 신문물의 적극적 도입을 통해 천하통일의 꿈을 이루려 한 대표적 존재이다. 도쿠가와 이에야스 시대에 접어들어 포르투갈과 에스파냐 등 기독교 포교 세력을 추방하고 일본이 원하는 형태와 방식의 교류에 동의한 네덜란드의 팩토리만 데지마에 남겨두었다. 데지마가 위치한 나가사키는 대對유럽 문물 교류의 관문이자 난학蘭學의 중심지로서 200여 년 동안 일본이 세계를 접할 수 있는 '통로gateway'가 되어주었다.

다행인지 불행인지 조선 땅에는 팩토리가 존재한 적이 없다. 조선과 유럽의 본격적인 접촉 자체가 (벨테브레나 하멜 등 조난에 의해 표착한 경우를 제외하면) 중국이나 일본에 비해 300년이나 늦은 19세기 말에 이루어진 상황에서 팩토리가 한반도의 역사에 자리할 여지가 없었다. 16세기에서 19세기에 걸친 제1차 글로벌라이제이션의 흐름에서 조선은 완전히 초연한 무풍지대로 남아 있었다. 이보다 유럽과의 접촉이 늦고 유럽 문명에 대한 노출 기간이 짧은 지역을 찾기 힘들 정도이다. 그토록 세계와 단절되어 있던 '은둔의 왕국hermit kingdom'이 본격적 산업화를 추구한 지 불과 반세기 만에 세계 10대 무역국이 된 것은 세계사에 기적의 스토리로 남을 만한 것이다.

제14장

순교의 나라

일본과 유럽의 만남을 논함에 있어 빼놓을 수 없는 것이 기독교의 전파이다. 지금은 기독교 신자가 인구의 1퍼센트 정도로 알려져 있는 기독교도 소수국少數國 일본이지만, 역사를 거슬러 올라가면 놀라울 정도로 기독교 전도가 활발했던 나라가 일본이다.

덴쇼소년사절단天正少年使節團

1582년 2월, 예수회 신부 알레산드로 발리냐노Alessandro Valignano의 인솔하에 일본인 소년 4명이 나가사키항에서 마카오로 향하는 포르투갈의 카라크선에 몸을 싣는다. 이토 만쇼, 치지와 미구엘, 나카우라 줄리앙, 하라 마르티노 등 4명의 소년은 로마 교황과 에스파냐·포르투갈 국왕을 알

1586년에 유럽에서 인쇄된 덴쇼
소년사절단 소개 회보.

현하고 일본 선교를 위한 정신적·경제적 지원을 요망하는 사절단으로서
의 임무를 부여받고 있었다. 발리냐노 신부의 발안發案과 오토모 소린大
友宗麟, 오무라 스미타다大村純忠, 아리마 하루노부有馬晴信 등 규슈 지
역 유력 기리시탄 다이묘의 후원으로 파견되는 유럽 방문 사절단이었다.

이들은 인도양과 아프리카 대륙을 두르는 2년 반의 여정 끝에 1584년
8월 리스보아에 도착하여 본격적인 유럽에서의 활동에 나선다. 그해
11월에 에스파냐의 마드리드에 도착하여 펠리페 2세를 알현한 후 지중해
동쪽 로마를 향한 여정을 계속한다. 이듬해 3월 이탈리아반도에 상륙하
여 르네상스의 본고장인 토스카나 대공국의 군주이자 메디치가의 후예인
프란체스코 1세를 알현한 후, 3월 말 꿈에 그리던 로마에 입성한다.

교황 그레고리오 13세는 이들을 반갑게 맞이하고 일본 땅에서 복음
이 전파되기를 축원祝願한다. 교황의 옥음玉音은 소년들에게 신의 목소

교황 그레고리오 13세와 소년사절단.

리나 다름없었다. 공교롭게도 소년사절단을 접견한 지 3주 후 그레고리오 13세가 선종한다. 후임으로 식스토 5세가 새로이 교황에 선출되자, 마침 로마에 머물던 소년사절단도 새 교황의 대관식에 초청되어 참석하는 영광을 누린다. 지구상 가장 동쪽 끝에서 꼬박 3년을 걸려 천신만고 끝에 로마를 방문한 소년들이 겪은 일들은 가히 기적이라 할 만한 것이었다.

동쪽 끝 섬나라에서 온 소년들을 맞이한 것은 웬만한 유럽 왕실 사절에 버금가는 영예와 환대였다. 소년사절단에 대한 융숭한 대접은 당시 유럽인들이 일본의 전략적 가치를 어떻게 인식했는지 잘 보여준다. 일본은 교황청이 공을 들이는 동아시아 선교의 거점이자 이베리아 왕실에 막대한 이익을 안겨주는 중요 교역국이었고, 무엇보다 유럽을 야만인으로 대하는 중국과 달리 말이 통하는 상대였다. 유럽의 세속·종교 권력자들은 소년사절단 방문을 일본과의 관계를 강화할 좋은 기회로 여겼다.

기록상으로 이들이 유럽을 최초로 방문한 일본인은 아니다. 일본을 최초로 방문한 선교사인 프란시스코 사비에르로부터 일본 땅에서 가장 먼저 세례를 받은 사쓰마 출신의 베르나르도(일본명 불명)라는 청년이 1552년 사비에르를 따라 인도의 고아로 이주한 뒤, 1553년 리스보아에 도착하여 예수회 수도사로서 현지에 정착한 것이 최초로 유럽 땅을 밟은 일본인으로 알려져 있다. 1543년 포르투갈인들이 일본 땅을 밟은 지 꼭 10년 만에 일본인이 그 길을 반대로 거슬러 유럽 땅을 밟았으니 꽤나 빠른 속도로 양방향의 교류가 이루어진 셈이다.

베르나르도는 유럽에서 생을 마쳤지만, 소년사절단은 1590년 왔던 길을 거슬러 일본으로 돌아왔다. 나가사키를 떠날 때 13~14세였던 소년들이 다시 일본 땅을 밟았을 때에는 20세를 훌쩍 넘은 청년이 되어 있었다. 이로써 소년사절단은 유럽과 일본을 왕복한 최초의 일본인이 되었다. 8년이라는 긴 세월 동안 유럽을 비롯한 세계 각지의 사정을 보고 듣고 느낀 후 다시 고국 땅을 밟는 이들의 심정은 이루 말할 수 없는 감격이었을 것이다.

기리시탄시史

'기리시탄'이란 기독교도Christian를 의미하는 일본의 역사적 용어이다. 한자로는 '吉利支丹' 또는 '切支丹'으로 표기하며, 현대에는 가타가나 'キリシタン'으로 표기하는 것이 일반적이다.

일본인들은 20세기 이전 일본의 기독교 역사를 '기리시탄시史'라고 부른다. 이 기리시탄의 역사는 크게 보아 3기로 구분할 수 있다. 1549년 프란시스코 사비에르에 의해 일본에 최초로 기독교가 전래된 이후 1587년 도요토미 히데요시가 사제司祭 추방령을 내리기까지의 초기 도입기를 제1기, 도요토미 정권과 도쿠가와 막부의 금교령禁敎令 발령 이후 무자비한 박해와 탄압으로 기독교 전파가 엄격히 통제된 시기를 제2기, 메이지 정부의 등장으로 1873년 금교령이 폐지되고 기독교가 근대화의 관점에서 새롭게 수용되는 시기를 제3기라고 할 수 있다.

이 중 서구 역사가들의 특별한 관심을 끄는 시기가 제1기에 해당하는 초기 기독교 도입기이다. 이 시기의 일본은 포르투갈인들이 동방 항로 개척 과정에서 진출한 그 어떤 지역보다도 현지 세력과의 소통과 기독교 전파가 용이했기 때문이다. 일본에서는 금교禁敎에 대비되는 의미로 '허교許敎시대'라고 부르기도 한다.

이 시기의 일본은 포교의 문이 열려 있었다. 선교사들이 처음 도착한 규슈 일대는 포교의 천국이었다. 기독교로 개종한 이른바 '기리시탄 다이묘'들이 우후죽순처럼 늘어났고, 선교사가 주재하던 거점 포교지는 기독교도와 예배당으로 넘쳐났다. 선교사들이 일본 사역 활동을 기록하여 교황청에 보고하던 연보年譜에는 16세기 후반 기독교 전파가 가장 활발했던 지역의 하나인 아리마有馬(지금의 나가사키현)의 모습에 대해 "성城밖 마을 일대에는 교회와 세미나리오(초급신학교)가 설립되어 있다. 교회의 존재를 알리는 화려한 깃발이 나부끼는 거리에는 세미나리오의 학생들이 오르간 반주에 맞춰 찬송가를 부르며 행진하고 있다"고 기술하고 있다. 또 다른 선교 중심지였던 아마쿠사天草(지금의 구마모토현)의 경우 인구의 3분의 2에 해당하는 2만 3000명이 기독교 신자였고, 60명이 넘는 신부가 30곳이 넘는 교회를 배경으로 활동하고 있었다는 기록도 있다.

천주교 의식을 거행하는 서양인 사제와 일본인들. 일본 다이묘들은 무역의 이익을 얻기 위해 천주교를 수용하였다.

1570년대에는 정치·경제의 중심 긴키近畿(교토와 오사카 일대) 지역까지 기독교 세력이 널리 퍼진다. 실권을 잡은 오다 노부나가의 비호하에 천황이 거주하는 교토에 '난반지南蠻寺'라고 불리는 3층 건물의 대형 교회당이 건립되고 선교사들이 공공연히 포교 활동에 종사했다. '일본의 로마'로 불리던 나가사키에서는 수십 개의 교회에 주일과 축일마다 신자들이 넘쳐나 사제들이 하루에 여러 곳을 방문하여 쉴새없이 미사를 집전해야 했다는 기록도 있다.

1580년대에는 체계적인 기독교 포교를 위해 아리마에 세미나리오가 설립되었고, 이어 후나이府內(지금의 오이타大分현)에 콜레지오(고등신학교)가 설립되었다. 신학교는 기독교 문화의 정수라 불린다. 체계적으로 이론화된 신학 교육과 유능한 사제 양성을 위한 제도적 토대이기 때문이다. 앞에서 설명한 소년사절단 단원들도 세미나리오의 학생들 중에서 선발되었다.

이들 신학교에서는 유럽 문명의 기초인 자연과학 교육과 기술 교육이

일본 기리시탄들이 사용한 책. 예수회 선교사들은 마카오에서 활판 인쇄기를 도입해 각종 교재를 출간하였다.

시행되고, '기리시탄판版'으로 불린 유럽 활판 인쇄 번역 성서와 교재가 간행되었다. 세미나리오와 콜레지오는 일본인들이 기독교의 신인 야훼뿐만 아니라 유럽 문명을 받아들이는 통로로서의 의미도 있었다.

일본의 기리시탄 역사 연구자들은 기독교가 전파된 지 30년 만에 기독교 신자가 20만 명에 육박했고, 막부의 본격적 탄압과 박해로 신자들이 수면 밑으로 숨어들기 전인 17세기 초반 시점에 규슈와 서西일본 일대에 최소 30만 명 이상의 신자가 있었던 것으로 추정한다.*

당시 일본이 포교의 천국이었다는 것은, 반대로 포교가 금지된 이후 박해를 받아 순교한 사제와 신자들의 수에 의해 더욱 극명하게 드러난다. 연구자들은 1597년 최초의 공식 박해로 기록된 이른바 나가사키 '26성인 순교사건' 이후 250년간 지속된 막부의 가혹한 박해로 목숨을 잃은 유명·무명의 희생자를 모두 합하면 순교자가 4만~5만 명에 이른다고 주장한다. 이 정도 규모의 순교자가 있는 나라는 드물다. 일본은 '순교자의 나라'로 유럽 각국에 알려져 있을 정도이다.

에도시대 전반에 걸친 집요한 탄압으로 많은 관련 기록들이 소실되기는 하였으나, 기독교가 당시 일본 사회에 단기간 내에 깊숙이 침투되었다는 데에는 역사가들 사이에 이견이 없다. 인도, 동남아, 중국 등 여타 아시아 지역과 비교하면 일본의 기독교 수용 양상은 예외성(또는 의외성)이 더욱 두드러진다고 할 수 있다. 이러한 예외적 현상은 일본인들이 특별히

---

* 신자의 수가 70만 명에 달했다는 견해도 있으나, 모두 추정일 뿐 명확한 기록이 있는 것은 아니다.

기독교 교리에 감화되기 쉬운 민족성이어서 그랬던 것은 아닐 것이다. 만약 그랬다면 종교의 자유가 인정되는 현대 일본에서 기독교 인구의 비중이 고작 1퍼센트 대에 머무르지는 않을 것이다. 16세기 중반 이후 나타난 급격한 기독교 확산은 신앙의 내면적 수용이라는 종교적 측면을 넘어서는 정치경제적 동인動因에서 그 이유를 찾을 수 있다.

사비에르의 도일渡日과 초기 기독교 전래

일본의 기독교 전파는 1549년 8월 15일 예수회 선교사 프란시스코 사비에르의 사쓰마 상륙을 기점으로 한다. 당시 인도의 고아를 거점으로 선교 활동에 종사하던 사비에르는 인도 포교에 큰 절망감을 느끼고 중국으로 시야를 돌리던 차였다. 말라카에 머무르며 중국 진출 기회를 엿보던 사비에르는 그곳에서 사쓰마 출신의 '안지로'와 조우한다. 안지로는 일본에서 죄를 저지르고 해외로 도피하였다가 포르투갈 선교사를 만나 세례를 받고 기독교로 개종한 일본 최초의 기독교인으로 알려져 있다. 안지로한테서 일본의 사정을 전해들은 사비에르는 계획을 수정하여 일본으로 행선지를 돌린다.

안지로를 비롯한 동료 수사修士 일행과 사쓰마에 도착한 사비에르는 히라도平戸, 야마구치山口를 거쳐 1551년 교토로 향한다. 해당 지역의 지배자를 기독교 우호 세력으로 포섭하여 포교 활동을 우선적으로 허가받는 것이 당시 예수회 선교사들의 선교 전략이었다. 사비에르가 석 달간

일본에 최초로 기독교를 포교한
예수회 신부 사비에르.

의 여행 끝에 어렵사리 도착한 교토는 오닌의 난應仁の亂 이래의 혼란으
로 수도로서의 위용을 잃은 지 오래였다. 도성 곳곳에 전란의 상처가 남
아 있고, 천황이나 쇼군은 폐허로 변한 궁성이나 거소 하나 제대로 수리
할 여력이 없었다. 천황이나 쇼군의 무력함을 파악한 사비에르는 지방 유
력 다이묘를 지지 세력으로 포섭하는 것이 급선무임을 깨닫고 히라도로
복귀한다.

　교토 방문이 완전히 성과가 없었던 것은 아니다. 사비에르는 교토 방문
길에 사카이堺의 대상인들과 인연을 맺고 그들을 포섭하는 데에 성공한

다. 히비야 료케이日比屋了珪, 고니시 류사小西隆佐 등이 대표적 인물이
다. 이들은 숙식을 제공하고 도성 안 유력자와의 만남을 주선하는 등 사
비에르 일행을 돕는 과정에서 자연스럽게 기독교에 관심을 갖게 된다.

막강한 금력金力을 보유한 대상인이라도 신분제하에서 사회적 지위는
높지 못하였다. 무가武家나 불가佛家가 전제적專制的 권력을 행사하는
신분제에 대한 불만과 서양과의 교역을 통한 경제적 이익을 내다보는 비
즈니스 감각이 상인들의 기독교에 대한 관심과 호의의 배경에 자리하고
있었다. 그런 만큼 상인 계층은 선교사들의 조력자이자 기독교 포교의 지
지 세력이 될 잠재력이 큰 계층이었다.

여담이지만, 고니시 류사는 교토 최초의 기독교 신자라 불리며 긴키 일
대의 초기 기독교 보급에 크게 기여한 인물로, 임진왜란 당시 조선 침공
의 선봉을 맡았던 고니시 유키나가小西行長가 그의 차남이다.

기리시탄 다이묘의 등장

교토에서 히라도로 일단 복귀한 사비에르는 지방 유력 다이묘를 포섭할
기회를 엿본다. 그때 사비에르의 레이더에 포착된 것이 기타北규슈 동부
일대를 장악하고 있던 분고豊後의 오토모大友 가문이었다.

분고의 오토모 일족은 15세기 후반 이래 대외무역으로 부를 축적하며
규슈 패자覇者의 자리를 넘보고 있었다. 분고는 고품질 유황이 생산되는
곳이었다. 유황은 흑색화약을 제조하는 데 필수 재료이다. 오토모 가문은

15세기 말 이래 중국 조공용 유황을 막부에 헌상하고 있었다. 16세기 초반 밀무역이 성행하자 오토모 가문으로서는 중국 동남 해안 일대의 화약 생산자들과 직접 거래하는 것이 훨씬 이득이 커지게 되었다. 포르투갈에 의한 뎃포 전래는 유황의 가치를 크게 높였고, 이는 오토모 가문에게 일대 전략적 환경 변화를 의미했다. 경쟁 다이묘들과의 대립이 격화되는 가운데 오토모 가문은 대외무역이 가져다주는 경제적 잠재력을 실현하기 위해서라면 중국 왜구나 포르투갈 상인 등 어떤 세력과도 손을 잡을 준비가 되어 있었다.

1551년 9월 사비에르는 포르투갈 상선이 분고에 입항하였다는 소식을 듣고 영주인 오토모 요시시게大友義鎭*를 찾는다. 불과 1년 전 내부 권력 투쟁 끝에 영주의 자리에 오른 요시시게는 부국강병에 강한 의욕을 갖고 있었다. 그는 포르투갈 상인들이 사비에르에게 경의를 표하고 복종하는 모습을 보고 선교사의 이용 가치에 대한 인식을 새로이 한다. 요시시게는 사비에르에게 오토모 영내에서의 포교를 허락하는 한편, 사비에르를 통해 포르투갈과 무역을 하기를 희망하였으나, 사비에르가 두 달 후인 11월 일본을 떠남에 따라 요시시게의 구상은 결실을 맺지는 못하였다.

결과가 어찌되었건 요시시게의 선교사관觀은 이후 여타 규슈 다이묘들 사이에 공유된다. 부국강병의 관점에서 기독교를 수용(또는 이용)하고 종국에는 스스로 기독교 신자가 된 오토모 요시시게, 오무라 스미타다, 아

---

* 불교식 법명인 오토모 소린宗麟으로 불리기도 한다.

리마 하루노부 3인은 규슈 3대 기리시탄 다이묘로 알려져 있다.

약육강식의 냉엄한 생존 환경에 노출되어 있던 규슈 다이묘들은 포르투갈 세력과의 통교를 새로운 무역 이익을 획득하기 위한 절호의 기회로 인식하였고, 선교사들을 그 실현을 위한 열쇠로 보았다. 이들은 종교 자체보다도 '남만무역', 즉 포르투갈과의 (중국과의 중계무역을 포함하는) 교역 관계 구축이라는 관점에서 선교사의 이용 가치에 주목하였다. 반대로 포르투갈 입장에서는 무역 이권을 이용하여 다이묘를 포섭하려 하였으니 둘 사이의 이해관계가 이보다 더 잘 들어맞을 수는 없었다.

가장 먼저 남만무역의 기회를 잡은 것은 히라도였다. 히라도는 일찍부터 중국의 상인과 왜구들이 드나들던 일본 무역 거점이었다. 1550년 사비에르는 포교를 불허한 사쓰마를 떠나 히라도로 거처를 옮긴다. 다국적 상인과 해적들이 발을 들이던 히라도에서 새로운 종교 유입은 그리 큰 문제가 아니었다. 히라도의 영주 마쓰라 다카노부는 종가宗家에 해당하는 오토모 가문의 승낙을 얻어 사비에르의 포교를 허용한다. 이것이 계기가 되어 1553년부터 1561년까지 매년 포르투갈 상선은 히라도를 방문한다. 히라도는 포르투갈과의 교역으로 흥성하였고, 이는 곧 주위의 경쟁 다이묘들을 자극하였다.

독실한 불교신자인 마쓰라는 현실적인 이유로 기독교 포교를 허용하기는 했지만, 기독교에 호의적이지 않았다. 히라도 주민들의 민심도 편하지 않았다. 기독교도들에 의한 불상佛像과 묘비의 훼손 등이 잇따르고, 이에 대한 불교도들의 불만이 고조되어 종교 갈등이 심화되자 마쓰라는

1558년 히라도에 주재하던 예수회 사제 가스파르 빌렐라Gaspar Vilela를 추방한다.

포르투갈 상인들이 선교사가 주재하지 못하는 상황에 불안감을 느끼던 차에, 설상가상으로 1561년 포목품 거래를 둘러싼 분쟁으로 포르투갈 상인과 일본인 상인 간에 살상사건이 발생한다. '미야노마에宮ノ前 사건'으로 알려진 포르투갈-일본인 간 최초의 유혈 충돌 사건이다. 문제를 일으킨 일본인들이 제대로 처벌되지 않자 포르투갈 상인들은 일본교구장 코스메 데 토레스 신부와 상의하여 무역 포스트를 히라도에서 다른 곳으로 옮기기로 결정한다.

이때 새로운 장소 물색 임무를 맡은 루이스 데 알메이다Luís de Almeida를 적극적으로 포섭하고 나선 것이 나가사키 일대를 영지로 삼고 있던 오무라 스미타다이다. 오무라는 기독교 포교 허용과 선교사의 안전을 확약함으로써 포르투갈 상선의 영지 내 입항入港을 유치한다. 오무라는 토레스 신부와의 관계를 더욱 돈독히 하기 위해 이듬해 스스로 기독교로 개종하고 '바르톨로메오'라는 세례명을 받아 일본 최초의 기리시탄 다이묘가 된다. 기리시탄 다이묘 탄생의 배경에는 이처럼 물고 물리는 다이묘 간의 긴박한 생존경쟁이 있었다. 세속적 이익을 매개로 정치 권력자의 후원을 얻자 기독교는 빠른 속도로 기층민 사이에 퍼져나갈 수 있었다.

제15장

항구의 나라

사방이 바다로 둘러싸인 섬나라 일본은 하늘길이 열리기 전까지 외부 문명과의 접촉이 바다를 통해 이루어졌다. 필연적으로 바닷길 출입구에 해당하는 항구의 의미가 남다를 수밖에 없다. 그러한 의미에서 일본은 '항구의 나라'이기도 하다. 항구의 역사를 들여다보면 일본의 역사를 음미할수 있다. 각 역사 발전 단계에서 어떠한 문명이 어떻게 유입되고 어떠한 영향을 미쳤는지, 일본의 항구들은 그 기억을 잘 간직하고 있다. 외부와의 접촉을 통해 경제, 기술, 문화 제반 측면에서 여타 지역의 우위에 서게 되는 항구 지역은 권력자들에게는 가장 중요한 전략 요충지로서의 의미가 있다. 발달된 외부 문명과의 연계를 확보할 수 있는 항구를 지배하는 자는 일본을 지배할 수 있었다. 이러한 의미에서 항구는 일본 역사의 수레바퀴를 굴리는 원동력이기도 하다.

고대 한반도 교류 창구 '나니와'

가장 먼저 두각을 나타낸 것은 일본 제2의 도시이자 최대 항구인 오사카大阪이다. 오사카의 옛 이름은 '나니와(難波, 浪速, 奈尔波 등 다양한 한자 표기가 있다)'다. 나니와는 일본의 고대사古代史에서 대對한반도 교류 창구라는 의미가 있다. 당시 일본은 한반도로부터의 문물 전수에 국가 발전을 크게 의존하고 있었다. 도래인渡來人들은 야마토大和 정권이 국가 체계를 확립하는 데 없어서는 안 될 존재였다. 한반도인들이 야마토 정권의 핵심부인 나라奈良 일대에 도달하기 위해서는 배를 타고 규슈를 거쳐 세토 내해內海에 진입하여 나니와에 상륙한 후, 육로로 이동하는 것이 가장 시간과 불편을 줄일 수 있는 경로였다. 이 길은 조선통신사들이 이용한 길이기도 하다.

7세기 이후 선진 문물 도입을 위해 중국에 파견한 견수사遣隋使나 견당사遣唐使가 출발지로 삼은 곳도 나니와 인근 스미요시住吉였다. 세토 내해의 동쪽 끝이자 태평양 측 연안에 위치하여 대륙과 한반도에서 멀리 떨어져 있고 교통도 불편할 것처럼 보이지만, 당시 뱃길이 가장 효율적인 교통로였다는 점과 나라와의 지리적 접근성 등을 감안할 때, 나니와의 지정학적 중요성은 아무리 강조해도 지나치지 않다. 야마토 정권이 나라분지 일대에 도읍을 잡고 그 주위를 맴돈 사정도 대외교류 창구인 나니와 일대와의 연계를 의식하는 전략적 판단에 따른 것이라는 견해도 있다.

특이하게 몇몇 시기에는 아예 나니와로 수도를 이전한 경우도 있었다.

견당사선은 오사카 스미요시 다이샤住吉大社에서 바닷길의 안전을 기원하는 제를 올린 뒤, 나니와에서 출발하였다.

『일본서기日本書紀』에는 제16대 닌토쿠仁德 천황이 나니와에 다카쓰궁高津宮을 조성하여 도읍으로 삼는 한편, 일대의 하천과 제방을 정비하고 농경지를 넓히며 선정善政을 폈다는 기록이 있다. 『일본서기』의 왕조 연대를 기계적으로 서력西曆 환산하면 4세기 초반에 해당하는 시기이다. 어지럽게 흘러내리는 하천이 뒤엉켜 사구砂丘와 갯벌로 이어지던 하구河口 지형의 나니와를 바다 진출입과 인간 거주에 용이한 곳으로 탈바꿈시키는 인위적 개척이 본격적으로 시작된 것은 이 시기부터이다.

제36대 고토쿠孝德 천황 재위기(645~54년)에 나니와는 다시 한번 도읍이 된다. 고토쿠 천황은 일본 율령제의 기틀을 다진 다이카개신大化改新으로 알려진 인물이기도 하다. 천도의 상징인 나니와궁의 유적이 현재 오사카성城 공원 남쪽에 해당하는 지역에 남아 있다.

나니와로 천도가 이루어진 시기는 일본과 한반도(및 대륙)의 관계가 큰 분기점을 이루는 시기들과 겹친다. 4세기 초반은 일본과 한반도 간의 교류가 본격화되는 시기로, 이후 일본 정세는 한반도 정세에 의해 직·간접적인 영향을 받게 된다. 4세기 후반 광개토대왕의 남진南進정책으로 한반도 정세가 요동치자, 일본과 한반도의 교류도 정도와 규모를 더해간다. 야마토 조정은 백제와 밀착된 동맹관계를 유지하였고, 이에 따른 인적·물적 교류가 크게 증가하였다. 이 시기에는 중국과의 외교관계도 활발해져, 당시 야마토 정권은 남북조시대의 동진東晉, 송宋, 제齊, 양梁 등에 총 12차례에 걸쳐 사신을 파견해 국교 수립에 나선 것으로 기록되어 있다.

7세기에 접어들어 동아시아 정세는 다시 큰 변혁기를 맞는다. 중국 대륙에서는 당唐이 건국(618년)되었고, 한반도에서는 백제 멸망(660년), 고구려 멸망(668년), 신라의 당 축출과 삼국통일(676년), 발해 건국(698년) 등 일본의 대외관계에 절대적 영향을 미치는 환경 변화가 있었다.

당시 야마토 조정으로서는 동맹관계, 적대관계, 그리고 내부 권력관계에 유의하며 인원·물자의 대외 유출입을 통제하는 것이 큰 과제가 되었다. 야마토 조정은 백제 멸망 후, 일본에 체재하던 백제 왕자 부여풍扶餘

豊에게 5000명의 호위병을 제공하여 귀국을 지원하고, 663년에는 2만 명이 넘는 병력을 출병시켜 백제·왜 연합군을 구성하여 나당 연합군에 맞선다. 이른바 '백촌강 전투'로 알려진 국제전이다. 기타北규슈 지역이 도해渡海의 전초기지가 되었으나, 야마토 조정이 국가적 차원에서 군사 자원을 동원하여 나설 때 기점으로 활용된 곳이 나니와였고, 고구려와 백제의 멸망 후 대량의 유민(주로 백제계)이 유입된 곳도 바로 이곳이었다.

나니와는 고대 시기 부도副都 또는 수도로 기능한 정치 중심지였고, 이러한 지위는 외부 교류, 특히 대對한반도 교류 창구라는 입지에서 비롯된 측면이 있다. 지금도 오사카에는 이러한 영향으로 구다라다이지百済大寺, 구다라오진자百済王神社, 구다라가와百済川, 구다라바시百済橋, 고라이초高麗町, 고라이바시高麗橋 등 한반도 유래 유적지나 지명이 많이 남아 있다. 나니와는 9세기 이후 한반도와의 연계가 약해지면서 정치 중심지로서의 의미는 퇴색되었지만, 그 위상을 바탕으로 인근 와타나베쓰渡辺津(오사카시의 요도가와淀川 하구에 위치한 항만)에 항구 인프라가 형성되면서 오사카만灣 일대가 서일본의 물산 집산지로 기능하는 토대가 마련된다.

중국 무역 관문 하카타

지금의 후쿠오카福岡시에 해당하는 하카타博多는 옛날부터 외교·국방상의 요충지이자 한반도 및 중국과 교류하는 관문으로서 중시된 해상교통 요지이다. 견당사 폐지 이후 소강상태를 보이던 일본의 대중對中관계는

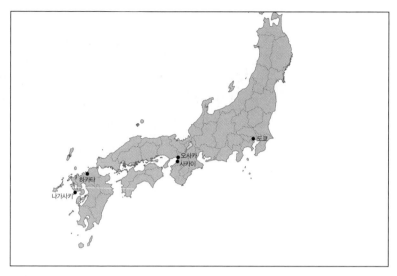

근세기 일본의 주요 항구.

11세기 이후 송宋과의 교역이 활발해지면서 활기를 되찾는다.

　하카타는 대송對宋 교역의 중심지였다. 하카타에는 수많은 송나라 상인들이 무역선단을 꾸려 왕래하였고, 이를 계기로 중국인 거리가 조성되고 중국식 사찰과 건물이 건축되는 이국적 풍경의 국제화된 도시로 변모한다. '강수綱首'라 불린 송 상인들은 당방唐房이라 불리는 거주지에 체류하며 하카타의 유력 상인·호족·승려 등과 긴밀한 유대관계를 구축하였고, 이를 통해 송의 문물이 일본으로 대거 유입된다. 만두, 우동, 소바 등 오늘날 일본인들이 즐기는 먹을거리도 이 시기에 하카타를 통해 중국에서 유입된 것으로 알려져 있다.

하카타는 몽골 침략 당시 원元·고려 연합군의 상륙 지점이었다. 하카타에 진을 친 쇼니 가게스케少貳 景資 군대(〈몽고습래회사蒙古襲来絵詞〉 전권前巻, 회絵2).

　13세기 이후 원元·고려 연합군 침공, 왜구 발흥 등으로 침체하던 하카 타의 대외무역은 14세기 후반 다시 활기를 띠기 시작한다. 무로마치 막부 의 3대 쇼군 아시카가 요시미쓰足利義滿는 규슈에서 세력을 확장하던 다 이묘 세력을 제압하고, 1401년 명明나라에 조공무역을 청하는 사절단을 파견한다. 고이토미肥富라는 하카타의 상인이 대명무역의 물꼬를 트는 데 기여한 것으로 알려져 있다. 명과의 사무역(또는 밀무역)에 종사하던 하 카타 상인들은 중국에서 생사生絲를 들여오면 20배의 이문을 남길 수 있 으며, 일본의 동銅을 중국에 가져가면 4~5배의 가격에 팔린다는 것을 알 고 있었다. 고이토미는 대명무역이 가져다주는 막대한 이익을 쇼군에게 진언했고, 막부의 권력 강화에 골몰하던 요시미쓰로서는 명과의 무역에 구미가 당길 수밖에 없었다. 고이토미는 1401년 최초의 견명선遣明船에

부사副使로 승선하여 중국으로부터 조공무역 허가를 얻어내는 데도 직접 참여하였다고 한다. 상인들은 성사부터 실행에 이르기까지 대명무역의 실질적인 주역이었다.

이때의 대명무역을 명 조정의 공인을 상징하는 감합부勘合符를 사용하였다는 의미에서 '감합무역'이라고 한다. 일본의 감합무역은 조선의 대명무역과 성격을 달리하는 부분이 있다. 조선의 대명무역이 사대관계 수립이라는 외교적 고려에 1차적 목적이 있었다면, 일본의 감합무역은 권력유지에 부심하던 막부의 무역 권익 확보와 그를 통한 권력 기반 강화라는 국내 정치·경제적 동기가 컸다. 무역이 가져다주는 막대한 이익을 목도한 막부로서는 다이묘, 상인, 왜구 등 사적 행위자들의 사무역을 규제하고 무역 이익을 최대한 점유하기 위해 대중국 무역을 독점할 수 있는 방책이 필요하였던 것이다.

하카타의 상인들이 중국, 조선, 류큐 등지와의 무역을 통해 막대한 부를 축적하면서 하카타의 위상도 변화한다. 하카타는 일본 역사상 최초의 자치自治도시로 알려져 있다. 중세 유럽의 자치도시처럼 자체 방어력과 주변 영주와의 계약에 의해 제도적으로 보장되는 강력한 자치권은 아니었으나, 소정의 세금을 납부하면 상인 협의체가 자치 규약에 따라 민생·치안·분쟁해결 등 행정·사법에 해당하는 일부 권한을 행사할 수 있었다. 이는 대외교역을 통해 막대한 부를 축적하면서 정치적 보호자를 필요로 하는 상업 세력과 권력 강화를 위해 그들을 포섭할 필요가 있었던 정치 세력 사이에 긴장과 협력의 이중관계가 형성되었음을 의미한다. 오우치

大內, 오토모大友, 모리毛利, 류조지龍造寺, 시마즈島津 가문 등 유력 다이묘들이 규슈 패권을 추구하는 과정에서 하카타를 손에 넣기 위해 치열한 경쟁을 벌였다. 하카타를 접수한 다이묘들은 상인들의 자치를 용인하고 부국강병 관점의 협업관계를 구축하는 실리를 취하였다.

전국시대 패권을 좌우한 사카이

하카타를 중심으로 전개되던 감합무역은 또 다른 무역항인 사카이堺의 성장을 불러온다. 사카이는 지금의 오사카부府 중남부에 위치한 항구도시이다. 사카이는 세토 내해의 항로를 따라 도달할 수 있는 동쪽 끝이다. 그 이상 배가 동쪽 태평양 연안으로 항해하는 것은 당시의 기술로는 어려운 일이었다. 한반도와 중국에서 출발한 배는 자연스럽게 사카이에서 항해를 마감한다. 많은 도래인들의 상륙지였던 탓에 사카이에는 도래인들의 흔적이 많이 남아 있다. 한반도(특히 가야)에서 유래한, 스에키須惠器라 불리는 도질토기陶質土器 등이 대표적 예이다.

사카이에는 일찍부터 가와치이모지河內鑄物師라 불린 철장鐵匠들이 자리를 잡기 시작했다. 이 또한 도래인들이 남긴 유산으로 추정된다. 규슈와 서일본 일대에서 채취된 철이 뱃길을 타고 사카이로 운송되어오면, 사카이의 철장들이 발달된 야금술冶金術로 각종 철제 도구를 제작하여 일본 전역에 유통시켰다. 대형 범종 등 고도의 기술을 요하는 주물품이 사카이에서 전문적으로 제작되었고, 사카이에서 제작된 도검刀劍류는 혜

이안平安시대부터 그 우수함이 무가 사이에 정평이 나 있었다.

15세기 이전까지 사카이는 상업항구로서의 의미는 크지 않았다. 14세기까지는 물동량이 크지 않은 포구에 불과했으나, 15세기 들어 급격한 발전을 거듭하면서 16세기에는 서西일본 최대의 무역항이자 상공업 중심지로 성장하게 된다. 사카이는 '堺'라는 지명에서도 알 수 있듯이 간사이關西 일대를 종횡으로 연결하는 육로가 지나는 교통요지이다. 해로와 육로가 만나는 물류 허브로서의 잠재력이 큰 곳이었고, 감합무역은 그 잠재력을 현실화하는 계기가 되었다.

감합무역은 견명선遣明船이라 불린 무역선을 통해 이루어졌다. 척당 100~150명이 탑승하는 대형선박 7~8척이 선단을 구성하여 파견되는 대규모 무역사절단이다. 견명선은 당초 막부가 직접 경영하였으나, 오닌의 난(1467~77년) 이후 막부의 약체화와 재정난으로 인해 점차 유력 다이묘, 사찰 등이 운영 주체로 나서게 된다. 사카이를 비호하는 호소카와細川 가문과 하카타를 비호하는 오우치大內 가문은 견명선 운영을 통해 세력을 확장한 대표적 다이묘들이다. 견명선에는 하카타 또는 사카이의 상인들이 동승하여 공무역에 수반된 공인公認 사무역을 수행했다. 막부는 이들에게 수입물품 가액의 10분의 1에 해당하는 금액을 추분전抽分錢이라는 명목으로 징수하였고, 이는 재정난으로 빈사 상태에 빠져 있던 막부에 가뭄의 단비 같은 존재였다.

오닌의 난 이후 사카이는 기존의 효고兵庫를 대체하여 견명선의 모항母港이 된다. 견명선이 발착發着하는 거점이 되면서 사카이는 대명무역의 수혜를 독식하다시피 하며 상업 중심지로 급성장한다. 이즈음 막부는 추분전을 견명선 출항 전에 정해진 액수를 미리 내도록 하는 선납제로 변경하고, 그 징수 사무를 사카이 상인들에게 위임한다. 이로 인해 사카이 상인들이 실질적으로 견당선의 승선자를 결정하는 권한을 행사하게 되었고, 대명무역항으로서의 사카이의 위상은 더욱 공고해진다.

16세기에 들어 최대 무역항으로 번성하게 된 사카이는 하카타와 마찬가지로 자치도시로서의 지위를 누리고 있었다. 명목상의 지배자는 있지만, 에고슈會合衆라는 대상인 회의체가 도시의 주요 사항을 자체적으로 결정하는 체제였다. 사카이의 상인들은 외부 침입 방어를 위해 도시 주변에 해자垓字를 조성할 정도로 자치에 대한 의식이 높았다. 무가武家나 대사찰 등 특권 계급이 아닌 상인들이 자체적으로 호濠를 파고 외부 침략의 방비防備에 나선 것은 일본 역사에서도 희소한 사례이다. 일본에서는 사카이를 호가 둘러싼 도시라는 의미에서 환호도시環濠都市라고 부르기도 한다.

16세기 중반 사카이를 방문한 포르투갈 선교사 가스파르 빌렐라는『야소회사일본통신耶蘇會士日本通信』에서 "사카이는 거리가 매우 광대하며 많은 대상인들이 있다. 이곳은 베네치아처럼 집정관執政官에 의해 다스려진다"고 기술한 바 있다. 사카이가 '동양의 베네치아'가 된 셈이다.

16세기 중반 포르투갈 세력의 일본 진출 이후 사카이의 전략적 중요성은 한층 높아진다. 이 시기에는 감합무역이 폐지되고 포르투갈-일본-중국을 연결하는 삼각무역이 동중국해 일대에서 전개되는데, 사카이 상인

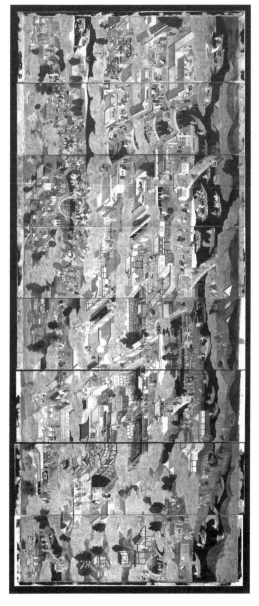

도요토미 정권 때의 오사카-사카이의 번영을 그린 〈풍신기대판도병풍도豊臣期大阪圖屛風〉.

들은 누구보다 재빠르게 이러한 환경 변화에 적응한다. 사카이 상인들은 포르투갈인들에 의해 반입된 핵심 전략물자인 뎃포를 남들보다 앞서 국산화하여 생산하는 한편, 히라도, 나가사키 등 남만무역항에 자체 유통망을 구축하여 남만철, 화약, 탄환, 면포 등 뎃포 운용에 필요한 전략물자를 서일본 일대에 공급한다. 센고쿠시대 다이묘들 간의 치열한 생존경쟁 속에서 사카이의 뎃포와 전략물자들은 날개 돋친 듯 팔려나갔고, 사카이는 일본 최대의 상업도시이자 무역항으로 번성 가도를 달린다.

사카이의 운명은, 사카이의 전략적 중요성을 간파한 오다 노부나가가 사카이에 눈독을 들이면서 일변한다. 뎃포와 도검류의 최대 생산지인 사카이는 단순한 상업도시 또는 무역항을 넘어 군수軍需도시이기도 했다. 사카이를 손에 넣는 것은 무기고와 금고를 동시에 채우는 것과 마찬가지였다.

1568년 오다 노부나가는 아시카가 요시아키足利義昭의 쇼군 옹립에 공을 세운 대가로 교토 일대를 관할하는 간레이管領 취임을 제안받는다. 노부나가는 이를 사양하고, 대신 구사쓰草津, 오쓰大津와 함께 사카이를 자신의 관할지로 양허해달라고 요구해 이를 관철시킨다. 다른 다이묘들이 높은 관직을 탐할 때 부국강병 관점에서 실리를 취한 노부나가의 전략적 안목이 돋보이는 대목이다.

사카이를 관할지로 삼은 노부나가가 2만 관(현재 가치로 수백억 원에 상당)의 군자금을 사카이에 부과하자, 사카이의 상인들은 납부를 거부한다. 상인들이 오히려 해자를 깊게 파고 야구라櫓(방어용 건물)를 세우는 등 항전의 뜻을 내비치자, 노부나가는 기다렸다는 듯이 1만의 군사를 보내 무력으로 사카이를 제압한 후, 고율의 세금 징수와 자치권 박탈로 명령 불복을 응징한다. 기존의 세력 균형이 유지되고 있었다면 기득권을 양해받을 여지가 있었을 것이나, 쇼군도 어찌 할 수 없는 강력한 힘을 보유한 노부나가가 마음을 먹은 이상 사카이가 자치를 유지할 방도는 없었다. 사카이가 가져다주는 금력과 무력을 손에 넣은 노부나가는 달리는 말에 날개를 단 듯 천하통일을 향해 본격적으로 질주할 수 있었다.

제16장

국제무역항 나가사키

도쿠가와 막부가 열린 후 일본은 센고쿠시대의 무력 투쟁과 혼란의 시대를 넘어 점차 안정을 되찾는다. 하극상이 난무하던 난세亂世를 뚫고 천하를 차지한 도쿠가와 막부는 수단과 방법을 가리지 않고 통치력을 공고화하기 위해 일대 국가개조작업에 착수한다. 그러한 작업의 핵심에는 막부의 대외통교對外通交 독점정책이 있었다.

16세기 일본의 통일 과정은, 부국강병을 위해 누가 외부와의 통교를 보다 유효하게 활용하느냐의 경쟁이라고 해도 과언이 아니었다. 특히 유럽 세력의 등장은 대외통교의 전략적 의미를 근본적으로 바꾸었다. 그들의 신문물과 신무기를 가장 먼저 입수할 수 있는 규슈 지방의 전략적 중요성도 더욱 커졌다. 시대의 변화를 꿰뚫어본 오다 노부나가는 신무기를 전력화戰力化하여 가장 먼저 천하통일에 근접할 수 있었다. 노부나가의 뒤를 이은 도요토미 히데요시는 규슈의 핵심 지역을 장악, 권력 유지 기반이자 대외 팽창 전진기지로 삼았다. 이러한 과정을 지켜보며 권력을 잡은 도쿠가와 이에야스와 후계 쇼군들이 다이묘들의 독자적 대외통교 억제에 나선 것은 필연적 수순이었다. 이러한 전략적 환경 변화에 따라 일본에서 가장 독특한 지위를 차지하게 된 곳이 나가사키長崎이다.

'교회령'이 된 나가사키

나가사키는 본래 작은 어촌에 불과했으나, 1570년 영주 오무라 스미타다의 제의로 포르투갈 상선의 입항지가 되면서 일본 역사에서 가장 독특하고 다채로운 역사의 고장이 된다. 나가사키는 근세 시기 일본의 대유럽 교류 창구이자 대중국 무역 중심지로서, 에도시대 260년의 발전 과정을 축약하고 있는 장소라고 해도 과언이 아니다.

나가사키는 초기 기독교 전래기에 일본에서 가장 기독교가 융성했던 곳이다. 스미타다는 1563년 그의 사위와 함께 세례를 받고 일본 최초의 기리시탄 다이묘가 된 인물이다. 그는 기독교를 적극 받아들였고, 그와 함께 포르투갈인들이 가져다주는 경제적 이익에 주목하였다.

나가사키에서는 포르투갈 상선이 입항하기 전인 1567년부터 예수회 수도사 루이스 데 알메이다가 기독교를 포교하고 있었다. 알메이다는 분고豊後에 일본 최초의 서양의술 병원을 세운 인물로도 알려져 있다. 1569년에는 빌렐라 신부에 의해 수백 명에 달하는 신자에게 세례가 행해지고 교회당이 세워지는 등 교세教勢 확장이 본격화되었다. 포르투갈 상선이 입항하는 1571년 시점에 나가사키에는 이미 1500명을 헤아리는 기독교 신자가 있었다. 포르투갈 상선의 입항으로 예수회의 입지가 강화되고 교세가 공고해지자, 1580년 오무라 가문은 나가사키의 관할권을 아예 예수회에 기증한다.

이에 대해서는 사가佐賀의 류조지龍造寺 가문과 사쓰마薩摩의 시마즈島津 가문이 규슈 패권을 놓고 다투는 과정에서 입지가 위태로워진 오무라 가문이 영지를 지키기 위해 예수회를 활용코자 한 것이라는 해석도 있고, 스미타다가 선교사들에게 빌린 채무를 갚지 못해 관할권을 넘긴 것이라는 설도 있다. 어쨌거나 포르투갈 상선에 대한 관세 징수권과 재판권을 유보하는 조건으로 나가사키 및 인접 모기茂木에 대한 관할권이 예수회로 이관되었다. 한국인으로서는 믿기 어려운 얘기이지만, 로마의 예수회 고문서관에 보관된 에스파냐어 문서에 기증 기록이 있으며 일본 측 사료

가노 나이젠狩野内膳의 남만병풍南蠻屛風 〈남만인도래도南蠻人渡来圖〉에 묘사된 가톨릭 사제들. 오른쪽에 묘사된 사제들 중 검은색 복장이 예수회, 회색 복장이 프란치스코회 소속.

에도 그를 뒷받침하는 정황 기록이 남아 있다고 한다. 현대의 주권 개념을 그대로 적용하는 것이 무리가 있지만, 나가사키는 한때 (문서상으로는) 로마 교황의 지배를 받는 '교회령敎會領'이었을 정도로 기독교와 인연이 깊은 땅이다.

예수회가 관할권을 행사하고 포르투갈 상선이 입항하는 나가사키는 곧 남만南蠻(포르투갈-에스파냐)무역의 중심지로 떠오른다. 포르투갈 상선이 실어오는 뎃포·화약 등의 전략물자와 중국산 생사, 비단, 도자기 등의 소비재는 기리시탄 다이묘들에게 막대한 이익을 가져다주었다. 그를 바탕으로 예수회 선교사들은 더욱 본격적인 포교 활동에 나설 수 있었다. 그러나 거대한 이권利權의 중심지이자 기독교 포교의 거점이 된 것이 호사다마好事多魔였을까, 나가사키는 시마즈 가문에 의해 일시 접수되었다가, 자신의 명령에 불복한 시마즈 가문을 응징하기 위해 규슈 정벌에 나선 히데요시에 의해 관백關白 직할령이 된다.

일본의 골고다 언덕

히데요시는 노부나가의 승계자로서 기존의 방침을 대부분 계승했으나 기독교에 대해서는 뜻을 달리했다. 노부나가는 부국강병의 관점에서 유럽 세력과 교역을 하는 데 도움이 된다면 기독교 포교에 관용적인 태도를 보였다. 히데요시는 교역의 실리는 취하고자 했으나 기독교 포교에 대해서는 부정적이었다.

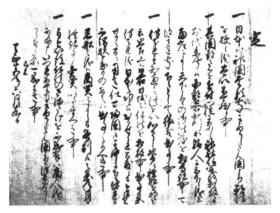

히데요시의 바테렌 추방령.

히데요시는 1587년 이른바 '바테렌 추방령伴天連追放令'*을 내려 선교사들의 추방을 명한다. 신국神國인 일본에서 사법邪法의 신봉자들이 신사불각神社佛閣을 파괴하는 행위를 더 이상 용납하지 않겠다는 것이다. 히데요시는 20일 이내에 모든 선교사의 일본 퇴거를 명하였으나 실제 선교사를 강제로 추방하지는 않았다. 이때의 추방령은 선교사들의 개종 강요, 남만 노예무역,** 불상 파괴 등 기독교 세력의 악행에 대한 히데요시의 개인적인 분노가 반영된 즉흥적·선언적 엄포로 보는 시각도 있다. 그러나 교역 활동과 기독교 포교를 분리하는 한편, 기독교의 기존 정치질서에

---

* '伴天連(바테렌)'은 신부神父를 의미하는 포르투갈어 'padre'의 음차어이다.
** 히데요시는 바테렌 추방령에서 '일본인을 남만에게 팔아넘기는 것을 금지'하는 조항(10조)을 두었다. 포르투갈은 해양 진출 초기부터 노예무역을 주요 수익원으로 삼았고, 동아시아에서도 인신을 매매하여 국제적으로 유통시켰다. 마카오와 고아는 노예무역의 중심지이기도 했다. 당시 규슈의 다이묘들은 화약 등 전략물자를 구하기 위해 젊은 여성을 팔아넘겼는데, 이러한 노예무역에 예수회 사제들이 개입하였다는 비판적 시각이 있다.

대한 파괴적 성격을 인식하고 경계의 대상으로 규정함으로써 훗날 도쿠가와 막부의 강력한 기독교 금교禁敎 및 쇄국정책의 출발점이 되었다는 점에서 그 의미는 작지 않다.

바테렌 추방령에 의해 포교가 위축되기는 하였으나, 수면 아래에서의 은밀한 포교는 묵인되었다. 추방령은 사제 추방과 기독교 포교 금지를 규정할 뿐, 기독교 신앙 자체를 금지하지는 않았다.

히데요시가 본격적인 기독교 탄압에 나선 것은 1596년 이른바 '산 펠리페San Felipe호 사건' 이후이다. 1596년 7월 마닐라를 출발해 멕시코로 향하던 산 펠리페호가 동중국해에서 풍랑을 만나 도사土佐번의 우라도浦戶 앞바다에 표착한다. 산 펠리페호의 선장과 선원들은 화물과 소지품을 몰수당하는 등 일본 관리들의 비우호적인 태도로 고초를 겪다가 이듬해 4월 겨우 수리를 마치고 일본을 떠날 수 있었다.

산 펠리페호 사건이 역사가들의 관심을 끄는 것은 산 펠리페호가 일본에 머무르던 기간 중에 갑작스러운 기독교 탄압 사태가 벌어졌기 때문이다. 히데요시는 산 펠리페호가 도착한 지 석 달 후인 1596년 10월 교토와 오사카 일대에서 포교 활동에 종사하던 사제와 신도들을 체포하여 처형할 것을 명한다. 대대적인 색출로 24명이 체포되었고, 압송 과정에서 그들을 돕다가 추가로 연행된 2명을 포함하여 총 26명의 기독교인이 나가사키로 압송되어 이듬해 2월 처형된다.

이것이 이른바 '나가사키 26성인聖人 순교' 사건이다. 이 사건으로 에스파냐인 4명, 멕시코인·포르투갈인 각 1명, 일본인 20명이 나가사키의 니시자카西坂 언덕에서 사형에 처해졌다. 이후 일본의 '골고다 언덕'으로 불리게 된 곳이다. 우발적 사건이나 다이묘의 사적 처벌이 아닌 일본 최고 권력자의 공식 명령에 의해 기독교도가 처형된 것은 이때가 처음이다. 3개월에 걸쳐 체포지에서 멀리 떨어진 나가사키로 이동시킨 후 처형한 것은 이동 과정에서 기독교 금지령을 널리 알리고, 기독교 포교 중심지인 나가사키에서 본보기를 보임으로써 공포 효과를 극대화하기 위한 것이었다. 이로써 나가사키는 일본 최초의 기독교 순교지가 된다.

히데요시가 왜 갑자기 강력한 기독교 탄압령을 내렸는지 그 이유는 명확하지 않다. 산 펠리페호와 관련이 있는지도 분명하지 않다. 일반적으로 나도는 몇 가지 속설이 있다. 먼저 '선교사의 식민지 앞잡이설'이다. 산 펠리페호의 선원이 취조 과정에서 '에스파냐가 광대한 식민 제국을 건설할 수 있었던 것은 먼저 선교사를 보내 기독교도를 양성하고 이후 군대를

나가사키 26성인.

보내 기독교도와 합세시켜 내외에서 협공함으로써 가능했다'는 진술을 했고, 이것이 히데요시를 자극하여 강력한 기독교 탄압으로 이어졌다는 것이다. 이의 대척점에 '예수회-프란치스코회 대립설'이 있다. 당시 일본 포교의 주도권을 쥐고 있던 예수회 선교사들이 프란치스코회 중심의 에스파냐 세력이 일본에 접근하는 것을 견제하기 위하여 산 펠리페호 사건을 계기로 에스파냐를 침략 세력으로 모함한 것이 기독교 탄압으로 이어졌다는 것이다. 이 외에 히데요시가 자신의 포교 금지 명령에도 불구하고 자신의 세력권인 교토와 오사카에서 공공연히 포교 활동을 전개하는 선교사와 그 추종 세력에 격분하여 극단적인 조치에 나선 것이라는 등 다양한 설이 분분하다.

에스파냐의 등장과 대필리핀 강경외교

에스파냐어 사료 분석이 진전되면서 최근에는 히데요시의 기독교 탄압이 보다 복합적인 국제 정세가 작용한 결과라는 견해가 제시되고 있다. 히데요시의 기독교 탄압은 에스파냐의 동아시아 진출에 따른 안보 위협과 대對필리핀 강경외교라는 렌즈를 통해 들여다볼 필요가 있다는 것이다. 1580년대 이전까지는 포르투갈만이 일본과 통교하고 있었으나, 1570년대부터 에스파냐가 필리핀-멕시코를 연결하는 태평양 횡단 항로를 개척하면서 상황이 일변한다. 동 항로상에 위치한 일본과 에스파냐가 필연적으로 조우하게 된 것이다. 일견 일본과 에스파냐의 식민 제국은 새로운 교역 파트너의 등장을 마다할 이유가 없는 것처럼 보이나, 순조로웠던 일본-포르투갈 간의 관계에 비해 일본과 에스파냐의 관계 설정은 진통을 겪는다.

히데요시는 규슈 평정 과정에서 기리시탄 다이묘 간의 강한 결속과 급속한 교세 확대를 목도하고, 기독교 세력이 자신의 통치권에 위협이 될 수 있다는 인식을 갖게 된다. 세속 권력에 대한 충성심이 희박한 지방분권적 통치체제하에서 종교에 심취한 기리시탄 다이묘들의 충성심은 데우스Deus*를 향한다. 오무라 스미타다의 권유로 개종한 시마바라島原 영주이자 스미타다의 조카인 아리마 하루노부有馬晴信는 자신을 공격해온 류조지 가문을 시마즈 가문과 동맹을 맺음으로써 물리치고 구사일생으로 영지를 지킬 수 있게 되자, 이를 데우스의 은총이라고 믿고 감사의 뜻으로 나가사키 인접 우라카미浦上를 예수회에 기증한다. 나가사키·모기에 이어 우라카미도 교회령이 된 것이다.

다이묘의 통치에서 벗어난 교회령은 일종의 해방도시였다. 예수회 사제들은 재지在地영주와 같은 권력자의 지위에서 기독교 코뮌을 조직하여 영내 주민에 대한 통치권을 행사하였다. 유럽의 수도원 발전과정이 그러하듯이 토지를 확보한 예수회 사제들은 포르투갈 무역선의 이권을 배경으로 기리시탄 다이묘들을 회유하거나 압박하면서 세속 권력으로부터 독립적 지위와 공고한 포교 기반을 구축해나갔다. 규슈 정벌을 통해 기리시

---

* 당시 천주天主를 일컫던 말.

탄 다이묘들의 사적私的 영지 할양을 알게 된 히데요시는 격노하여 교회령을 모두 몰수하고 자신의 직할령으로 편입시켜버린다. 신에 대한 서약을 주군에 대한 충성보다 우선시하는 기리시탄 다이묘들의 강한 결속과 신사·사찰을 훼손하고 전통 관념을 파괴하는 교회령의 실태를 알게 된 이상 어느 권력자라도 그를 두고 볼 수는 없었을 것이다.

1590년대에 들어서자 히데요시는 외부 기독교 세력의 침략을 받을 수도 있다는 경계심을 갖게 된다. 이러한 히데요시의 인식 변화에 영향을 미친 인물 중 하나가 마닐라를 오가며 교역에 종사하던 나가사키 상인 하라다 마고시치로原田孫七郞다. 필리핀 사정에 정통한 마고시치로는 히데요시에게 필리핀의 본국 에스파냐가 기독교를 식민지 침략의 수단으로 삼고 있다고 주의를 환기시키는 한편, 필리핀의 방비 상태가 약체에 불과해 일본의 힘으로 충분히 공략할 수 있으나, 만약 이른 시일 내에 필리핀을 공략하지 않으면 종국에는 필리핀이 일본을 침략해올 것이라고 진언進言하였다. 히데요시는 1591~93년 사이에 하라다 형제를 두 차례에 걸쳐 사신으로 파견하여 필리핀 총독 다스마리냐스Gomez Perez Dasmariñas에게 일본에 조공朝貢할 것을 요구하고, 이에 응하지 않을 경우 필리핀을 침공하겠다고 통고한다.

이에 대해서는 (특히 한국에서) 당시 조선 침공을 준비하던 히데요시에게 양면 전쟁을 감당할 능력이 있을 리 없다는 가정하에 터무니없는 공갈외교라고 보는 시각이 있다. 그러나 히데요시의 대필리핀 조공 요구가 단순한 공갈외교가 아니라 유럽 정세와 필리핀 사정을 면밀하게 파악하고 내려진 계산된 강경외교였다고 보는 견해도 있다. 1571년 필리핀을 본격적으로 경영하기 시작한 에스파냐가 일본을 유사한 방식으로 공략할 가능성을 우려한 히데요시가 선수를 쳐 기선을 제압하려 했다는 것이다. 히데요시는 기존 관념에서 볼 때 황당하기 그지없는 망상에 가까운 대외 정복관의 소유자였다. 명나라를 정복하여 베이징에 일본 천황의 거소를 두고 닝보寧波에 자신의 본영本營을 두어 필리핀, 인도를 아우르는 제국을 지배하는 것이 하늘의 뜻이라고 떠들고 다녔다. 남들이야 어떻게 생각하건 히데요시는 자신의 휘하에 신무기로 무장하고 실전으로 단련된 동아시아 최강의 군대가 있다고 확신하고 있었다. 조선 침공은 그의 대륙 정복 선언이 단순한 허풍이 아님을 보여주는 방증이기도 하다.

필리핀에 대한 조공 요구가 단순한 공갈이었는지 실제 공략攻略을 염두에 둔 진지한 계획의 일환이었는지 히데요시의 의중을 알 길은 없다. 히데요시의 의중이 무엇이었던 간에 필리핀 총독부는 히데요시의 조공 요구에 저자세로 대응한다. 당시 에스파냐는 선교사들이 전하는 정보를 통해 일본의 무력에 대해 상세하게 파악하고 있었다. 선교사들은 일본 내의 무력 투쟁 동향과 지도자들의 성향을 파악하여 로마에 보고하는 것을 선교 활동만큼이나 중요한 일로 여겼다. 히데요시의 외교적 무례에도 불구하고 다스마리냐스는 답신사答信史를 파견해 예를 갖추는 한편, 조공 요구에 대해서는 답을 피하면서 히데요시를 회유코자 하였다.

당시 펠리페 2세 치하의 에스파냐는 영국과의 칼레 해전(1588년) 이후 무적함대가 괴멸적 타격을 입어 해상 전력에 큰 공백이 발생한 상태였다.

더욱이 네덜란드 독립전쟁으로 에스파냐의 입지 자체가 흔들리고 있었다. 본국의 위기를 맞은 필리핀 총독부가 강력한 무력을 보유한 히데요시의 침공 위협을 코웃음으로 넘길 수는 없었다. 1592년 조일朝日전쟁 발발은 히데요시의 요구가 단순한 협박에 그치지 않을 수 있다는 불안을 더욱 가중시켰다. 조선 침공의 전진기지인 규슈의 나고야성에 머무르던 히데요시를 찾은 필리핀의 사절들은 일본의 군세軍勢에 놀라움을 금치 못했다. 히데요시의 요구를 무례하다며 일언지하로 거절한 조선과 달리 필리핀 총독부는 유화책으로 대응했다.

1596년 기독교 탄압령은 상호 사절 파견으로 시간을 벌면서 일본과 필리핀 간에 애매한 평화가 유지되던 와중에 내려진 것이다. 그 이전에 사절로 파견된 프란치스코회 신부들 중 일부는 일본에 잔류하며 선교 활동에 나서고 있었다. 1593년 일본에 건너온 페드로 바우티스타Pedro Bautista 신부가 프란치스코회 신부로는 최초로 포교 활동에 나섰고, 1594년에는 프란치스코회 소속 선교사 4명이 추가로 일본에 도착하였다. 26인의 기독교인 처형령이 내려진 것은 그 2년 뒤이다. 시기적으로 볼 때 이러한 초강경 조치는 외교적으로 민감한 시기에 필리핀에서 파견된 사제들의 포교 활동과 산 펠리페호의 표착이 겹치면서 발생한 것이다. 이때 처형된 기독교인 중에 바우티스타 신부를 비롯한 6명의 선교사가 프란치스코회 소속이었다. 이는 히데요시가 프란치스코회 선교사들의 존재를 필리핀의 도발로 간주하여 강경책을 취했을 가능성을 시사하는 것이다.

일본에 처음 기독교를 전파한 포르투갈은 갓 100만을 넘는 인구 소국으로 무력에 의한 식민지 점령보다는 해상 거점 네트워크 구축을 통한 교역 독점을 추구했다. 일본 입장에서는 상호 이익만 맞으면 얼마든지 교역 파트너로서 호혜적 관계를 맺을 수 있었다. 그러나 16세기 말 포르투갈에 이어 일본에 도달한 에스파냐는 포르투갈과 완전히 다른 성격의 제국이었다. 에스파냐의 전성기를 구가한 카를로스 1세는 교황을 무릎 꿇린 강력한 신성로마제국 황제였다. 교황의 권위를 넘어서는 가톨릭의 수호자를 자처하며 종교개혁의 소용돌이에 휘말린 유럽 대륙에서 무수한 신교 탄압 전쟁을 진두지휘한 인물이다. 그는 신대륙에서의 영토 확장을 신의 뜻으로 여겼다. 콩키스타도르(정복군)를 파견해 아메리카대륙을 무력 점령한 후, 누에바 에스파냐, 페루 등 왕실 소유의 부왕령副王領을 두는 한편, 대규모 선교사 파견을 후원하여 신대륙을 가톨릭 왕국으로 만들고자 했다.

필리핀은 1565년 세부에 최초의 입식지入植地인 산 미구엘San Miguel이 건설되고 1571년 마닐라를 수도로 하는 총독령이 성립한 이후, 에스파냐 동아시아 무역의 거점이 되었다. 포토시 등 중남미의 은광에서 생산된 대량의 은을 반입하여 인도·중국·동남아 각지에서 마닐라로 집산된 향신료, 금, 도자기 등과 교환한 후 멕시코로 반출하는 이른바 '마닐라 무역'*은 막대한 경제적 이권을 낳은 무역 루트였다. 에스파냐는 현지 세력

---

* 마닐라 무역은 갤리언선이 주로 사용되었기에 '마닐라 갤리언'이라고도 한다. 에스파냐 왕실은 아메리카대륙에서 얻어지는 수입이 기대에 미치지 못하자 수익성이 높은 아시아 무역로 확보에 큰 관심을 기울였고, 필리핀은 전략적 거점으로 중시되었다. 에스파냐의 아시아 무역은 신대륙의 은을 매개로 아시아-아메리카-유럽이 연결되는 대륙 간 무역체제를 형성시켰고, 이로써 명실상부한 '글로벌라이제이

의 반발을 무력으로 진압하였고, 점령정책의 핵심으로 기독교 포교가 병행되었다. 멕시코에서 건너간 선교사들은 식민 정부의 핵심 지도부를 구성하였고, 원주민에 대한 폭력적 수단을 통해 개종을 강요하기를 마다하지 않았다. 필리핀이 동아시아에서 유일한 가톨릭국가가 된 것은 이러한 사정에 연유한 것이다.

　일본의 입장에서 볼 때, 16세기 중반 포르투갈 도래 초기의 기독교 유입과 16세기 말 에스파냐 배후의 기독교 유입은 성격을 달리하는 것이었다. 일본의 권력자로서는 외교정책의 관점에서 교역의 이익을 취하되, 안보정책의 관점에서 기독교 유입을 억제할 필요성을 충분히 인식할 수 있는 상황이었다. 일본과 필리핀 간에는 공식관계가 정립되기 이전부터 상업적 교류가 활발하였다. 마닐라에는 일본인들의 빈번한 왕래로 일본인 집단 거주지가 형성될 정도였다. 일본의 권력자들은 이들 상인들을 통해 필리핀에서 진행되고 있는 강압적 가톨릭국가화에 대한 정보를 입수할 수 있었다. 히데요시의 강경한 기독교 탄압정책은 이러한 국제 정세 속에서 파악해야 한다는 해석은, 개별국 행위의 동인動因을 지도자의 캐릭터나 우발적 사건에서 인과관계를 찾는 것이 아니라 국제 정세의 변동이라는 구조적 요인에서 파악한다는 측면에서 그 의미를 음미해볼 만하다.

선'의 시대가 도래한다.

제3부

새로운 시대와 쇄국

제17장

포르투갈 독점의 종언

리프데호의 표착

1600년 4월 서양의 배가 규슈의 분고豊後(지금의 오이타大分현)에 표착한
다. 이미 포르투갈 상선이 정기적으로 일본을 내왕하고 있었다. 서양 배
의 표착이 더 이상 신기한 일이 아닌 시대였지만, 이 배의 일본 표착은
1543년 포르투갈인들이 다네가시마에 발을 내디딘 것만큼이나 일본 역
사의 한 획을 긋는 큰 의미가 있다.

배의 이름은 '리프데Liefde'호. 네덜란드어로 '사랑'이라는 뜻이다.* 이
름에서 알 수 있듯 이 배는 네덜란드 회사 소속의 무역선이었다. 그때까

---

* 리프데호의 원래 이름은 에라스뮈스였다. 리프데호의 유물로 당시 선미에 장식되어 있던 에라스뮈
스 목상이 현존하고 있다.

일본에 온 최초의 네덜란드 상선 리프데호(왼쪽)와 에라스뮈스 목상(오른쪽).

지 일본을 내왕한 배들은 (재해로 긴급 피난한 에스파냐 선박을 제외하면) 포르투갈 선박이었다. 토르데시야스 조약과 사라고사 조약에 의해 동아시아 진출 및 교역권은 포르투갈만이 독점적으로 행사할 수 있었기 때문이다. 리프데호의 일본 표착은 동아시아에서 포르투갈 독점 시대가 종언을 고하고 새로운 시대가 열림을 알리는 신호탄이었다.

리프데호는 1598년 동아시아 교역로 개척을 목표로 네덜란드에서 출발한 총 5척의 무역선단의 일원이었다. 이들은 서진西進 루트, 즉 남미의 남쪽 끝 부분에 위치한 마젤란 해협을 돌아 태평양을 횡단하는 코스로 아시아에 도달하고자 했다. 리프데호를 제외한 다른 선박들은 2년이 넘는 항해 과정에서 악천후와 에스파냐 군함의 공격에 시달리다가 침몰하거나 나포되었고, 태평양 횡단에 성공한 것은 리프데호뿐이었다.

리프데호에는 500정의 소총, 19문의 대포, 5000발의 포탄, 2.5톤의 화약 그리고 철제 갑옷 등 막대한 양의 서양 무기가 적재되어 있었다. 리프데호의 표착과 적재 물품은 히데요시 사후 천하통일을 노리던 도쿠가와 이에야스의 관심을 끌었다. 당시 오사카성에 머물고 있던 이에야스는 리프데호를 규슈에서 오사카로 옮길 것을 명한다. 이에야스는 오사카에 입항한 리프데호의 무기를 몰수하는 한편 직접 선원 취조에 나선다.

파란 눈의 사무라이

리프데호에는 영국 출신의 윌리엄 애덤스William Adams가 항해사로 탑승하고 있었다. 후에 '파란 눈의 사무라이' 미우라 안진三浦按針이 된 인물로, 일본 역사에 관심 있는 사람들에게는 제임스 클라벨의 베스트셀러 소설『쇼군』의 모티브로 친숙한 인물이기도 하다. 애덤스를 불러들인 이에야스는 유럽의 정세와 리프데호의 여정 등 자신의 관심사를 물었다. 애덤스는 소년 시절부터 조선소에서 일하고 체계적으로 항해술을 습득한 프로페셔널 항해사였고, 프랜시스 드레이크 휘하의 해군에 소속되어 에스파냐와 벌인 아르마다 해전에 참전하기도 한 베테랑이었다. 애덤스를 취조한 이에야스는 그가 전하는 서양의 정세, 각종 신무기와 전술, 항해술, 조선술造船術 이야기에 매료되었다.

사실 애덤스가 이에야스를 만나게 되기까지는 우여곡절이 있었다. 이에야스보다 먼저 리프데호 선원들을 취조한 예수회 신부들은 이들이 네

'파란 눈의 사무라이'로
알려진 윌리엄 애덤스가
쇼군을 접견하는 장면을
그린 상상도.

덜란드 회사 소속의 신교도임을 알게 된다. 당시 네덜란드는 신교 탄압에 반발하여 에스파냐와 독립전쟁을 벌이고 있었고, 영국은 그러한 네덜란드의 강력한 후원 세력이었다. 예수회 선교사들은 리프데호가 해적선이라고 모함하면서 선원들을 모두 처형해야 한다고 주장했다.

이에야스는 애덤스와 대화를 나눈 후, 애덤스가 기독교 신자이지만 기존의 선교사들과는 차이가 있음을 인지하고 선교사들의 권고를 무시한다. 이에야스가 모든 서양 정보를 독점하는 예수회 선교사들을 견제하기 위해 그들과 대척점에 있는 애덤스의 가치를 간파하고 의도적으로 애덤스를 가까이 두었다는 해석도 있다. 이에야스의 진의가 무엇이건, 리프데호의 표착으로 유럽에서 벌어지고 있던 종교 갈등과 왕실 간 세력 다툼이 일본에서 축소판으로 재현되었고, 이에야스는 그 구도 속에서 자신에게 가장 이익이 되는 선택을 한 셈이다. 원하는 결과를 얻기 위한 실리주의

도쿠가와 이에야스가 착용한 화양和洋 하이브리드 갑옷
남만동구족南蠻胴具足.

와 정세를 읽어내는 탁월한 안목은 이에야스의 트레이드마크이다.

　일본에서는 역사 호사가들 사이에서 이에야스가 리프데호에 실려 있던
무기를 이용해 천하통일의 위업을 달성했다는 스토리가 종종 등장한다.
이에야스가 도요토미 가문에 충성하는 세력과 결전을 벌인 세키가하라
전투関ヶ原合戰에서 애덤스를 비롯한 리프데호 선원들의 도움을 받아 유
럽의 신형 대포를 사용했다거나, 뎃포 탄환을 튕겨내는 서양의 철제 갑옷
을 착용한 이에야스가 전선戰線 전면에 직접 나서 진두지휘를 함으로써
장기전이 되리란 예상을 깨고 초단기전으로 전투가 종료되었다는 설 등
이 그것이다.

　이러한 설들은 기록에 근거한 것도 있고, 추측에 불과한 것도 있다. 다
만 1614년 오사카성 전투에서 신형 고성능 대포가 사용되고, 이에야스가
가신들에게 서양식 갑옷이나 투구를 선물했다는 기록도 있고, 그즈음부

터 서양식 갑옷과 전통 일본 갑옷을 결합한 하이브리드 갑옷*이 만들어진 것도 사실이다. 따라서 뎃포의 전래 이래로 일본의 병기체계가 서양의 영향을 흡수하며 발전하는 양상의 연장선상에서 그 가능성을 완전히 배제할 수 없다고도 할 수 있다.

특히 '오사카성 겨울 전투大坂冬の陣'는 애덤스의 존재가 일본의 역사 물줄기에 큰 영향을 미친 사례라고 할 수 있다. 이에야스의 군대가 난공불락의 요새인 오사카성을 포위하자 도요토미가의 승계자인 히데요리秀賴는 농성籠城에 돌입하였고, 성 외곽에서 양측 간에 일진일퇴의 공방이 계속되면서 어느 쪽도 확실한 승기를 잡지 못하고 있었다. 일선에 나서 진두지휘를 하던 이에야스의 아들이자 2대 쇼군인 히데타다秀忠가 초조함을 감추지 못하자 노회한 이에야스가 나선다. 이에야스는 완전한 승리를 후일로 기약하고 보다 유리한 조건으로 화약和約을 추진하는 쪽으로 전략을 수정하는데, 이때 이에야스가 믿는 구석이 서양의 대포였다.

당시 도쿠가와 측 동군은 영국제 컬버린포 4문과 세이커포 1문, 네덜란드제 대포 십수 문을 보유하고 있었다. 이는 이에야스가 애덤스의 알선을 통해 영국과 네덜란드에서 구입한 신식 대포로, 당시 제조되던 일본 국내산 대통大筒은 물론 히데요리 측이 보유한 불랑기포佛郎機砲**에 비해서도 월등한 사거리와 파괴력을 자랑하는 첨단 무기였다. 영국제 대포는

---

* 이를 남만동구족南蠻胴具足이라고 한다.
** 불랑기(佛郎機 또는 佛狼機)는 프랑크Frank족에서 유래한 말로 16세기 중반 중국에서 포르투갈을 지칭하던 용어로 사용되었다. 당시 포르투갈인들에 의해 도입된 유럽식 대포를 불랑기포라 한다.

1613년 일본을 최초로 방문한 영국 동인도회사 소속 상선 클로브Clove호에 선적되어 있던 판매용 무기였다. 선장 존 사리스John Saris는 애덤스의 편의 제공으로 이에야스와 2대 쇼군인 히데타다를 알현하고 통상을 허락받는 한편, 이듬해인 1614년에는 히라도에 상관을 개설하고 대일본 교역에 본격적 시동을 걸고 있던 차였다.

당시 영국은 유럽 최고의 대포 생산국으로 부상하여 유럽 패권을 넘보고 있었다. 헨리 8세 치세부터 기존의 청동제 대포를 대체하는 저렴하고 우수한 주철 대포의 대량 생산에 전력을 기울였고, 엘리자베스 1세 시대에 이르러서는 고로법高爐法*에 힘입어 연간 3000문 이상의 균질한 품질의 대포를 대량 생산할 수 있는 일관생산시설을 갖추었다. 우수한 함포로 무장한 영국의 해군은 이후 해전의 양상을 바꾸어놓았다. 영국이 최강 에스파냐의 무적함대를 격파할 때 사용한 함포가 컬버린포였다. 이에야스로서는 기가 막힌 타이밍에 당대 최강의 전략무기를 손에 넣은 셈이었다.

1614년 12월 동군은 오사카성 포격을 위한 전술 지점을 확보한 후, 오사카성에 집중 포화를 퍼붓는다. 기존의 대포라면 가능하지 않았을 거리에서 포탄이 퍼부어지자 도요토미 측 서군의 지도부가 크게 흔들린다. 특히 권력의 심장부인 혼마루本丸가 포격으로 파손되고, 그로 인해 히데요리의 모친이자 실질적 최고 권력자였던 요도도노淀殿의 측근 중에 사상자가 발생하면서 히데요리 측은 이에야스의 화의和議 제의를 수용하는

---

* 수차水車를 이용한 풀무로 공기를 공급하여 선철(무쇠)을 제조하는 방법. 공기의 과급량過給量이 늘어남에 따라 철이 탄소를 흡수하는 속도가 빨라지고 용융점도 낮아져 선철 생산량이 크게 늘어났다.

쪽으로 방침을 선회한다. 농성전을 벌이던 세력이 장거리포에 의해 성의 방어력이 해체되는 순간, 전쟁의 승패는 기울기 마련이다. 이에야스는 조금이라도 유리한 조건에서 화친을 맺고자 교섭이 진행되는 와중에도 포격을 늦추지 않았다. 결국 이에야스가 원하는 조건으로 화친이 체결되었고, 이때의 화친이 화근이 되어 도요토미가는 멸문의 길을 걷게 된다.

후세에서는 히데요리의 화친 선택을 두고 유약한 유화정책이 멸망을 초래한다는 교훈의 스토리로 인용하고는 하지만, 이미 첨단무기 확보에 심혈을 기울인 이에야스의 필승 전략 앞에서 히데요리가 항전 의지를 다진다고 해서 전세를 뒤집기는 역부족인 상황이었다.

유럽 정세를 꿰뚫어본 이에야스

애덤스가 도입에 기여한 유럽 대포의 활약도 의미가 크지만, 리프데호가 일본 역사에 갖는 의미는 그보다 한 차원 높은 이에야스의 외교 구상과도 관련이 있다. 이에야스는 전문 항해사 출신의 애덤스를 총애했다. 에도성에 언제든지 출입할 수 있는 권리를 부여하고 쇼군을 지근거리에서 보좌하는 고문의 지위에 앉혔다. 이에야스는 첫 만남부터 애덤스의 해박한 해양지식에 반한 터였다.

이에야스는 애덤스에게 휘하의 수군 무장武將인 무카이쇼겐向井將監과 협력하여 남만선, 즉 서양식 선박을 건조할 것을 명한다. 애덤스는 일급 항해사이기는 했지만, 직접 배를 만드는 과정을 다 꿰고 있지는 못했다. 많은 시행착오 끝에 1604년 당시 유럽의 주력 선박인 갤리언선을 본뜬 배가 완성된다. 기존의 일본식 배와는 차원을 달리하는 배가 무사히 항해에 성공한 것에 만족한 이에야스는 두 번째 선박 건조를 명한다. 1607년 120톤급의 배가 완성되었다. 당시 대서양 횡단에 투입되는 유럽의 카라벨선이 150~300톤급이었으니, 유럽 기준에서도 결코 작지 않은 배이다.

1609년 필리핀 총독 로드리고 데 비베로가 탑승한 산 프란체스코호가 멕시코로 향하다가 폭풍우에 난파되어 지금의 지바에 표착한다. 일본 땅에 발이 묶인 비베로 일행의 사정을 들은 막부는 그들을 환대한다. 이에야스는 비베로 일행에게 에스파냐(및 멕시코)와의 교역에 관심이 있음을 전하고, 본국 귀환 시 그 성사를 위해 노력해줄 것을 당부하면서 애덤스가 건조한 두 번째 선박을 귀국용으로 내준다. 에스파냐인들은 이 배를 '산 부에나 벤투라San Buena Ventura'라고 불렀다. 1610년 8월 일본의 우라가浦賀를 출발한 벤투라호는 같은 해 10월 무사히 멕시코에 도착하였고, 이후 벤투라호는 멕시코에서 몰수하여 멕시코와 필리핀을 연결하는 항로에 투입하였다.

서양식 선박 조선술은 중앙정부에서만 관심을 기울이고 있지는 않았다. 3대 웅번雄藩의 하나인 센다이번의 영주 다테 마사무네伊達政宗는 독자적인 서양선박 건조에 나선다. 일본명 다테마루伊達丸로도 불린 것으로 추정되는 '산 후안 바우티스타San Juan Bautista'호이다. 멕시코에서 파견된 에스파냐 사절 세바스티안 비스카이노Sebastián Vizcaíno의 협력을 얻어 건조된 것으로 알려진 바우티스타호는 500톤급 스페니시 갤리언선으로 대양 횡단을 너끈히 해내는 수준급 선박이었다.

바우티스타호에 대해서는 45일이라는 짧은 시간 안에 대형선박을 건조했다는 기록이 현실적이지 않음을 들어, 손상된 에스파냐 선박을 수리하여 출항시킨 것인데 에스파냐 사람들이 이름을 바꿔 부르는 바람에 이 명동선異名同船의 가능성이 있다는 설이 있다. 이에 대해 선박 건조설을 주장하는 이들은 설계도는 남아 있지 않지만, 각 부위의 치수와 동원된 인력에 대한 기록이 있어 실제 건조했음이 틀림없다고 반론한다. 현재 일본 미야기宮城현의 이시노마키石巻시에는 바우티스타호를 복원한 레플리카가 전시되어 있다.

바우티스타호는 1613년, 1616년 총 2회에 걸쳐 태평양을 횡단하여 멕시코와 일본을 오간다. 첫 번째 항해 시에는 막부의 위임을 받은 센다이 번사 하세쿠라 쓰네나가支倉常長가 멕시코와 통상관계 수립 교섭의 임무를 띠고 승선하고 있었다.* 하세쿠라는 멕시코 서쪽 해안의 아카풀코에 도착하여, 육로로 동쪽 해안도시 베라크루스로 이동한 다음, 대서양을 횡단하여 1615년 이베리아반도에 도착할 수 있었다. 그는 에스파냐 국왕 펠리페 3세, 이어 로마로 이동하여 교황 바오로 5세를 알현하고, 쇼군의 친서를 전한 뒤 로마에서 직접 세례를 받고 멕시코, 필리핀을 거쳐 1620년 일본으로 귀국하였다. 최초로 유럽을 방문한 일본의 외교사절인

---

* 이를 '게이초견구사절慶長遣欧使節'이라고 한다.

1617년 로마 방문 당시의 하세쿠라 쓰네나가와 그가 탑승했던 산 후안 바우티스타호.

셈이다.

　최근의 연구는 이에야스가 애덤스를 총애하며 서양식 선박 건조에 각별한 관심을 기울인 배경에 그의 원대한 외교 구상이 있었다는 분석을 내놓고 있다. 이에야스는 도요토미 히데요시의 강경외교로 인해 주변국과 불편한 관계에 놓인 상황을 타개하고자 했다. 히데요시가 사망하자 조선, 필리핀, 타이, 캄보디아, 베트남 등에 사절을 파견하여 선린관계 수복을 원하는 친서를 전한 것도 그러한 맥락이다. 이에야스는 특히 필리핀·멕시코와 통상관계를 수립하는 데에 관심이 많았다.

　이에야스는 자신의 권력 기반 강화를 위해서는 무엇보다 경제력이 뒷받침되어야 함을 잘 인식하고 있었고, 새로운 교역 루트를 개척함으로써 공고한 경제 기반을 확보하고자 했다. 그는 그 방편으로 원양 항해가 가능한 첨단 선박 건조 기술과 에스파냐의 발달된 은 추출법(수은아말감법)을 입수하여 새로이 영지로 확보한 은광의 경제적 가치를 높이고, 마닐라 갤리언 무역체제의 한 꼭지에 직접 참가하여 부를 획득하고자 하였다. 에도와 가까운 우라가浦賀(지금의 지바千葉현)를 에스파냐 선박의 입항지로 지정하여 나가사키에 버금가는 무역항으로 육성하고자 하는 구상도 병행되었다. 당시 세계의 정세와 지리에 능통하지 않으면 가능하지 않은 그랜드 플랜이었다. 오다 노부나가, 도요토미 히데요시를 거치면서 일본 권력자가 서양 세력과의 교류를 통해 습득한 정보와 세계관이 도쿠가와 이에야스에 이르러 집대성되었다고 해도 과언이 아니다.

그는 필리핀 총독의 사절로 일본을 내왕하는 헤수스Jesus 신부나 일본에 표착한 비베로 총독 등을 통해 이러한 의향을 반복적으로 전달하였으나, 에스파냐의 반응은 신통치 않았다. 조선술과 항해술을 국가 기밀로 취급하는 에스파냐로서는 이에야스의 요청을 처음부터 받아들일 의사가 없었다. 중남미의 막대한 은을 확보하고 있던 에스파냐로서는 향신료도 없고 유럽에서 선호되는 특산품도 없는 일본은 교역 대상지로서의 특별한 매력이 없었다. 반면 일본의 육상 전력에 대해서는 히데요시 이래로 큰 우려를 가지고 있었고, 필리핀 원정이 가능한 해상 전력 확충을 의미하는 대형선박 건조 기술이 이전되는 것을 기피할 수밖에 없었다. 이에 따라 필리핀 총독부는 동중국해 인근의 해적으로부터 마닐라 항로의 안전과 자국 선박 난파 시 기항지를 확보하는 한편, 일본에서의 기독교 포교를 보장받고 신교 세력인 네덜란드를 일본에서 축출하기 위해 적당한 통상관계를 제의하는 선에서 이에야스의 요청을 건성으로 대하고 있었다.

에스파냐의 무성의한 태도에 실망한 이에야스가 서양식 범선 건조 기술을 자체 개발하는 한편, 에스파냐의 눈엣가시 같은 존재인 네덜란드 및 영국과의 통상관계 수립에 나섬으로써 에스파냐에 대한 외교적 협상력을 높이고자 했다는 것이 이러한 해석의 요지이다. 애덤스는 이에야스의 구상이 하나씩 퍼즐 조각을 더하며 뚜렷한 형체를 갖도록 하는 데에 지대한 공헌을 하였다. 이후 시마바라의 난 등 기독교 포교의 체제 위협 속성이 부각되면서 막부의 쇄국정책이 공고화되고, 그에 따라 대양 항해를 위한 일본의 대형선박 건조 기술은 더 이상 발전하지 못하고 사장死藏되고 말았다. 비록 실현되지는 못했지만, 400년 전에 당시 유럽의 정세가 일본의 정세에 투영되고 일본의 권력자가 그 흐름을 읽어내며 교류와 견제를 적절히 배합하는 외교적 방책을 구사하고, 그 실현을 위한 기술 획득의 일환으로 서양선박 기술 도입이 추진되었다는 것은 흥미로운 역사가 아닐 수 없다.

제18장
해양강국 네덜란드

도쿠가와 막부의 성립 이후 일본과의 교역에서 두각을 나타내고 종국에 독점적 지위를 차지한 것은 네덜란드였다. 1600년 네덜란드 선적 리프데호가 일본 땅에 표착한 이후 네덜란드는 일본 근세에 가장 중요한 서양 세력이 되었다. 도쿠가와 이에야스는 리프데호에 탑승하고 있던 윌리엄 애덤스와 얀 요스텐 등을 총애하였고, 이들의 지원사격을 받은 네덜란드의 일본 접근은 순풍에 돛을 단 배처럼 순조롭게 진행되었다. 네덜란드는 1609년 히라도에 상관商館 설치를 허가받아 정식으로 일본과의 교역에 돌입하였으며, 1639년 포르투갈인 입국 금지령을 계기로 일본과의 교역이 허락된 유일한 유럽 세력이 되었다. 1641년 포르투갈 세력의 추방으로 무주공산이 된 나가사키의 데지마出島로 상관이 이전된 이후 네덜란드는 무려 200년이 넘는 기간 동안 이곳에 상관을 유지하며 대일對日 무

도쿠가와 이에야스가 1609년 내항한 네덜란드 동인도회사 사절에게 발급한 도항허가증. 일본의 모든 항구를 이용할 수 있는 허가증이다.

역을 독점하였다.

　17세기 초반 이후 네덜란드가 동아시아를 포함한 세계 각지에서 교역을 주도하는 해양강국으로 부상한 것은, 달리 말하면 15세기 말 이래 한 세기 동안 무서운 기세로 팽창하였던 에스파냐·포르투갈 제국의 쇠퇴를 의미한다. 이러한 세력 변동의 배경에는 에스파냐·포르투갈 제국이 안고 있던 내부적 모순과 그 대척점에 네덜란드의 강점이 있었다. 에스파냐·포르투갈 제국의 쇠퇴와 네덜란드의 부상은 단순한 개별국의 성쇠를 넘어 인류가 전혀 경험해보지 못한 완전히 새로운 시대로 이행하는 전조前兆였다.

에스파냐 제국의 쇠퇴

에스파냐는 아메리카 신대륙에 방대한 식민 제국을 건설하여 미증유의 부를 획득하였지만, 획득된 부가 그에 비례한 부국강병으로 이어지지 못했다. 시민 세력이 성장하지 못한 상태에서 세속적 권력과 종교적 권위를 모두 탐한 왕권이 지나치게 강력했던 사정이 에스파냐의 발목을 잡았다. 신대륙 식민지는 에스파냐 왕실의 사유물이었다. 따라서 식민 정책도 오로지 왕실 재정 수익을 증대하는 데에 주안점이 두어졌다. '왕실을 위한, 왕실에 의한, 왕실의' 식민지 경영은 에스파냐를 일시 부강하게 만들었으나 궁극적으로는 나라 전체가 내부로부터 붕괴하는 결과를 초래한다.

에스파냐 왕실은 신대륙 식민지와의 교역을 독점하고자 했다. 1503년 세비야Sevilla에 '식민지 무역청Casa de Contratacion'을 설립하고, 이 무역청을 거치지 않은 모든 식민지 교역을 금지하였다. 세비야 무역청은 식민지에서 유럽으로 유입되는 금·은 등 귀금속 광물과 사탕수수·담배·목재 등의 원료에 대해 킨토quinto세稅*를 부과하고, 특허권 취득료, 각종 선박·토지·장비 임대료를 징수하였다. 납부된 재원은 모두 왕실 금고에 귀속되었다. 새로운 기회를 찾아 에스파냐에서 이주한 신대륙 거주민들은 현지 생활에 필요한 각종 무기, 생필품, 생산 장비 등을 본국에서 수입해야만 했다. 이러한 수입품 역시 반드시 세비야를 거쳐야 했고, 무역청은 신대륙에서 반입되는 물품뿐만 아니라 신대륙으로 반출되는 물품에도 관세를 부과하여 이중의 수입을 챙겼다.

당시 에스파냐는 제조업이 발달한 나라가 아니었다. 신대륙 수요 물품

---

* 식민지와 본국 간의 교역 물품에 부과한 20퍼센트의 관세.

중 에스파냐 국내 산품은 올리브유나 와인 등 주로 농산품 또는 그 가공품에 집중되었고, 직물이나 각종 도구·장비·무기 류 등의 공산품은 외부에서 조달해야만 했다. 세비야의 상인들은 공산품 유통망을 장악한 이탈리아 상인들에게 납품을 받아 무역청에 조달하는 중계무역자에 불과했다. 식민지 경제의 확대로 유럽으로부터의 수입이 증가할수록 이탈리아 상인과 그 유통망에 연계된 영국, 네덜란드, 프랑스 등지의 제조업자들에게 국부가 유출되었다.* 16세기 중반 이후 영국, 네덜란드의 선박들이 에스파냐 해군의 견제를 뚫고 신대륙을 왕래할 수 있게 되면서 세비야 무역청을 통하지 않은 밀무역과 직교역이 성행하였고, 신대륙에서 창출된 부는 에스파냐가 아니라 오히려 경쟁국인 영국과 네덜란드의 산업을 성장시키는 결과를 초래하였다.

당시 신대륙 최대의 생산품이자 대對유럽 수출품은 은銀이었다. 17세기에 새롭게 채굴된 세계 은의 4분의 3이 중남미에서 산출되었다는 분석이 있을 정도로 유럽에 유입되는 신대륙 은의 물량은 엄청난 것이었다. 신대륙의 은은 에스파냐를 한순간에 유럽 최고의 부국으로 만들었지만, 이러한 국부는 오래가지 못했다. 점차 물가가 상승하면서 국부 증대 효과가 상쇄되었기 때문이다.** 물가 상승은 에스파냐 노동력의 인건비를 상승

---

* 당시 마드리드 주재 베네치아 외교사절은 이러한 현상을 두고 "서인도제도에서 오는 금이 에스파냐에서 하는 일은 비가 지붕에서 하는 일과 같다. 둘 다 한바탕 쏟아진 후에 흘러가버린다"고 기술했다고 한다.
** 이때의 물가 앙등昂騰 현상은 통화량 증대가 인플레이션을 유발하여 궁극적으로 경제성장 효과가 제한적이라는 주장을 뒷받침하는 역사적 실증 사례로 거론되기도 한다.

시켰고, 이는 다시 에스파냐 국내 산품에 대한 수요를 더욱 감소시켰다.

1568년, 그라나다 지방의 무어인들이 폭동을 일으키자 에스파냐 정부는 무어인들을 추방한다. 노동력을 제공하던 무어인들이 사라지자 그나마 유지되던 농업과 제조업이 큰 타격을 입었고 노동자 품귀 현상은 인건비 상승을 더욱 부채질했다. 에스파냐의 노동 시장은 높은 임금을 바라고 몰려든 외국인들로 북적거리는 '외노자'의 천국이 되었고, 에스파냐인들 사이에는 식민지에서 유입되는 '공짜 부'에 취해 힘든 노동을 기피하고 값싼 외국 노동력에 의존하는 근로의식 쇠퇴 풍조가 만연한다. 높은 물가와 근로의욕 저하로 가뜩이나 취약한 제조업이 붕괴하고 혁신 능력이 상실되면서 에스파냐의 국력은 뿌리부터 흔들리는 상황에 처하게 된다. '횡재'인 줄 알았던 은이 '저주'가 된 것이다.

카를로스 1세 이래 에스파냐 왕실은 유럽 패권 쟁취에 몰두하여 한때 전 유럽의 3분의 2에 해당하는 지역을 영향력하에 둘 정도로 대제국을 건설했다. 신대륙에서 유입된 부富로 용병과 무기를 사들여 조성한 강력한 군사력이 그 배경에 있었음은 물론이다. 그러나 각 지역의 왕위 계승전과 종교 갈등에 공격적으로 참여하면서 확장해나간 영토이기에 저항과 반란이 끊이지 않았고, 이를 저지하기 위해 막대한 재원을 군비에 투입해야만 했던 에스파냐 왕실은 만성적인 재정 적자에 시달렸다. 그런 와중에도 최고 권력자이자 기독교 수호자로서의 권위를 과시하기 위해 각종 호화 궁전과 대형교회 건립에 무분별하게 돈을 뿌렸고, 식민지에서 획득된 부는 왕실의 끝없는 탐욕과 지배층의 무능 탓에 이탈리아, 영국,

신성로마제국 황제로서는 카를 5세, 에스파냐의 왕으로서는 카를로스 1세 이다. 그의 통치 시절 에스파냐는 '해 가 지지 않는 제국'이었다.

프랑스, 저지대 지역 등지에서 전비戰費와 전시성展示性 사업비로 덧없 이 사라져갔다.

제국의 영토가 너무 방대한 것도 '모럴 해저드'를 불러오는 화근이었 다. 에스파냐 왕실은 제국 유지에 필요한 핵심 인재와 기술을 제국 심장 부에 비장祕藏하는 데에 소홀했다. 제국 내 속령으로부터 얼마든지 그러 한 자원을 아웃소싱할 수 있다는 (안이한) 인식이 있었기 때문이다. 일례 로 에스파냐는 당시 전력의 핵심으로 떠오른 대포大砲 생산을 위해 메디 나 델 캄포, 말라가, 바르셀로나 등지에 주조소鑄造所를 설립하지만, 숙 련공 부족으로 고품질 대포를 자체 생산하는 데 어려움을 겪는다. 이에 마드리드 정부는 속령인 플랑드르, 이탈리아, 독일에서 대포를 수입하거 나, 그곳 출신 기술자들을 불러들여 대포를 생산하고는 수요가 줄어들면

이들을 다시 출신지로 돌려보내는 단기 처방을 반복한다. 자체 기술 확보를 도외시한 변덕스러운 정책으로 인해 에스파냐 숙련공은 설 자리를 잃었고, 정세 변동에 의해 속령이 독립하거나 영향력에서 벗어나면 에스파냐의 고성능 대포 생산능력이 더욱 저하되는 악순환이 반복되었다.

반면 에스파냐의 경쟁 상대인 영국은 16세기 전반全般에 걸쳐 왕실의 집중적인 지원을 통해 기존의 청동제 대포에 비해 저렴하면서도 대량 생산이 가능한 주철 대포 생산 기술을 확보하는 한편, 기술의 대외 유출을 엄격히 통제하여 해상 전력에서 우위를 기하는 데 심혈을 기울였다. 칼레 해전에서 에스파냐의 무적함대가 영국 해군에 의해 괴멸적 타격을 입은 데서 볼 수 있듯, 이러한 기술 및 기술자에 대한 인식 차가 양국 간 제해권 경쟁에 결정적 영향을 미쳤다. 칼레 해전이 있기 전부터 에스파냐는 여기저기서 대포를 수입하기 위해 동분서주하였고, 플랑드르나 독일에서 수입하는 것이 여의치 않자 심지어 영국 생산업자들에게 대포를 구입하고자 했다. 에스파냐는 적으로부터 무기를 구입하여 전쟁을 치르고자 할 정도로 다급했으나, 이미 벌어진 기술 격차는 다급함으로 만회될 수 있는 것이 아니었다.*

---

* 17세기 들어 에스파냐와 네덜란드 모두 영국의 주철 대포 기술을 입수하여 자체 생산에 나섰으나, 이때에도 네덜란드 주조소의 생산성이 에스파냐보다 훨씬 우위에 있었다.

네덜란드의 해운 강국 부상

종교개혁으로 촉발된 구교와 신교의 갈등이 왕실 간의 이해관계와 얽혀 유럽 전역이 혼란과 전쟁의 소용돌이에 휩싸이고, 초강대국으로 군림하던 에스파냐의 쇠퇴 기미가 뚜렷해지는 16세기 말이 되자, 유럽의 한구석에서 새로운 시대의 서막을 여는 변화가 물밑에서 조용히 진행된다. 단순히 강대국 교체와 같은 세력 변동을 넘어 인류의 존재 양태를 근본적으로 바꾸는 경제혁명의 맹아萌芽가 강대국의 지배에 신음하던 소국 네덜란드에서 싹트기 시작한 것이다.

1568년 에스파냐의 가혹한 통치와 가톨릭 강요에 저항해 항쟁을 개시한 네덜란드의 북부 7주는 1579년 위트레흐트Utrecht 동맹을 결성하고 마침내 1581년 독립을 선언한다. '80년 전쟁'이라고도 불리는 네덜란드 독립전쟁의 서막이었다. 영국의 엘리자베스 1세가 네덜란드의 독립을 지원하고 나서고, 프랑스의 앙리 4세가 약체화된 에스파냐와 전쟁을 감행하며 이권을 챙기는 등 에스파냐가 사면초가에 몰리면서 유럽의 세력 판도가 요동치고 있었다.

네덜란드는 조금 특별한 의미에서 새로운 시대를 주도하는 선구자 역할을 했다. 네덜란드는 국토가 협소하고 토양이 척박한 탓에 일찍부터 상업작물 재배와 상공업에 종사하는 인구가 많았다. 종교혁명과 함께 확산된 칼뱅이슴Calvinism은 근면·검약의 근로윤리를 고취시켰고, 부의 축적에 대한 종교적 제약으로부터의 해방은 경제관념 변화와 생산성 향상으로 이어졌다. 16세기 중반 대서양과 북해 및 발트해를 연결하는 북유럽 교역권의 물동량이 늘어나면서 네덜란드인들의 경제관념이 빛을 발한다. 중계무역지로서의 이점을 활용해 국가 경제 체질을 근본적으로 바꾸는 일대 변화가 모색된 것이다. 네덜란드인들은 중계무역지로서의 지리적 이점을 경제적 효과 극대화로 연결하는 데 주력한다. 중계무역지의 주 수익원은 운송업과 창고업이다. 네덜란드는 자릿세나 받는 창고업에 만족하지 않고 조선업을 육성하는 한편, 직접 해운업에 뛰어든다. 발트해를 통해 운반되어온 풍부하고 저렴한 목재, 이베리아반도에서 건너온 조선기술, 네덜란드의 생산성 높은 노동자원이 결합하면서 네덜란드는 순식간에 조선 강국이 된다.

에스파냐·포르투갈의 주력선박이 카라크선이나 갤리언선이었음에 반해, 네덜란드의 조선업 발전을 이끈 것은 '플루이트fluyt'라 불리는 개량선이었다. 갤리언선은 화물선과 군함의 기능을 모두 갖춰야 했기에 건조비용이 높고 화물 적재 공간이 부족하다는 문제가 있었다. 플루이트선은 갤리언선을 개량하여 전투 수행보다는 화물 운송에 주안점을 두고 설계된 선박이다. 동체胴體 측면을 볼록하게 만들고 무기 탑재 공간을 줄여 화물 적재 공간을 최대한 확보한 것이 디자인의 핵심이다. 기동성과 조향성에 치중한 전함 타입의 복잡한 마스트 및 삭구索具가 필요 없었기에 디자인을 단순화할 수 있었고, 건조 설비·공정·장비 개량을 통해 척당 건조비를 갤리언선에 비해 20~50퍼센트까지 절감할 수 있었다. 복잡한 의

16~17세기 네덜란드의 주력 화물선인 플루이트선.

장艤裝*을 단순화한 덕분에 기존의 동급 선박에 비해 보다 적은 인원으로 선박 운행이 가능하다는 이점도 있었다.** 플루이트선은 한마디로 해상 운송에 최적화된 뛰어난 경제성의 선박이었다. 16세기 후반 플루이트선 도입에 따른 선박 건조 및 운영비용 절감은 해운시장에서의 가격 경쟁력 우위로 이어졌고, 네덜란드의 운송업자들은 유럽 전역의 해운 물동량을 싹쓸이하다시피 하며 해상무역의 최강자로 떠올랐다.

네덜란드가 해운 최강국이 될 수 있었던 데에는 선박이라는 하드웨어

---

* 구조적으로 완성된 선체船體에 항해에 필요한 각종 장비를 설치하는 일, 또는 그러한 장비의 총칭. 영어로는 'outfit'이라 한다.
** 당시 선원은 높은 급료를 지불해야 하는 전문 인력이었기에 인건비 절감은 매우 중요한 경제성의 요인이었다.

뿐만 아니라 당대 최고의 지도(해도)제작 기술이라는 소프트웨어를 겸비하고 있었다는 사정이 있다. 지구상의 두 지점을 최단거리로 연결하는 선을 지도에 표시하는 것은 어려운 일이다. 지구가 평면이 아니라 구체球體이기 때문이다. 위선과 경선에 대한 고민 없이 육지의 형상을 본떠 만든 포르톨라노 해도의 경우, 목표 지점까지 직선을 긋고 그 선을 따라 항행할 경우 엉뚱한 곳에 도착하고 만다.

1537년 포르투갈의 페드루 누네스Pedro Nunes(1502~1578)는 『해도옹호론Treatise defending the Sea Chart』에서 자오선에 동일한 각도를 유지하며 항행할 경우(즉 구체 표면에서 최단거리를 항행할 경우), 그 항로는 포르톨라노 해도상에서 직선이 아니라 나선형 궤적을 그리게 됨을 밝히고, 이를 '항정선航程線·Rhumb Line'이라고 불렀다.

그러나 원리를 안다고 해도 포르톨라노 해도로는 항정선 항해가 불가능했다. 나선형에 맞추어 세밀하게 침로 수정을 한다는 것은 당시 항해술로는 불가능한 것이었고, 항해사들은 여전히 지구 곡면 왜곡을 피하기 위해 위도를 따라 정동正東·정서正西 항행을 반복하며 항정선보다 훨씬 긴 거리를 항해해야만 했다.

1569년 '과학적 지리학의 아버지' 게라르두스 메르카토르Gerhardus Mercator(1512~94)가 지도상에 직선을 연결하면 항정선 항해가 가능한 새로운 형식의 지도를 창안한다. 지도의 개념을 송두리째 바꾼 혁신적 투영법projection이 반영된 지도이자, 프톨레마이오스 이래 지리학의 개가라고 불리는 인류 역사에 길이 남을 지도이다. 메르카토르가 합스부르크 왕가의 요청으로 지구의地球儀를 제작하는 과정에서 구체-평면 간 지리정보 상호전환 방법에 대한 이해를 심화할 수 있었던 것이 도움이 되었다. 메르카토르 투영법은 극지와 적도 사이의 면적 왜곡이 심하다는 비판이 있다. 그러나 이 투영법은 처음부터 항해용 해도 작성을 위해 고안된 것으로, 현재까지도 기본 해도로 사용될 정도로 기본 개념과 목적에 충실하기에 이러한 비판은 과녁을 빗나간 것이라 할 수 있다. 다만 메르카토르 해도에 의한 항행은 정확한 위치측정을 전제로 한다. 따라서 경도 측정법이 발달하지 못한 18세기 전반까지는 널리 사용되지 못하였지만, (메르카토르가 수학한) 루뱅대학교를 필두로 저지대국가 과학자들의 지구 지리정보에 대한 이해가 동시대 최첨단을 걷고 있었음을 보여주는 방증이라 할 수 있다.

저지대국가는 특히 지도제작에 발군의 능력을 보유하고 있었다. 루뱅대학교의 저명한 학자들이 이론을 제시했다면, 그 이론을 바탕으로 실제 지도를 제작한 사람은 안트베르펜의 작도가, 인쇄업자들이었다. 저지대 남부에는 15세기 후반부터 미술가, 조각가, 금속 세공업자 등이 협업하는 직인職人 조합인, 성聖 누가 길드Saint Luke guild가 활동하고 있었고, 이들이 발전시킨 동판 지도 인쇄술은 기존의 목판 인쇄술과는 비교도 할 수 없을 정도로 정교하고 선명한 인쇄가 가능했다. 1570년 안트베르펜에서 발간된 아브라함 오르텔리우스Abraham Ortelius의 〈세계전도Theatrum Orbis Terrarum〉는 최초의 근대 지도책으로 불리는 지도계의 '게임 체인저'였다. 오르텔리우스는 지도 '학자'라기보다는 지도 '예술가'였다. 오르텔리우스의 〈세계전도〉는 오리지널 지도가 아니라 성 누가 길드 출신인 그가 기존의 수준 높은 지도들을 모아 정교한 동판 인쇄로 복원하여 제작한 일종의 지도 컬렉션이다.

또 하나 주목할 점은 오르텔리우스의 〈세계전도〉는 왕실이나 귀족의 비밀 소유물이 아니라 출판물로 간행되었다는 점이다. 그의 〈세계전도〉는 17세기 초반까지 꾸준히 증보개정판이 발간되며 출판 시장에서 선풍적인 인기를 모았다. 1580년대 이후 안트베르펜을 비롯한 플랑드르의 유대인 및 신교도들이 종교 박해를 피해 이주하면서 이들의 지도제작 인프라와 노하우도 암스테르담을 비롯한 북부 지방으로 고스란히 이전되었

오르텔리우스의 〈세계전도〉(1570년).

다. 17세기에 접어들면 웬만한 네덜란드 가정에는 오르텔리우스의 지도책이 한 권씩은 비치되어 있다고 할 정도로 네덜란드인들의 지리에 대한 관심, 그리고 해양국가를 향한 열망은 대단한 것이었다. 주요 통행로상에 위치한다는 지리적 이점이 있다 하여 모든 국가가 조선업과 해운업의 강국이 될 수 있는 것은 아니다. 네덜란드의 해양강국으로서의 부상은 천혜의 지리적 이점에 안주하지 않고 의식적이고도 조직적인 혁신 노력을 통해 미완의 잠재력을 현실화한 사례라고 할 수 있다.

네덜란드의 동인도 항로 개척

16세기 막바지가 되자 네덜란드는 최대 해운국으로서의 위상이 흔들린다. 당시 유럽에서 가장 수익성이 높은 상품은 아시아에서 수입되는 향신료, 그중에서도 후추였다. 암스테르담, 로테르담 등지에 기반을 둔 네덜란드 상인들도 후추 중계무역으로 큰 이익을 얻고 있었다. 1580년 펠리페 2세가 동군연합同君聯合 형태로 포르투갈의 왕위까지 접수하자 네덜란드에 위기가 찾아온다. 1585년 펠리페 2세가 독립 항쟁에 대한 보복으로 네덜란드 선박의 이베리아반도 소재 항구 출입을 봉쇄하고 동인도 무역선들의 후추 반입지를 기존의 안트베르펜에서 리스보아로 변경해버린 것이다. 이는 에스파냐와 적대관계에 있는 네덜란드 상인들이 후추 유통망에 접근하는 데에 큰 불안 요인이 되었다. 아울러 에스파냐 왕실은 오래전부터 특수관계를 맺고 있던 독일의 금융 부호 푸거Fugger 가문을 후추 유통에 개입시킨다. 푸거 가문은 후추 유통망을 재정비하는 과정에서 내륙 유통을 위한 집산지로 네덜란드가 아닌 독일의 함부르크를 선호하였다. 함부르크의 부상은 네덜란드의 상인들에게는 더욱 큰 위기였다. 네덜란드 상인들은 점점 후추를 포함한 비非유럽 교역품 유통망에서 배제되는 현실을 맞아 동아시아 교역에 직접 나섬으로써 돌파구를 찾으려 하였다. 목표는 향신료군도에 이르는 독자 항로 개척이었다.

네덜란드의 고민은 포르투갈의 동인도 무역 독점이 견고하다는 것이었다. 동인도 항로는 포르투갈에 의해 철저한 국가 기밀로 관리되고 있었고, 어느 세력도 포르투갈이 항로상의 요충지를 확보하여 구축한 철통 독점체제를 뚫지 못하고 있었다. 포르투갈 왕실의 항행 승인을 받지 못한 타국 선박들이 무모하게 항해에 나섰다가는 길을 잃고 불귀의 객이 되거나, 포르투갈 군함에 나포되어 선박을 몰수당하기 십상이었다.

1595년 네덜란드에서 출간된 한 권의 책이 네덜란드의 운명을 바꾼다. 훗날 '동방으로 향하는 열쇠'라 불린 『이티네라리오Itinerario』의 출간이었다. 책의 저자 얀 하위헌 판 린스호턴Jan Huyghen van Linschoten은 네덜란드 출신의 회계사로, 포르투갈령 인도 고아에서 5년 넘게 체류하는 동안 수집한 내용을 바탕으로 귀국 후 인도와 주변 지역 일대에 대한 견문록을 집필하고 있었다. 내용 중에는 그간 베일에 가려 있던 인도·동남아·동중국해에 이르는 동방 항로의 세부 정보를 담은 항해 안내서Reysgheschrift가 포함되어 있었다.*

원고의 진가를 알아본 네덜란드의 유력 출판업자 코르넬리스 클라에시 Cornelis Claesz가 네덜란드의 솜씨 좋은 지도제작자와 인쇄업자를 동원하고 최고급 양장을 사용하는 등 심혈을 기울여 출간을 기획함으로써 『이티네라리오』는 출판사史에 길이 남을 높은 완성도의 책으로 출간될 수 있었다. 『이티네라리오』는 린스호턴 자신의 경험과 고아에서 수집한 자료 및 당시 가용한 모든 동인도 항로 정보를 집대성한 결과물이었다.** 린스호턴이 직접 가본 적이 없는 동중국해 항로는 그가 고아에서 친분을 맺은 네덜란드 출신의 항해사 더르크 헤리츠존 폼프Dirck Gerritszoon Pomp로부터 전해들은 정보에 기초한 것으로 추정된다. 더르크 폼프는 린스호턴을 만나기 전, 즉 1590년 이전에 이미 포르투갈 선박의 선원으로 고용되어 중국과 일본을 수차례 방문한 경험이 있어 동중국해 사정에 밝았다. 기록상으로는 일본을 최초로 방문한 네덜란드인이기도 하다.***

연안 항해에 필요한 해안선의 모습·거리·방위, 식별용 지형지물, 포르투갈의 거점, 포르투갈의 나포를 피하기 위한 대체 항로 등 특급 기밀을 수록한 『이티네라리오』의 발간은 동인도 항로 개척에 고심하던 네덜란

---

* 『이티네라리오』는 세 권으로 구성된 한 질의 총칭이자, 제1권의 제목이기도 하다. 동인도 항로에 대한 항행 정보를 담은 제2권의 제목이 'Reys-gheschrift'이다.
** 『동방견문록』을 연상시키는 책의 내용으로 인해 린스호턴은 '네덜란드의 마르코 폴로'로 불리기도 한다.
*** 더르크 폼프는 윌리엄 애덤스의 리프데호가 소속된 선단의 호프Hoop호 선원으로 태평양 횡단 동아시아 항로(서진 루트) 개척에 참가하기도 했다.

『이티네라리오』에 수록된 고아 시장.

드인들에게 일대 센세이션을 불러일으켰고, 이를 계기로 네덜란드의 동
방 항로 개척이 본격화된다. 때마침 리스보아에 체류하며 동인도 항로에
대한 정보를 독자적으로 입수하고 귀국한 코르넬리스 하우트만Cornelis
Houtman이라는 인물이 있었다. 사실 하우트만은 네덜란드 상인들의 후
원으로 항로 염탐을 위해 포르투갈의 심장부로 파견된 일종의 산업 스파
이였다. 『이티네라리오』와 하우트만의 조합은 동인도 항로 개척을 위한
필요조건을 충족시켰다.

네덜란드 동인도회사의 출범

이異대륙 간 교역에는 막대한 재원財源이 필요하다. 더구나 당시 기술 수준으로 무역선이 수년이 소요되는 항해에 성공한다는 보장도 없었다. 성공하면 '대박'을 칠 수 있으나, 실패하면 한 푼의 투자금도 회수하지 못한 채 '쪽박'을 찰 수도 있었다. 이에 활성화되기 시작한 것이 '회사compagnie'의 결성을 통한 무역선단 조직 프로젝트이다. 당시 아시아에 무역선을 보낸다는 것은 '하이퍼 리스크, 하이퍼 리턴'의 사업이었기에 투자자를 모집하여 재원을 마련하는 회사 결성방식은 무역선단 파견 프로젝트에 안성맞춤이었다.* 여타 강대국과 달리 무역선단을 조직하고 재원을 조달할 수 있는 절대 왕권이 부재하였던 네덜란드에서는 상인들 간에 '회사'를 결성하여 리스크를 분산하는 방안이 더욱 활성화될 수 있었다.

1595년 동인도 항로 개척을 목적으로 결성된 '원거리회사Compagnie van Verre'의 사업을 수행하기 위해 하우트만을 단장으로 하는 4척의 선단이 암스테르담에서 출항한다. 『이티네라리오』라는 항행 지침서가 있다고는 하지만, 초행길에, 더구나 포르투갈의 견제를 뚫고 항로를 개척해야 했던 하우트만 선단의 고생은 이루 말할 수 없는 것이었다. 선단은 악전고투 끝에 1596년 자바섬의 반탐Bantam에 도착하여 염원하던 향신료를 구입한 후, 출항한 지 2년 만인 1597년 암스테르담으로 귀환하였다. 도중

---

* 당시의 회사는 소수의 다액 투자자 중심의 인적 결합으로, 무역선 귀환 후 수익을 분배하면 바로 해산되는 일종의 프로젝트형 일회성 회사였다.

에 한 척이 손실되고 270여 명의 선원 중 생존 귀환자가 80여 명에 불과했으며, 수익도 투자액을 겨우 회수할 정도여서 비즈니스로서의 성과는 실패에 가까웠다. 그러나 포르투갈의 독점을 뚫고 동인도 항로를 열었다는 사실만으로도 네덜란드인들을 열광시키기에 충분했다.

원거리회사의 동아시아 항로 개척 이후 네덜란드에서는 유사한 형태의 무역회사 설립 열풍이 분다. 최초의 회사가 결성된 1595년부터 1602년까지 7년 동안 8개의 회사가 결성되었고, 이들에 의해 15개의 선단이 조직되어 아시아로 파견되었다. 이 시기의 회사들을, 제도화된 본격적 회사 출범 이전의 초기 형태의 회사라는 의미로 '선행先行회사voor compagnie'라고 부르기도 한다. 윌리엄 애덤스의 리프데호도 로테르담에 본거지를 둔 선행회사에 소속된 선박이었다. 그러나 난립하는 회사들 간의 지나친 경쟁으로 유럽 시장에서 후추 가격이 폭락하는 등 제살 깎아먹기로 인한 폐해가 발생하자, 1602년 이들을 통폐합시킨 네덜란드 동인도회사 Verenigde Oostindische Compagnie(VOC)가 출범한다.

사실 동인도회사를 먼저 출범시킨 것은 영국이다. 1600년 9월 네덜란드의 인도 항로 개척에 자극받은 런던의 상인들이 회사를 결성하자, 그해 12월 엘리자베스 1세는 왕실 특허를 부여한다. 희망봉 루트를 통해 접근하는 인도양·태평양 일대 무역 독점권을 양허하고, 수익의 일부를 왕실에 납부하는 조건이었다. 포르투갈이 도나타리아 제도로 대항해의 촉진에 나섰다면 영국과 네덜란드의 경우에는 회사가 원격지 무역의 추진체가 되었다고 할 수 있다.

영국·네덜란드는 포르투갈이나 에스파냐보다 왕실 자금력이 열세였고, 독자적인 무역 루트 개척을 위한 왕실의 투자에 한계가 있는 형편이었다. 이러한 상황에서 복수의 투자자가 연합하여 설립한 회사는 왕실 입장에서 특정 귀족이나 개인에게 특허권을 인정하는 것보다 정치적 부담이 덜하였고, 왕실과 회사의 이해관계가 맞아떨어지면서 회사가 원격지 무역의 주역으로 부상하게 된 것이다.

영국 동인도회사East India Company(EIC)에 비해 VOC는 처음부터 훨씬 강력한 특권을 보유하고 있었다. 실질적으로 왕권이 존재하지 않는 네덜란드의 특성상 여타 국가라면 왕실이 보유하는 군대 보유, 교전권, 조약 체결권, (일정한 제약하의) 사법권 등이 VOC에게 인정되었다. VOC는 해외 활동에 있어 네덜란드를 대표하는 사실상의 정부였다. 또한 다음 장에서 설명하는 거래소의 발달에 힘입어 소수 발기인의 독점적 소유가 아니라 이사회executive governor's board가 경영을 담당하되 분할형 주식joint-stock에 의해 소유권이 분산*되는 당시로서는 첨단의 경영·소유 구조를 발전시켰다. VOC는 네덜란드의 총체적 국력을 집결하여 탄생시킨 해외 개척 플랫폼이었다.

---

* VOC의 경우 현대적 의미의 주식stock이 발행된 것은 아니나, 1612년부터 취득 지분shares을 거래소를 통해 사고파는 것이 인정되었다.

제19장

자본주의의 탄생

암스테르담 거래소

VOC의 설립과 함께 인류 역사의 물줄기를 바꾸었다고 할 수 있을 정도로 중요한 사건이 '거래소(Exchange 또는 Bourse)' 제도의 성립이다. 저지 대국가 거래소의 기원은 14세기 벨기에 북서부에 위치한 자치도시 브루게Brugge로 거슬러 올라간다. 브루게는 남유럽과 북부 한자동맹을 연결하는 지정학적 위치로 인해 철광석·원면·양모 등 주요 원료의 집산지가 되었고, 최대 상업 세력인 이탈리아를 비롯하여 이베리아, 영국, 독일, 프랑스 일대의 대자본 상인이 모여드는 경제 중심지가 되었다.

거래하는 상품의 종류가 다양해지고 규모가 커지면서, 브루게 상인들

사이에는 기존의 방식*을 뛰어넘는 새로운 형태의 거래 기법이 등장한다. 리스크 회피risk hedging를 위한 지분shares 방식의 공동투자가 성행하였고, 해당 지분이나 지분의 거래에 따른 채권·채무를 표시하는 각종 문서가 발행되면서 그러한 문서를 장부에 등록하여 공증하는 초기 거래소가 태동하였다.

16세기 초 브루게의 쇠퇴**와 함께 새로운 물류 중심지로 부상한 것은 안트베르펜이다. 안트베르펜은 에스파냐의 신대륙 식민지와 포르투갈의 동인도 항로에서 유입되는 물산이 북유럽에 유통되기 위해 거쳐야 하는 해상교통 요지였다. 안트베르펜이 유럽 최대의 무역항으로 번성하자 1531년 안트베르펜 거래소가 개장한다. 당초 상인들이 모여 물품과 문서를 거래하는 물리적 장소 개념이었던 거래소는 안트베르펜 시대에 이르러 상품 또는 증권 거래에 수반되는 일련의 법적·금융적 사안들이 관행과 규약에 의해 처리되는 제도로 발전한다.

안트베르펜 거래소는 거래소의 모금fundraising 기능에 착안한 왕실들이 개입하면서 더욱 활성화된다. 영국의 헨리 8세는 궁정 사치로 바닥난 왕실 재정을 메우기 위해 안트베르펜 거래소에 왕실 채권을 발행하여 자금을 조달했고, 에스파냐의 펠리페 2세도 이탈리아, 네덜란드 전쟁 소요

---

* 중세 서유럽의 상업 거래는 장시場市·fair 시스템으로, 주로 이탈리아 대상인들이 각 지역의 장시 유통망을 장악하고 현지 상인들과 도매 거래를 하는 형식으로 이루어졌다.

** 바다에서 15킬로미터 이상 떨어진 내륙의 강기슭에 위치한 브루게가 물산 집산지로 기능할 수 있었던 것은 즈빈Zwin 운하가 바다와의 통로 역할을 했기 때문이다. 16세기 들어 즈빈 운하가 갯벌화되면서 바다와 연결이 끊어진 브루게는 쇠퇴의 길을 걷게 된다.

전비를 마련하기 위해 왕실 채권juro을 발행하였다. 왕실이 지급을 보증하는 증서가 거래되기 시작하면서, 거래소는 현물·화폐뿐만 아니라 '유가증권securities'을 유통시키는 금융시장으로서의 기능을 더하게 된다. 공신력을 인정받은 주체는 더 이상 대자본 상인에게 건별로 금전대차계약을 체결할 필요 없이 거래소에서 증권을 발행하면 자금을 융통할 수 있었고, 이러한 증권 기반 기법은 금융거래 규모를 비약적으로 확대시켰다.

그러나 안트베르펜의 번성은 오래가지 못한다. 1576년 저지대 지역에 주둔하던 합스부르크 용병 부대가 밀린 급료에 불만을 품고 안트베르펜을 대대적으로 약탈하는 사건이 발생한다. 약탈 과정에서 7000명의 시민이 살해당했고, 800채의 가옥이 소실되거나 파괴되었다. 이른바 '안트베르펜 약탈(에스파냐-합스부르크의 분노Spanish Fury)'로 불리는 사건으로, 네덜란드의 독립 의지에 불을 지른 계기가 된 사건이다. 약탈 이후 안트베르펜의 유력 상인들은 보다 안전한 북부로 정주지를 옮기기 시작한다. 안트베르펜은 저지대 남부 지역 독립의 중심지가 되어 에스파냐에 맞섰으나 1년여에 걸친 포위를 견디지 못하고 1585년 끝내 에스파냐 군대에 의해 점령된다. 에스파냐는 신교도들에게 4년의 시간을 주고 개종을 하거나 안트베르펜을 떠날 것을 명한다.*

안트베르펜 몰락의 최대 수혜자는 허브 중계무역항 자리를 두고 경쟁하던 암스테르담이었다. 암스테르담에서는 그간의 거래소 노하우가 축적

---

* 이때 남부 지역에 본거지를 두고 있던 신교도 상인들과 인쇄업자, 금속가공업자 등이 대거 북부로 이주하면서 암스테르담, 로테르담, 헤이그를 비롯한 북부 도시들의 상공업 역량이 크게 강화되었다.

에스파냐 – 합스부르크 용병 부대의 안트베르펜 약탈(1576년).

되어 일종의 임계점에 다다르며 높은 수준의 제도화가 급격하게 진행된다. 앞서 설명한 대로 당시의 기술 수준으로 해외 원격지에서 상품을 입수하여 유럽까지 운반하는 데에는 많은 리스크가 따랐다. 그 리스크를 감당하며 무역선을 파견하기 위해서는, 즉 해당 선박이 귀환하였을 경우 수익을 배분하고, 반대로 사고로 귀환하지 못하였을 경우 손해를 분담하는 구조를 만들기 위해서는, 그를 기획하고 관리할 수 있는 주체가 필요하다. 솜씨 좋은 항해사가 있어야 하고, 성능 좋은 배가 있어야 하며, 입수된 상품을 판매하여 수익으로 연결시킬 수 있는 유통망이 있어야 한다.

그리고 무엇보다 그를 실행하기 위한 자본이 필요하다. 이를 위해 위험을 분산시키고 책임을 한정하기 위한 일련의 제도와 기법들이 고안된다.

구체적으로는 소유와 수익 분배권을 보장하는 주식stock, 거래의 안전을 위한 신용장letter of credit, 선하증권bill of lading 등 각종 증권 발행을 통한 신용 기반 금융기법이 거래소를 중심으로 태동하고 발전한다.

1602년, 암스테르담에서 VOC 출범에 맞춰 지난 수십 년간 진행된 증권 기반 상업 프로젝트 기법을 집대성한 암스테르담 거래소Amsterdam

암스테르담 거래소 전경.

Bourse가 개장한다. 세계 최초의 '공개' 증권거래소라 불리는 곳이다. 이제 회사의 소유권은 분할된 증권으로 존재하게 되었고, 그 증권을 소유한 사람은 자발적 거래를 통해 수익을 올릴 수 있게 되었다. 이는 사유재산제의 새로운 이정표가 되었다. 이전까지 모든 투자는 회사 자체에 대한 것이었고 회사의 실적에 따라 손익이 결정되었지만, 거래소의 성립으로 증권 소유자는 회사의 실적과 관계 없이 증권 거래만으로도 수익을 올릴 수 있게 되었다. 물론 수익을 올릴 수도 있고 손실을 볼 수도 있지만, 기존에 왕이나 귀족 또는 대부호 상인만 소유할 수 있던 생산수단을 약간의 돈만 있으면 누구라도 소유할 수 있게 되고 임의로 처분할 수 있게 된 것은 그 자체로 혁명적 변화라고 할 수 있다. 증권거래소 성립에 의한 부의 창출·분배 메커니즘은 정치적 권위가 생산과 분배를 결정하던 시대의 그것과는 비교할 수 없을 정도로 각 주체의 자율적 경제활동 영역을 확대하였다.

자본주의의 기원

VOC와 거래소의 등장으로 인해 인류의 경제 활동은 완전히 새로운 국면의 신경제에 접어들게 된다. 신경제의 가장 큰 특징은 미래 예측이 경제를 움직이는 동력이 되고, 실물과 금융이 분리되기 시작했다는 것이다. VOC 설립의 주역이자 가장 많은 지분을 보유하고 있던 아이작 르 메르

Isaac le Maire는 안트베르펜에서 건너온 상인이다.* 르 메르는 동인도회사의 출범과 함께 총재에 취임하지만 얼마 후 독직과 횡령 스캔들에 휘말려 반강제 사직하게 된다. 앙심을 품은 그는 동인도회사에 대한 지배력을 높이기 위해 은밀한 작업에 착수한다. 르 메르는 1609년 소수의 투자자를 규합해 유령회사(Groote Compagnie)를 설립한다. 이 회사는 그때까지 없던 새로운 거래를 시도한다. 자신의 VOC 보유 지분이 신용 자산 가치가 있다는 점에 착안해, 일정 시점 후 지분을 현 시세보다 낮은 가격에 인도하는 조건으로 인수자를 모집한 것이다. 현대의 '공매도short-selling'에 해당하는 기법이다. 르 메르로서는 VOC 지분의 가치가 하락해야만 이익을 볼 수 있다. 하락폭이 크면 클수록 이익도 늘어난다. 르 메르는 VOC의 독점권이 무력화된다면 지분 가치 폭락을 유도할 수 있다고 생각했다. 그는 독자적인 동인도회사 설립을 추진하던 프랑스 왕실과 손을 잡고 VOC 독점권을 회피할 수 있는 대체 항로를 개발하고자 막대한 자금을 북방 항로 개척에 투입하였지만 결국 실패하였고,** 반면 동인도회사의 지분 가치는 르 메르의 예상과 달리 오히려 상승했다.

르 메르를 포함한 회사의 주주들은 공매도 지분이 보유 지분을 초과하

---

* 르 메르는 플랑드르 지방의 상인 집안 출신이라는 것이 정설이나, 반유대주의 성향의 일부 역사가들은 당시 많은 유대인들이 그러했듯이 그 역시 신분을 세탁한 유대인 집안 출신일 가능성이 있다고 주장한다.
** 16세기 후반 세계 일주를 위한 동방 항로와 서방 항로가 모두 개척되었으나, 두 항로는 포르투갈과 에스파냐가 독점하고 있어 네덜란드, 영국, 프랑스 등 신흥 해양국들은 북극해를 넘어 유라시아 반대편에 도달하는 북방 항로 개발에 혈안이 되어 있었다.

게 되자 지분을 비싸게 매입해서 싸게 넘겨야 하는 상황에 처한다. 르 메르와 그 일당에게는 재앙과 같은 상황이었다. 이들이 자금 부족으로 파산을 하고 계약 불이행이 속출하면서 사회적 문제가 되자, 네덜란드 정부가 나서서 거래소 이외의 장외 거래를 금지하는 조치를 취한다. 그러나 장외 거래는 근절되지 않았고 정부의 단속에도 불구하고 지분 소유권 또는 예상 이익으로부터 새로운 권리를 파생시켜 거래하는 기법은 더욱 다양한 양태로 발전하였다. 당초 VOC의 지분은 '주식stock'으로 발행되지 않았다. 출자금의 비율을 나타내는 '지분share'으로 상정된 권리는 매매 계약 등기登記를 통해 점차 주식과 같은 분할거래의 대상이 되었고, 이는 훗날 주식 발행에 의해 설립되는 '주식회사' 제도의 모체가 되었다.

주식회사의 등장과 주식시장 형성으로 촉발된 자금 수요는 은행업에 새로운 피를 수혈한다. 암스테르담의 은행들이 주식의 담보 가치를 인정하기 시작하면서 은행을 통한 주식 대출시장이 형성된 것이다. 은행이 주식시장에 신용을 공급함으로써 실물경제 본위의 경제체제하에서는 상상도 할 수 없었던 규모의 금융시장이 형성된다. VOC와 거래소의 성립은 이처럼 자본의 증권화, 금융의 산업화, 미래 예상(또는 투기적 예측)의 상품화 등을 통해 경제에 있어 실물과 금융의 관계를 송두리째 바꿔놓았다. 많은 학자들은 이때의 네덜란드를 근대적 '자본주의'의 기원으로 본다.

17세기 말이 되면 암스테르담 거래소에서는 주식, 채권債券 및 그를 기반으로 하는 선물先物, 옵션물 등의 파생상품이 증권화되어 거래되고 있었다. 암스테르담의 유대인 상인이자 극작가인 요세프 베가Joseph de la

Vega는 1688년 자신의 저작 『대혼란Confusion of Confusions』에서 당시 주식에 울고 웃는 암스테르담 시민들의 천태만상을 묘사하면서 주식시장 참여자들에게 다음과 같은 네 가지 경고를 남긴다.

첫째, 주식을 사거나 팔라고 타인에게 조언하지 말라. 미래를 맞추는 것은 마법사들이나 하는 것이니 조언을 삼가라.

둘째, 이익이 날 수도 있고 후회할 수도 있음을 받아들여라. 손에 들어온 것이 있으면 확실히 챙기는 것이 가장 좋다. 행운과 우호적 환경이 계속될 것이라고 기대하지 말라.

셋째, 주식시장에서의 수익은 도깨비 방망이 같은 것이다. 한순간 뾰루지가 되었다가 다음 순간 석탄이 되었다가, 다시 다이아몬드가 되었다가, 어느 순간 자갈이 되어버린다. 때로는 오로라가 아름다운 아침에 풀잎에 떨군 영롱한 이슬이지만, 때로는 그저 눈물이다.

넷째, 이 게임에서 돈을 벌고 싶다면 두 가지를 갖춰라. 두둑한 자본과 인내심!

현대의 주식시장을 방불케 하는 당시의 시대상을 엿볼 수 있는 대목이 흥미롭다.

중앙은행의 원조 암스테르담 은행

자본주의의 성립에 있어 네덜란드가 선구적 역할을 한 또 하나의 중요한 제도는 암스테르담 은행의 설립이다. 16세기까지 화폐는 주조권자인 왕들의 치부致富 수단으로 악용되기 일쑤였다. 영국의 헨리 8세는 궁정 사치와 스코틀랜드, 프랑스와의 대외 전쟁으로 재정이 악화되자 1544년 순도를 대폭 낮춘 품위저하 금화와 은화를 비밀리에 주조하여 기존의 화폐에 섞어서 유통시킨다. 상인들에 의해 저질 주화가 유통되고 있다는 것이 발각되자, 기존의 고품위 화폐는 시장에서 자취를 감추고 저질 주화만 나도는 결과가 초래된다. 이때의 화폐 개주를 'The Great Debasement'라고 하는데, '악화가 양화를 구축驅逐한다'는 '그레셤의 법칙Gresham's law'이 탄생한 배경이다. 화폐가 신용을 상실하자 시장은 대혼란에 빠졌고, 영국 화폐가 시장에서 신용을 회복하는 데에는 수십 년이 소요되었다.

에스파냐의 카를로스 1세는 이에 한술 더 떠 자의적으로 금은비가金銀比價(금과 은의 상대적 가치)를 조정하여 화폐시장에 개입했다. 1524년 그는 은화와 금화의 교환비율을 10 대 1에서 11.375 대 1로 조정한다. 은화에 대한 금화의 인위적 평가절상이다. 은화가 주로 유통되던 저지대국가는 이로 인해 갑자기 금화로 평가된 자산이 축소되는 결과가 초래된다. 1542년 카를로스 1세는 교환비율을 종전의 10 대 1로 되돌렸지만, 이번에는 은화를 품위저하 개주시켜버린다. 은화의 은 함유량이 갑자기 줄어든 것이다. 에스파냐 왕실의 화폐 장난은 이에 그치지 않고 4년 뒤인

1546년, 은화·금화 교환비율을 13.5 대 1로 대폭 상승시켜버린다. 저지대국가에서 유통되는 은화의 은 함유량은 하락했고 그를 통해 교환할 수 있는 금의 양은 더욱 축소되었다. 금의 가치가 50퍼센트 이상 치솟았고, 이는 금을 다량 보유한 에스파냐 왕실의 금고를 두둑하게 해주었으나, 저지대국가 주민들에게는 재앙과 같은 자산 가치 하락을 의미했다. 저지대국가가 에스파냐 통치에 반기를 들고 독립전쟁을 선포하게 된 배경에는 종교적 이유도 있었지만, 에스파냐 왕실의 과도한 징세와 함께 자의적 화폐 조작에 의한 경제 혼란과 이에 대한 저지대국가 주민들의 분노라는 경제적 요인이 큰 자리를 차지하고 있었다.

1579년 독립전쟁의 발발과 함께 네덜란드(보다 정확하게는 각 자치주)는 독자적 주조권을 보유하게 된다. 그러나 주조권을 보유한다고 해도 네덜란드와 같은 소규모 개방경제는 외부 화폐에 의해 크게 영향을 받을 수밖에 없었다. 암스테르담이 유럽 최대의 무역항이 되고, VOC와 거래소의 성립으로 유럽의 자본이 암스테르담에 집중되자, 거래수단의 문제가 발생한다. 당시 암스테르담에는 유럽 각지의 상인들이 유입시킨 화폐의 종류만 800종에 달했고, 각 화폐는 주조권자의 조작으로 함유량이 일정치 않았으며, 테두리 깎기clipping 등으로 훼손되어 가치가 들쭉날쭉하였다. 상품 거래에 유가증권 거래가 더해져 거래 규모가 비약적으로 확대된 상황에서 화폐 가치의 불확실성은 거래 비용을 높이고 거래 안정성을 저해하는 큰 애로 요인이었다. 1605년 암스테르담 대상인 조합이 이에 대한 문제를 공식 제기하자 4년여의 연구와 준비를 거쳐 1609년 암스테르담

은행이 출범한다.

암스테르담 은행은 수익 창출이 아니라 화폐 불확실성 제거와 상거래 촉진을 목표로 암스테르담 시당국의 보증하에 출범한 공적 은행이다. 현대 중앙은행의 전신으로 평가되는 역사적 은행이다. 암스테르담 은행의 가장 큰 업적은 '은행화폐bank guilder' 제도의 창안이다. 은행화폐라는 생소한 제도를 시장에 안착시키기 위해 암스테르담 당국은 몇 가지 유인책을 강구한다.

당시 대상인들 간의 대규모 결제는 어음bill 결제가 일반화되어 있었다. 암스테르담 당국은 암스테르담에 본거지를 둔 사업자가 발행하는 600길더 이상의 어음은 반드시 은행화폐로 결제할 것을 의무화하였다. 또한 상인들의 최대 거래처인 VOC의 모든 거래를 은행화폐로 결제하도록 규정했다. 상인들은 이를 위해 암스테르담 은행에 계좌를 개설하여 보유 자산(화폐)을 예치해야 했고, 은행은 은행화폐로 환산한 크레디트credit를 예치인 계좌에 등재하였다. 상인들은 처음에는 반신반의했으나, (은행의 지불 보증이 지켜지는 한) 은행에 예치된 크레디트가 실물화폐에 비해 손모損耗·훼손으로 인한 가치 저하 없이 고정 가치가 유지되고, 화재와 도난으로부터 안전하게 자산을 지킬 수 있는 이점이 있다는 것을 깨닫는다. 상인들의 계좌 개설이 쇄도하면서 은행화폐는 순식간에 기축통화의 위치를 점하게 된다.

암스테르담 은행은 이에 더하여 계좌 이체giro 제도를 도입한다. 거래 당사자 간에 현금이나 어음을 주고받는 것이 아니라 계좌 간 이체, 즉 장

부상의 대차貸借 등재로 결제를 청산하는 제도이다. 암스테르담 은행의 설립은 은행화폐라는 통일된 환換 기준과 계좌 이체라는 간편 결제 시스템 제공을 통해 상거래의 안전성과 편의성을 크게 향상시켰고, 그만큼 암스테르담의 금융 중심지로서의 위상도 더욱 높아지게 되었다.

제20장

자본주의와 유대인

유럽의 소국 네덜란드는 어떻게 근대 자본주의의 기원을 이루고 전 세계로 뻗어나가 최강 해상국가로서 군림하면서 '황금시대The Dutch Golden Age'를 구가할 수 있었을까? 네덜란드의 약진은 조금 색다른 차원에서 그 의미를 생각해볼 수 있다. 오늘날 인구에 회자되는 '유대인의 세계 금융 영향력'이라는 현상은 네덜란드의 부상과 불가분의 관계에 있기 때문이다. 질문을 바꿔, 박해받는 소수민족에 불과했던 유대민족이 어떻게 전 세계적으로 큰 영향력을 갖는 집단이 될 수 있었을까? 첫째 질문과 둘째 질문은 동전의 양면관계에 있다. 17세기 이후 네덜란드의 성장과 자본주의의 확산이 유대민족의 운명을 바꾸는 전환점이 되었기 때문이다.

이베리아의 유대인 추방

이베리아 지역은 유럽을 떠돌던 유대인들이 일찍이 모여들던 곳이다. 8세기 이후 이베리아를 지배한 이슬람 세력은 유대인들에게 상대적으로 관용적이었다. 이베리아의 이슬람교도들은 가장 큰 적대 세력 기독교도와 일대 투쟁의 와중이었다. 유대인 정도의 소수 이교도와의 평화적 공존을 개의치 않았다. 그러한 상황은 이베리아반도를 이슬람들로부터 탈환하려는 레콩키스타(국토회복운동)가 거의 마무리되는 15세기가 되면서 일변했다. 이베리아를 되찾은 기독교 세력이 유대인들을 탄압의 대상으로 삼은 것이다. '기독교도가 되거나, 이베리아를 떠나거나'가 그곳의 유대인들에게 주어진 선택지였다. 그러한 박해의 상징적인 조치가 1492년 카스티야·아라곤 연합왕국(후에 에스파냐 왕국)의 '유대인 추방령(Alhambra Decree)'이다. 유대인들은 이 추방령에 따라 에스파냐의 영토를 떠나거나 기독교로 개종하여야 했다. 이때 에스파냐를 떠난 유대인의 숫자가 20만 명에 달한다.

잔류를 선택한 사람들은 '콘베르소converso*'가 되어 기독교도로서 삶을 이어가야 했다. 개종인들 중에는 표면적으로는 기독교인이지만 내면적으로는 여전히 유대인으로서의 정체성을 포기하지 않는 '은자隱者 유대인crypto-Jews'이 많았다. 개종과 관계 없이 이베리아의 유대인들은 여

---

* 개종인이라는 뜻의 에스파냐어. 신기독교인New Christian이라고도 한다.

전히 감시의 대상이었고 생활에 많은 제약이 따랐다. 추방령에 의해 쫓겨난 유대인들은 오스만 제국, 북아프리카, 동유럽, 영국, 저지대국가 등으로 정처 없는 유랑의 길을 떠나야 했다. 초기에 가장 많은 인원이 피신한 곳은 인접한 포르투갈이었다. 이때 포르투갈로 몰려든 이베리아반도 각지의 유대인들을 '포르투갈 유대인Portuguese Jews'이라고 한다. 그러나 포르투갈은 이들의 안식처가 될 수 없었다. 레콩키스타의 한 축이었던 포르투갈 역시 기독교 이외의 종교를 포용하지 않았고, 1497년 이교도 추방령을 발령한다.

유대인들은 전통적으로 항해, 지도제작, 귀금속가공, 무역에 종사하는 사람들이 많았다. 유대인들의 기술과 네트워크가 필요하였던 포르투갈은 에스파냐와 달리 실질적으로는 국외 이동을 허용하지 않고 개종을 강요하였다. 포르투갈 유대인들은 다수가 콘베르소가 되어 포르투갈에 잔류하였으나, 이들은 실상 유대인의 정체성을 포기하지 않은 은자 유대인이었다. 이들 중 상당수는 가톨릭으로 개종한 것을 계기로 다시 에스파냐로 복귀하기도 하였다.

포르투갈 유대인들은 포르투갈의 대외무역을 지탱하는 중요한 인적 자원이었다. 인구 130만 정도의 소국인 포르투갈은 유대인들의 조력이 절대적으로 필요하였다. 에스파냐와 포르투갈은 16세기에 들어 새로운 교역로를 개척하여 큰 부를 획득하지만 그 방식은 전혀 달랐다. 에스파냐는 강성한 군사력을 바탕으로 신대륙을 오가는 상선에 무장 호위 함대flotas를 제공하여 물자 유통의 안전을 확보하였으나, 포르투갈은 주요 해상교통 요지에 교두보를 확보하되, 무력 점령에 의한 영토 확장보다는 현지 세력과의 통교通交를 통한 무역 이익을 독점하는 데 주력하였다.

포르투갈은 에스파냐와 달리 아랍·인도·중국 등 이미 독자적인 문명을 발전시킨 지역에 진출하여야 했던 사정도 있었다. 이들 구舊문명권과의 교류를 위해서는 재래의 관습·관행에 대한 정보가 필수적이었고, 교역을 성사시킬 중개자가 필요하였다. 당시 가장 방대한 교역 네트워크를 형성하고 있던 무슬림을 적대시하고 추방한 포르투갈로서는 이러한 역할을 (이탈리아 상인들과 함께) 유대인에게 의존할 수밖에 없었다. 이에 따라 포르투갈이 진출하는 곳에는 어디에나 유대인들이 있었다. 아프리카, 고아, 말라카 등 포르투갈의 진출지에는 포르투갈의 콘베르소들이 무역·세관·의료·회계·법률 분야에 종사하며 교역체제를 지탱하고 있었다. 이를테면 1557년 분고豊後에 일본 최초의 병원을 세우고 자선 구호에 나선 것으로 유명한 루이스 데 알메이다 같은 인물이 대표적이다. 알메이다는 리스보아 출신의 콘베르소로 원래 직업은 의사였다. 그는 1552년에 도일한 후, 일본에 상주하며 마카오 무역으로 큰돈을 벌어 기반을 다지는 한편, 의료 봉사로 현지인 사회에 밀착하여 포교 활동을 지원하는 등 포르투갈의 일본 접근을 돕는 일등공신이었다.

포르투갈의 실용적인 유대인 정책은 1547년 종교검열Inquisition이 강화되면서 종지부를 찍는다. 종교검열이란 콘베르소들이 실제 기독교로 개종한 것인지를 조사하여 허위로 밝혀질 경우 엄중한 처벌(주로 공개 화형)을 가하고 재산을 몰수하는 교황 공인의 반反종교혁명 조치이다. 종교검열은 에스파냐의 펠리페 2세가 포르투갈의 왕위를 겸하면서 그 극악성을 더해갔고, 포르투갈 유대인들은 잔류를 포기하고 국외 탈출을 감행한다. 당시 동방무역은 큰 위험이 따르는 도박과도 같은 벤처 비즈니스였고, 그를 감당하기 위해서는 유력 상인이나 자산가들의 금융 지원이 절대적으로 필요했다. 종교검열에서 허위 개종으로 판정될 경우 해당인은 전 재산을 몰수당한다. 포르투갈 유대인의 채무 회수 안전성이 크게 저해되자 유럽의 자산가들은 포르투갈로 향하는 돈줄을 틀어막았다.

유대인이 자취를 감추고 돈줄이 마르면서 포르투갈의 동방무역은 서

16세기 이베리아의 종교검열. 개종을 거부한 유대인들은 화형에 처해졌다.

서히 몰락하기 시작한다. 무역의 과실을 따먹으며 호사를 누리던 왕실과 귀족 세력은 종교 도그마에 빠져 자신들의 부를 지탱해준 유대인의 공백이 무엇을 의미하는지 인지할 능력조차 없었다. 포르투갈의 동방무역은 17세기에 접어들면서 유대인 이탈과 맞물려 네덜란드, 영국 등 경쟁국의 등장으로 급속하게 쇠퇴하기 시작하였고, 17세기 중반 에스파냐의 합병에서 벗어나 독립한 시점에서 2류 국가로 전락한 포르투갈은 그 후 다시는 열강의 대열에 오르지 못했다.

세파르디 유대인

이베리아반도의 유대교 탄압을 피해 새로운 정착지를 찾아 각지로 퍼져나간 유대인들을 '세파르디 유대인Sephardi Jews'이라고 한다.* 종교적 탄압이 이주의 이유였기에 세파르디 유대인들이 유대교 탄압이 심하지 않은 곳을 찾은 것은 당연한 것이었다. 새로운 정착지 가운데 하나로 선택된 곳이 저지대 지역이었다. 저지대 지역의 공국公國과 도시들은 상대적으로 높은 자치권을 획득하고 있었고, 종교적으로도 오스만 제국의 위협, 황제와 교황 간 불화를 틈타 가톨릭의 교세가 위축되고 신교新敎 세력이 급성장하고 있었다.

　16세기 중반 세파르디 유대인들은 안트베르펜에 자리를 잡기 시작한

---

*　이에 반해 독일 지역에서 유럽 각지로 퍼져나간 유대인들을 '아슈케나지 유대인Ashkenazi Jews'이라고 한다.

다. 1526년 신성로마제국 황제 카를 5세(에스파냐의 카를로스 1세이기도 한)의 칙령에 따라 저지대 지역에서의 신교 포교 금지가 해금解禁되자, 안트베르펜의 종교검열이 폐지되었다. 에스파냐의 악명 높은 종교검열에 신음하며 강제로 고향을 등진 유대인으로서는 안트베르펜이 안성맞춤의 피신처였다. 안트베르펜으로서도 날로 확대되는 국제 교역을 뒷받침하기 위해 무역·금융 서비스를 담당할 인적 자원에 대한 수요가 높아지고 있었다. 유대인들은 자신들의 강점인 무역과 금융 분야에 종사하며 안트베르펜의 성장을 뒷받침했고, 안트베르펜은 유럽 최대의 무역항으로 번성한다.

앞서 언급한 대로 안트베르펜의 번성은 오래가지 못한다. 1585년 에스파냐에 점령당하면서 신교도 추방령이 내려졌고, 신교도도 추방되는 마당에 유대인들이 더 이상 안트베르펜에 잔류할 수 있는 여지는 없었다. 안트베르펜 유대인들이 이주 대상지로 삼은 곳은 안트베르펜으로 향하던 물량을 흡수하면서 국제무역항으로서의 위상이 높아진 북부의 암스테르담이었다. 암스테르담에는 16세기 중반부터 이주를 시작한 세파르디 유대인들이 상당수 거주하고 있었고, 국제무역항으로서 유대인 네트워크의 수요가 높아 안트베르펜 유대인들의 정착이 용이하였다. 암스테르담에서 성립된 VOC와 거래소는 유대인들에게 새로운 기회의 문을 열어주었다. VOC는 동방으로부터 유입되는 각종 물산을 독점하며 부를 창출하였고, 그 창출된 부는 거래소를 통하여 분배되었다. 유대인들은 거래소의 성립과 운영에 깊숙이 관여하면서 새로운 축재蓄財 기회를 맞이한다.

종교 탄압 신세를 면하였다고는 하지만 유대인들은 여전히 사회적 멸시의 대상이었다. 정치적 권리가 인정되지 않은 것은 물론이고 예배당 synagogue을 짓는 것도 어려웠다. 기독교도들과의 교류를 막기 위한 당국의 조치로 독자적 상점 운영 등 도시 내수內需 경제에 편입되는 것도 제한되었다. 유대인들은 자의반 타의반으로 이러한 제약이 적용되지 않는 국제무역 및 금융 분야에 종사할 수밖에 없었다. 이것이 행운의 열쇠가 되었다. 유대인들은 국제무역이 증권 기반 비즈니스로 성격이 전환됨에 따라 누구보다 능수능란하게 리스크 회피와 수익 극대화를 도모하면서 부를 축적할 수 있었다.

종교의 압박에서 벗어난 채 국제무역에 종사하면서 수익을 증권의 형태로 거래할 수 있게 된 암스테르담의 유대인들은 물을 만난 물고기와 같은 존재였다. 전술하였듯이 포르투갈과 에스파냐에는 많은 콘베르소 유대인들이 잔류하고 있었고, 북아프리카, 영국, 오스만 제국, 인도, 신대륙 일대에 세파르디 유대인들이 퍼져 있었다. 이들의 공통점은 같은 언어를 사용한다는 것이다. 그 이전에는 같은 유대인이라도 서로 사용하는 말이 달라 의사소통이 어려웠다. 각 지역에 퍼져 동일한 언어를 사용하고 민족적 정체성을 공유하면서 상업과 금융에 종사하는 세파르디 유대인들은 무역 경쟁력의 면에서 유럽인들에 비해 큰 비교우위를 누릴 수 있었다.

이를테면, 암스테르담의 유대인 금융업자 A가 런던의 향신료 상인 유대인 B로부터 영국 업자들의 VOC에 대한 상품 주문 신용장 발행 동향 정보를 취득했다고 가정해보자. A는 출발지인 바타비아의 유대인 C로부

암스테르담의 네덜란드 동인도회사(VOC) 본사. VOC는 자본주의 발달에 한 획을 그었을 뿐만 아니라 유대인들에게 새로운 기회를 제공해주었다.

터 정확한 현지 시세 정보를 입수할 수 있다. 이러한 수요·공급 동향에 대한 정보는 VOC의 수익 전망과 주식 가격 예측에 큰 도움이 된다. A는 이를 바탕으로 암스테르담 거래소에서 VOC의 주식을 매매하거나 중개인으로서 제3자간 거래를 성사시킬 수도 있다. 이처럼 같은 뿌리를 갖고 있는 세파르디 유대인 간의 인적 네트워크는 현대의 금융정보 기관이나 시장분석·평가 기관과 같은 역할을 하며 거래소에서 유대인이 활약할 수 있는 발판이 되었다.

유대인들이 처음부터 대자본가였던 것은 아니다. 그들은 주로 중개인 broker·Makelaars으로 활동했다. 중개인은 상인보다 사회적으로 열등한 허드레 일꾼으로 인식되었고, 유대인들은 거래소 성립 초기부터 별 문제 없이 중개인 길드에 소속될 수 있었다. 시간이 갈수록 증권 시장은 증권의 소유자나 수요자가 아니라 중개인의 손에 좌우되는 시장이 된다. 거래를 성사시키기 위해서는 중개자의 역할이 점점 중요해졌고, 특히 유대인들의 활약이 눈부셨다. 유대인의 글로벌 네트워크가 제공하는 정보가 시장 참여자들에게 중요한 자산이 된 것이다. 17세기 후반 암스테르담 거래소에서 활동하던 법률가인 니콜라스 무이스Nicolaas Muys van Holy는 거래소의 증권 거래가 '글로벌 네트워크'와 '신속한 뉴스 서비스'를 보유한 세파르디 유대인에 의해 좌지우지되고 있다고 토로한 적도 있고, 18세기에 접어들자 암스테르담 증권거래 결제 공고rescontre*의 80퍼센트를 세파르디 유대인 업자들이 차지했다는 분석이 있을 정도로 증권 중개업이라는 신종 비즈니스 영역은 유대인의 독차지가 된다.

암스테르담 중개소를 벤치마킹하여 유럽 각국에 설립된 런던의 왕립거래소Royal Exchange를 비롯하여 프랑크푸르트, 파리, 심지어 신대륙 뉴욕의 로컬 거래소들도 정도나 시기의 차이는 있을지언정 유대인들의 입김이 크게 작용하는 사정은 마찬가지였다. 기존의 유럽 대부호 가문들은 배타적 상품 유통망을 구축한 실물경제의 주체로서, 또는 왕실·귀족과 결

---

* 당시 증권 거래에 수반되는 자금 이동은 바로 현금 결제가 되는 것이 아니라 월말(후에는 1년에 4차례)에 일괄 정산하는 방식이었다. 법령에 의해 지정된 정산일을 'rescontre'라고 한다.

탁하여 정치적 비호하에 이권을 추구하는 어용상인으로서 부를 획득했지만, 세파르디 유대인들은 신경제의 도래를 맞아 오랫동안 축적한 금융 노하우와 전 세계에 퍼져 있는 글로벌 네트워크를 활용하여 새로운 부를 창출해내었다. 실물경제의 증권화로 촉진된 자본주의는 유대인 네트워크의 효용성을 크게 높였고, 유대인들은 자본의 증권화에 편승하거나 그를 주도하며 경제적 영향력을 확대해나갔다. 자본주의의 최대 수혜자가 유대 민족이라는 것을 부인하기는 어려울 것이다.

제21장

데우스호 폭침 사건

16세기 말 오다 노부나가의 계승자로 덴카비토天下人(센고쿠시대 투쟁을 거쳐 일본을 통일한 최고 권력자)가 된 도요토미 히데요시는 교역의 이익은 취하되 기독교 포교는 억제하고자 했다. 이러한 '무역·종교 분리' 기조는 도쿠가와 이에야스 집권 후에도 이어졌고, 3대 쇼군인 이에미쓰家光의 시대에 이르러 막부의 대외통교 독점과 강력한 기독교 탄압의 이중구조로 이루어진 '쇄국정책'으로 귀결된다.

주인선 무역

센고쿠시대의 다이묘들은 중앙의 통치력이 미치지 못하는 틈을 타 독자적으로 통교에 나서고 있었다. 그중에서도 외부 접근이 용이한 규슈 일대의 다이묘들은 중앙의 눈을 피해 기독교를 받아들이고 교역을 추진하며 세력을 키우고 있었다. 누가 권력을 잡든 지방에서의 이러한 움직임은 잠재적 위협으로 간주될 수밖에 없었다. 최고 권력자의 자리에 오른 히데요시는 곧바로 규슈를 평정한 후, 대명對明 감합무역 붕괴 이후 방임 상태에 놓여 있던 다이묘 교역 통제에 나선다. 그는 왜구 밀무역을 금압禁壓하고, 다이묘들의 허가 없는 대외 통교를 제한하였는데, 이때 사용된 붉은 인장印章이 찍혀 있는 허가서를 '주인장朱印狀'이라 하며, 주인장 발급에 의해 공인된 무역을 '주인선朱印船무역'이라 한다.

히데요시 사후 권력을 장악한 이에야스는 주인선 제도를 공식적으로 제도화하였다. 천령天領(막부 직할령)으로 편입된 나가사키를 주인선의 출·도착항으로 지정하는 한편, 나가사키 부교奉行(막부의 지방 통치 행정 기관)를 두어 수출입 품목·가격·유통 전반을 관리하고자 하였다. 이에야스는 당시 동아시아 통치자로서는 놀라울 정도로 교역 확대에 적극적이었다. 그는 세키가하라 전투에서 승리하여 실질적 대권을 거머쥔 이듬해인 1601년부터 베트남, 캄보디아, 태국 일대의 왕국과 에스파냐령 마닐라 등지에 사절을 파견해 국교를 수립하고 교역관계를 맺는 데 심혈을 기울였다. 동남아 지역은 16세기 후반부터 일본의 민간 상인(또는 왜구)들이 빈번하게 왕래하고 있었으나, 당시 이들의 활동은 사무역(또는 밀무역)에 해당하는 것이었고, 종사자들의 신변 안전도 보장되지 않았다.

1604년 주인선 제도로 동남아 지역 도항渡航이 공인되자, 일본인들의 남방 진출이 크게 증가한다. 1604년부터 1635년 사이에 총 355통의 주인

17세기 초반 일본의 국제교역에 사용된 주인선.

장이 막신幕臣, 다이묘, 호상豪商 등에게 발급되어 매해 수십 척의 주인 선이 남중국해 일대를 왕래했으며, 1만 명 이상으로 추정되는 일본인이 동남아 각지의 교역 중심지에 체류하면서 일본인 집단 거류지가 형성될 정도로 남방무역이 활성화되었다.

주인선 무역으로 인해 타격을 입은 것은 포르투갈이었다. 일본인들의 동남아 직접 진출은 중계무역을 독점하던 포르투갈의 지위에 영향을 미쳤고, 무엇보다 최대 교역품인 중국산 생사生絲 공급을 둘러싼 환경이 변하면서 포르투갈의 일본 내 입지 자체가 흔들리는 결과로 이어졌다. 당시 일본의 생사 수요가 워낙 큰 탓에 최대 공급자인 포르투갈은 일본과의 교역조건 교섭 시 주도권을 쥐고 폭리를 취하고 있었다. 포르투갈의 이러한 우월적 지위는 명 조정의 대對일본 해금海禁정책에서 비롯된 것이었으나, 17세기에 접어들어 명의 통치력 쇠퇴로 단속이 느슨해지자 상황이 일변한다. 중국 상인들이 직접 일본에 생사를 반입하는 사무역이 성행하고, 합법적으로 생사를 반출할 수 있는 동남아 지역에서 중국과 일본의 상인이 접선하여 이루어지는 제3국 우회무역*이 개시되면서 일본의 생사 수입 루트가 다변화된 것이다.

이보다 더 거시적이고 구조적인 변화가 동아시아에서 포르투갈의 입지를 좁히고 있었다. 1580년 에스파냐 합스부르크 왕가의 펠리페 2세가 포르투갈을 병합하자, 포르투갈과 네덜란드의 관계가 급속히 악화된다. 포르투갈과 저지대국가는 오래전부터 이인삼각의 호혜적 대외교역체제를 구축하고 있었다. 저지대국가는 발트해로부터 운송된 곡물의 집산지이자 선박용품 생산국이었고, 포르투갈이 동방무역에서 획득한 원료와 상품을 유럽 시장에 유통시키는 중계지였다. 포르투갈은 식량 확보, 인도 아르마다 운영, 향신료 판로 확보 등 국가 경제의 중추를 저지대국가에 의존하고 있었다. 펠리페 2세가 저지대국가의 저항을 압박하기 위해 포르투갈 향신료의 저지대국가 반입을 통제하자 타깃인 저지대국가보다 더 큰 타격을 입은 것은 포르투갈이었다. 저지대국가는 남부와 북부가 분리되어 안트베르펜을 대신하여 암스테르담이 새로운 국제무역항으로 떠오름과 동시에 생존을 위해 에스파냐의 봉쇄를 뚫고 필사적으로 대외교역 루트를 확보해야 하는 상황에 봉착한다.

---

* 이를 일본어로 '데아이出会い무역'이라고 한다.

북부 네덜란드가 포르투갈의 동인도 항로 독점을 깨고 동아시아 진출에 나섰고, 영국이 그 뒤를 따랐다. 에스파냐의 '마닐라 갤리언' 무역도 포르투갈의 독점적 지위를 침식浸蝕하고 있었다. 1600년 리프데호의 표착을 계기로 일본에 정착한 윌리엄 애덤스와 얀 요스텐 등 (에스파냐·포르투갈 제국의 대척점에 서 있는) 영국·네덜란드 출신 이국인들은 최고 권력자 이에야스가 이러한 세계정세의 변화를 조망할 수 있는 눈과 귀가 되어주었다.

당시 마카오에 거점을 두고 있던 포르투갈은 일본보다도 이러한 정세 판단에 어두웠다. 유일한 유럽 세력이자 주요 물자 공급처로서의 우월적 지위에서 일본을 대하던 고압적 태도에 변화가 필요한 시점이었으나, 그러한 시대 변화를 인식하지 못했다. 이러한 급변하는 정세와 포르투갈의 쇠퇴를 상징적으로 보여주는 사건이 '마드레 데 데우스Madre de Deus호* 폭침 사건'이다.

마드레 데 데우스호 사건

1610년 1월 포르투갈의 동아시아 무역선 '마드레 데 데우스'호가 나가사키 앞바다에서 폭침되는 사건이 발생한다. 선장인 앙드르 페수아André Pessoa가 자신의 배가 기리시탄 다이묘 아리마 하루노부有馬晴信 군대의

---

* 이는 일본의 명칭이며, 포르투갈 문헌에는 '노사 세니뇰라 다 그라사Nossa Senhora da Graça호'로 기록되어 있다.

공격을 받아 탈취당할 상황에 처하자 스스로 화약고에 불을 질러 800톤급 대형 갤리언선을 자침自沈시켜버린 사건이다. 1571년 이래 40년 동안 나가사키를 중심으로 우호적 교역관계를 맺어온 일본과 포르투갈 간에 벌어진 이때의 격렬한 무력 충돌은 동아시아의 해양 질서가 새로운 국면에 접어들었음을 알리는 신호탄이었다.

사건의 발단은 1608년 11월에 발생한 '마카오 일본인 소요사건'이었다. 그해 가을 아리마 하루노부가 파견한 주인선이 캄보디아에서 일본으로 귀환하는 길에 바람을 잃고 마카오에 기항寄港한다. 당시 마카오에는 통킹(베트남)에서 일본으로 귀환하는 도중에 조난을 당해 긴급피난한 별단의 일본인 무리(왜구로 추정)가 머물고 있었다. 이듬해 봄 편서풍이 불기를 기다리던 와중에 사달이 벌어진다. 현지 법규를 무시하고 칼을 휴대한 채 마카오 거리를 안하무인으로 활보하던 일본인 무리와 현지인 간에 싸움이 벌어졌는데, 그를 제지하던 포르투갈 관헌이 일본인의 공격으로 부상을 입고 수행원들이 살해되는 불상사가 발생한 것이다. 카피탕 모르Capitão-mor 앙드르 페수아가 경비대를 이끌고 출동해 일본인들을 체포하려 하자, 일본인들이 건물 안에 피신해 농성을 벌이면서 사태가 걷잡을 수 없이 커진다. 분노가 극에 달한 페수아는 건물에 불을 지른 후 도망쳐 나오는 일본인들을 모조리 사살하고, 주동자를 색출해 교수형에 처해버린다. 일본인 사망자가 40명이 넘는 참사였다.

사실 페수아는 당초 계획대로라면 이미 마카오를 떠났을 사람이다. '카피탕 모르'는 포르투갈 왕실이 무역선단장에게 부여하는 직위로, 마카오

체재 시 최고 행정책임자로서의 권한을 행사하기는 하나, 일본과의 무역을 마치면 본국으로 귀환하게 되므로 카피탕 모르가 마카오에 체재하는 기간은 보통 연중 수개월에 불과했다. 더구나 페수아가 마카오에 도착한 것은 1607년이었다. 이미 1년 전에 돌아갔어야 할 그가 2년이 지나도록 마카오를 떠나지 못한 것은 당시 포르투갈의 천적天敵으로 떠오른 네덜란드의 위협 때문이었다.

1603년 네덜란드 동인도회사(VOC) 소속 선박들이 싱가포르 앞바다를 항행하던 포르투갈 선박 '산타 카타리나Santa Catarina'호를 공격하여 선박과 화물을 탈취하는 사건이 발생한다. 포르투갈은 불법을 이유로 약탈품의 반환을 요구하였으나 네덜란드는 양국이 교전 상태에 있었음을 들어 거부한다. 산타 카타리나호는 중국·일본에서 입수한 고가의 산물을 가득 선적하고 있었고, VOC는 이때의 나포를 통해 VOC 자본의 절반에 해당하는 어마어마한 수익을 거둔다. 이후 VOC의 선박들은 포르투갈 선박을 나포하는 데에 혈안이 되었고, 이로 인해 포르투갈의 해상 활동이 크게 위축된다. 페수아가 마카오에서 발목이 잡힌 것도 1607~8년 사이에 마카오 진입 해상로인 광둥 앞바다 해역에서 VOC의 선박들이 진을 치고 나포의 기회를 노리고 있었던 사정에 기인한다.

1609년 5월 페수아는 데우스호에 2년치 물량을 적재한 채 일본을 향해 마카오를 출항한다. 마카오의 포르투갈 무역선을 노리던 VOC의 함선들도 그 뒤를 쫓아 비슷한 시기에 대만 앞바다에 진입하여 일본을 향하고 있었다. 기록상으로 페수아가 나가사키에 입항한 것이 6월 29일이고,

VOC의 배가 히라도에 입항한 것이 7월 1일이니 양측의 일본 도착은 이틀밖에 차이가 나지 않는다. 페수아가 간발의 차로 VOC의 배를 비켜간 것까지는 운이 좋았으나, 문제는 일본에 도착한 다음이었다. 나가사키 부교奉行 하세가와 후지히로長谷川藤廣와 다이칸代官 무라야마 도안村山当安이 페수아 일행에게 모든 적재 화물의 신고·검사 및 허가 전 판매 금지 등 기존과는 다른 엄격한 통관절차를 통보해온 것이다.

하세가와와 무라야마는 이후 일련의 사태에서 가장 논란의 중심에 선 인물이다. 이에야스의 신임을 얻어 1606년 나가사키 부교와 다이칸으로 부임한 이들은 규슈 일대의 다이묘를 감시하고 대외무역을 감독하는 지위에 있었다. 그와 함께 쇼군의 대리인으로서 나가사키 무역에서 일본의 주도권을 확립하고 쇼군의 이익을 우선적으로 확보해야 하는 위치에 있기도 했다. 하세가와는 일방적으로 정한 가격을 포르투갈 측에 제시하고 일반에 대한 물품 판매 이전에 쇼군의 선매권을 행사하는 등 포르투갈에게 불리한 거래를 강행하려 했다. 2년을 기다려 진행되는 황금알을 낳는 교역에서 막부의 간섭이 심해진 것에 대해 포르투갈과 일본 상인들 공히 불만을 품었으나 권력자의 뜻을 거스를 수는 없었다.

당시 페수아는 마카오 소요사건에 대한 외교적 항의, 재발 방지를 위한 일본 주인선의 마카오 출입 금지, 네덜란드의 대일본 교역 불허 요청 등 굵직한 교섭 현안을 안고 있었다. 그는 이 문제의 해결을 위해 하세가와에게 이에야스 알현을 주선해달라고 요청하고 있었다. 마카오 소요사건은 보는 입장에 따라서는 어느 쪽의 책임이 더 큰지 논란이 있을 수 있는 사건이다. 더구나 희생된 것은 일본인들이다. 하세가와는 마카오 소요 사건을 이에야스에게 진언할 경우 오히려 화를 자초할 수 있음을 들어 이 사건에 대해 언급하지 말도록 페수아를 설득하고, 페수아의 부하인 마테오 레이탕Mateo Leitão을 대리인 자격으로 이에야스가 머물고 있는 슨푸 駿府로 올려 보낸다.

레이탕 일행이 슨푸에 도착하여 이에야스 알현을 대기하는 동안 공교롭게도 히라도의 VOC가 파견한 사절도 슨푸에 도착한다. 먼저 도착한 것은 포르투갈이었으나, 이에야스가 먼저 알현을 허락한 것은 VOC였다. 이에야스는 VOC 사절의 방문을 환영하고 일본 내 무역관 설치를 허가하는 주인장을 흔쾌히 발급한다. 기존의 독점적 지위를 인정받고자 했던 포르투갈로서는 당황스러운 사태였다.

사실 이에야스는 1605년 시점에 리프데호의 선장 야곱 쿠아케르낙 Jacob Quaeckernaeck에게 네덜란드와의 교역을 승인하는 허가서를 이미 교부한 상태였다. 얀 요스텐과 윌리엄 애덤스 등을 통해 서양 정세를 파악한 이에야스는 에스파냐, 네덜란드와 교역관계를 수립하는 데 관심이 많았다. 이에야스의 무역 허가서와 오라녜Oranje 공公 마우리츠 판 나사우Maurits van Nassau에게 보내는 친서를 손에 쥔 쿠아케르낙은 1605년 히라도 영주 마쓰라 시게노부松浦鎮信의 주인선에 승선하여 말레이반도의 파타니*로 향했고, 이 문건들은 우여곡절 끝에 암스테르담에 송부되어

---

* 태국 남부 지역에 위치했던 왕국. VOC는 17세기 초반에 이곳을 동아시아 무역 거점으로 삼아 활동했다.

VOC가 대일對日무역 개통을 위한 본격적 준비에 착수한 상태였다. VOC의 사절들은 오라녜 공의 이에야스 친서에 대한 답신을 휴대하고 있었고, 페수아의 뒤를 쫓아 일본을 방문한 것 자체가 이에야스의 의중이 반영된 결과였다. 정보전, 상황 판단 모든 면에서 VOC에 대한 포르투갈의 패배였다.

레이탕이 슨푸에서 VOC에게 허를 찔리고 있을 때, 나가사키에서는 페수아와 마카오 상인들이 긁어 부스럼을 만든다. 포르투갈인들은 하세가와의 간섭으로 거래가 진행되지 않는 데 불만을 품고 카피탕 모르가 왕실의 대리인 자격으로 직접 이에야스를 만나 마카오 소요사건에 대한 책임을 묻고, 아울러 하세가와가 사익私益을 편취하려 비행非行을 저지르고 있음을 고발한다는 계획을 꾸미고 있었다.*

일본 사정에 정통한 예수회 사제들이 황급히 나서 페수아의 슨푸 방문을 단념시켰으나,** 이를 알게 된 하세가와는 주군主君에게 자신을 모함하려는 포르투갈인들의 모의謀議에 격노한다. 비록 포르투갈의 이권에 간섭하고는 있었으나, 하세가와는 나가사키 부교로서 이에야스가 포르투갈과의 교역을 중시하도록 나름의 지원을 하고 있던 터였다. 페수아 일행에 배신감을 느낀 하세가와는 마카오 소요사건으로 복수의 칼을 갈던 아리

---

* 당시 유럽에서는 중남미 신대륙에서 유입되는 막대한 양의 은으로 인해 은의 가치가 폭락하고 있었다. 2년 만에 찾은 일본에서 그를 상쇄하는 수익을 올려야 했던 페수아 상인들은 생사 가격에 민감할 수밖에 없는 상황이었다.
** 하세가와 후지히로의 여동생 오나쓰お夏는 이에야스가 총애하는 측실側室로, 당시 후지히로에 대한 이에야스의 신임은 절대적이었다.

마 하루노부를 끌어들여 페수아 일행에 대한 복수를 꾸민다.

하세가와, 무라야마와 공모한 아리마는 이에야스에게 마카오 소요사건을 보고하고 보복 조치 허가를 청원한다. 예전 같으면 포르투갈과의 교역 단절을 염려하여 허가가 내려지기 어려웠을 것이나, 마닐라 갤리언, VOC, 주인선이라는 대체 공급 루트의 등장은 포르투갈에게 본때를 보여 줄 필요가 있다는 막부 중신들의 공감대 형성을 가능케 하였다. 이에야스의 허가를 얻어낸 아리마와 하세가와, 무라야마는 페우아의 신병 확보를 위해 1610년 1월 3일 나가사키의 예수회 사교관司敎館에 출두할 것을 명한다. 수상한 낌새를 눈치 챈 페수아가 출두를 거부하고 도망치듯 데우스호의 출항을 서두르자, 아리마는 30척의 함선에 분승한 1200명에 달하는

아리마 하루노부.

병력을 동원하여 배를 포위한 채 항복을 촉구한다.

예수회가 중재에 나서 평화적 문제 해결을 시도했으나, 페수아의 신병을 둘러싼 이견으로 양측 간의 교섭은 결렬되었고, 그날 밤 아리마 수군水軍의 공격으로 시작된 무력 충돌은 꼬박 나흘간 계속되었다. 전투 내내 데우스호는 바람의 부족으로 추진력을 얻지 못해 항만 입구에 발이 묶인 채 아리마 수군의 파상공격을 견뎌야 했다. 페수아를 비롯한 승조원들은 필사적으로 분전奮戰했으나, 끊임없이 밀려드는 아리마 수군을 당할 수는 없었다. 나흘째 되던 1월 6일, 중과부적을 견디지 못하고 배를 빼앗길 지경에 처한 페수아는 선원들을 탈출시킨 뒤 화약고에 불을 질러 배를 자폭시킴으로써 장렬한 최후를 맞이한다.

데우스호 사건 이후 1년 만에 포르투갈의 사절이 일본을 찾아 손해 배상을 요구하였으나, 일본은 이 모든 불상사가 페수아의 오만과 무례에서 비롯된 것이라고 주장하며 포르투갈의 요구를 거절하였다. 양측 모두 교역 상대로서 서로를 필요로 하였기에 마카오-나가사키 무역이 재개되기는 하였으나, 이전의 의미와 중요성을 되찾지는 못하였다.

이러한 관계 쇠퇴는 일본보다는 포르투갈에 더 뼈아픈 것이었다. 네덜란드의 부상浮上으로 동아시아에서의 제해권이 위협받는 전략적 환경 변화를 맞아, 포르투갈로서는 가장 중요한 전통적 교역 상대의 하나인 일본과의 우호관계를 굳건히 유지하는 것이 매우 긴요한 상황이었다. 기존의 우월적 지위를 어느 정도 포기하는 한이 있더라도 네덜란드를 견제하기 위한 전략적 관점에서 일본에 접근하는 사고의 전환이 필요하였으나, 한 세기 동안 최강 제국으로 군림한 포르투갈의 자존심은 정확한 정세 판단을 방해하였다.

반면, 포르투갈의 대항마로 떠오른 네덜란드는 기회를 놓치지 않고 불신의 앙금이 남은 일본-포르투갈 관계의 틈을 파고들었다. 네덜란드가 일본에 접근하는 방식은 포르투갈과는 다른 성질의 것이었다. 국가(또는 왕실)가 아니라 수익 창출에 최우선 목표를 두는 상업조직인 동인도회사가 형식에 얽매이지 않고 취한 순응적 태도와 실용적 접근은 일본과의 교역관계 수립에 유리하게 작용하였다.* 유럽과의 교역을 원하되 기독교를 배척하고자 하는 막부의 의향에 이보다 더 잘 들어맞는 교역 파트너는 없었다.

---

* 당시 막부는 서양 세력에 대해 조공의 예를 갖출 것을 요구했다. 포르투갈과 에스파냐는 이를 거부했지만, VOC는 쇼군을 알현하고 막부가 요구하는 예를 올리는 것이 아무런 문제가 되지 않았다. 또한 자신들의 신교의 자유만 인정되면, 기독교 포교 금지의 조건을 수용하는 데에도 아무런 문제가 없었다.

제22장

풍운아 로드리게스 신부

16세기 중반 이래 유럽과 일본 사이의 교류는 예수회에 의한 기독교 전파가 중심에 있었다. 일반적으로는 일본에 기독교를 최초로 전파한 프란시스코 사비에르, 『일본사』를 저술하여 일본의 사정을 서양에 본격적으로 알린 루이스 프로이스Luis Frois, '적응주의'를 통해 일본 내 기독교 확산에 크게 기여한 알레산드로 발리냐노 등이 역사적 인물로 널리 알려져 있으나, 사실 일본 내 예수회 활동에 있어 가장 독특하고도 흥미로운 인물 중 하나가 주앙 로드리게스 신부이다.

로드리게스 신부는 소년 시절 일본에 건너와 30년 이상 일본에 체류하며, 일본의 언어·문화·관습을 체화하여 가장 현지화된 사제로 일본의 조야朝野를 누빈 인물이다. 로드리게스 신부는 동시대 중국에서 활약한 동명이인인 '주앙 지랑 로드리게스João Girão Rodrigues' 신부와 구별하기 위

루벤스Peter Paul Rubens가 그린 주앙 '츠주' 로드리게스.

해 '주앙 츠주 로드리게스João Tçuzu Rodrigues'로 불린다. '츠주'는 이름
이 아니라 일종의 수식어로, 일본어 통사通事(일본어 발음 '쓰지')에서 온 말
이다. 통사는 오늘날로 치면 통역사이다. 통사라는 수식어가 붙을 만큼
그의 일본어 실력은 뛰어난 것이었고, 그는 탁월한 일본어 능력을 바탕으
로 후세에 길이 남을 체계적 일본어 연구 성과를 남기기도 했다.

일본어의 달인

1577년(1576년이라는 기록도 있다) 로드리게스가 일본에 건너왔을 때 그는
17세에 불과한 소년이었다. 포르투갈의 베이라Beira 지방 출신인 그가

어떠한 경로로 어린 나이에 일본에 오게 되었는지는 기록이 없다. 당시 15세 전후의 나이에 뱃사람이 되어 무역선을 타는 것이 드문 일은 아니었기에, 그 역시 돈벌이를 위해 동방 무역선의 선원이 되었을 것으로 추정된다.

예수회 측의 기록에 따르면, 로드리게스는 1574년 포르투갈을 떠나 인도 고아, 마카오를 거쳐 규슈의 분고豊後에 도착하여 일본 생활을 시작하였다. 분고의 영주인 오토모 소린大友宗麟은 개종에 반대하는 아내와 이혼을 불사하면서까지 크리스천으로 개종한 대표적 '기리시탄 다이묘'였다. 당시 분고 일대에는 오토모 소린의 후원하에 예수회가 포교 기반을 확대하기 위해 콜레지오(고등신학교), 노비시아테(예비 수련원) 등의 신학교들을 속속 설립하고 있었다. 로드리게스는 20세가 되던 1580년, 예수회의 일원이 되어 이들 신학교에서 교육을 이수하게 된다.

당시 일본에 설치된 신학교는 발리냐노의 발안發案으로 '적응주의' 교육방침을 채택하고 있었다. 적응주의란 비非기독교 지역을 포교할 때 현지의 언어·문화·습관을 철저히 익힌 후, 그 바탕 위에 현지인들이 수용 가능한 방식으로 선교에 나선다는 발상이다. 그를 위해서는 현지에서 사제를 양성하기 위한 교육기관이 긴요하였고, 이들 교육기관에서는 신학·철학·자연과학·라틴어 등의 기본 과목에 대한 교수教授 외에 현지의 언어·역사·문화 습득을 통한 현지화 교육이 집중적으로 이루어졌다. 분고 일대의 신학교에서는 발리냐노가 스스로 교편을 잡으며 사제들의 현지화를 독려하였고, 기독교로 개종한 일본의 유식자有識者들이 일본의 언어·

역사·문화의 길라잡이가 되어주었다.

유럽인과 일본인이 뒤섞여 체계적 교육을 받는 과정에서 로드리게스의 학식은 일취월장한다. 특히 로드리게스의 일본어 실력은 성인이 되어 일본어를 습득하기 시작한 여타 사제들과는 비교를 불허하는 최상급 수준이었다. 일본의 역사·고전·문화 지식을 바탕으로 고사古事 인용과 한자를 자유롭게 구사하는 그의 일본어 능력은 일본인들도 깜짝 놀랄 수준이었다고 한다.

일본을 떠나 고아에 머무르던 발리냐노는 그곳에서 유럽을 방문하고 돌아오던 덴쇼소년사절단과 재회하여 그들을 동반하고 1590년 재차 일본을 방문한다. 1590년의 일본 방문은 긴장감 속에서 이루어진 것이었다. 3년 전인 1587년, 도요토미 히데요시가 돌연 '바테렌 추방령'을 내리고 기독교 탄압 움직임을 보이고 있었기 때문이다. 발리냐노는 단순한 예수회 사제가 아닌 인도 부왕副王 사절의 자격을 얻어 도요토미 히데요시를 직접 알현하고, 그의 의중을 살펴 포교 재개에 우호적인 분위기를 조성코자 하였다.

이때 발리냐노의 통역사로 로드리게스가 발탁된다. 그전까지는 자타 공인 최고의 일본 전문가 프로이스가 통역을 맡았으나, 노쇠한 프로이스를 대신하여 로드리게스가 중책을 부여받은 것이다. 발리냐노가 1년을 기다려 성사된 히데요시와의 만남에서 통역을 맡은 로드리게스는 일본인 뺨치는 유려한 일본어로 히데요시를 매료시킨다. 로드리게스의 유창한 일본어에 감탄한 히데요시가 그를 따로 불러 단독 면담을 가질 정도였다. 이때 시작된 히데요시와 로드리게스의 인연은 히데요시가 숨을 거두는 순간까지 이어진다.

쇼군의 무역대리인

히데요시의 기독교 탄압 움직임에 숨을 죽이며 수면 아래에서 활동해야 했던 예수회는 어떻게 해서든지 상황을 타개하고자 했다. 인도 부왕 사절 자격으로 히데요시의 일본 통일 위업을 경하慶賀하고 성대한 선물을 봉정奉呈하여 히데요시의 환심을 사는 한편, 포르투갈 무역 이권을 협상의 지렛대로 삼아 추방령을 철회하고 운신의 폭을 넓히려 했다. 그러한 일련의 교섭 활동에 로드리게스가 깊숙이 개입하게 된 것이다.

히데요시는 만년晩年에 이르기까지 기독교 사제들을 에스파냐·포르투갈 제국의 일본 침략 도구로 의심하며 경원시하였으나, 로드리게스만은 예외로 후대하며 가까이 두었다. 그러나 로드리게스의 사역에도 불구하고 히데요시의 기독교 세력에 대한 의심은 누그러질 줄 몰랐고, 오히려 1597년 2월 나가사키의 '26성인聖人 순교사건'으로 기독교인에 대해 극형을 불사하는 가혹한 박해가 본격화된다.

1598년 9월 히데요시는 교토의 후시미伏見성에서 파란만장한 생을 마감한다. 히데요시는 숨을 거두기 며칠 전 로드리게스를 거소로 따로 불러 자신의 생이 얼마 남지 않았음을 고한다. 로드리게스는 죽음을 눈앞에 둔 속세의 권력자에게 그리스도를 받아들일 것을 권했으나, 히데요시는 묵묵부답인 채로 생을 마감했다고 전해진다.

히데요시 사후 예수회는 권력의 일대 지각변동을 예의 주시하며, 포교 탄압의 분위기를 전환하기 위한 기회를 엿보고 있었다. 로드리게스는 1598년 말 예수회 일본 (준)교구의 차석 고위직에 해당하는 '대리 사제procurador'에 임명된다. 대리 사제는 교구의 살림을 책임지는 자리이다. 일본에서는 그를 '재무 담당 사제'라고 번역하기도 한다. 당시 예수회 일본 교구의 재정은 만성적 적자 상태를 면치 못하고 있었다. 히데요시의 조선 침공과 그의 사후 권력투쟁 과정에서 마카오 무역선의 수익성도 크게 악화되어 있는 상태였다. 재정난에 고심하던 로드리게스는 권력 쟁패에 나선 유력자들에게 남만무역 이권을 연계시키는 중개역을 통해 재정난을 타개하고자 했다. 일본 사정에 정통한 로드리게스는 천하통일에 다가선 도쿠가와 이에야스와 돈독한 관계를 맺는 데 주력한다.

이에야스와 로드리게스는 1593년 규슈의 나고야성에서 이미 만난 적이 있는 사이였다. 이에야스는 당시 유창한 일본어로 불교 교리에 빗대어 기독교 교리를 설명하는 이국인 청년을 인상 깊게 기억하고 있었다. 이에야스가 권력을 잡은 후, 이에야스의 지우知遇를 얻은 로드리게스는 쇼군의 실질적 무역대리인 역할을 수행하게 된다.

당시 가장 중요한 교역품은 생사生絲였다. 로드리게스는 생사 수급 과정에서 가격·물량·판매처 결정 등에 깊숙이 간여하면서 쇼군·다이묘·일본 상인·포르투갈 상인의 이익이 교차하는 4파 구도에서 아슬아슬한 줄타기를 하는 입장에 서게 된다. 로마와 고아의 예수회 상부는 상부대로 무역 이권에 개입하는 것은 성행聖行에 위배되는 것이라며 로드리게스의 처사에 비판적이었고, 라이벌 관계에 있는 프란치스코회 사제들은 더욱 직접적으로 반발하고 나섰다. 로드리게스로서는 고립무원, 사면초가의 상황이었다.

결국 '마드레 데 데우스호 사건'이 화근이 되어 로드리게스의 신변에 큰 변화가 발생한다. 데우스호 사건에 관한 대부분의 정황은 사실 예수회가 남긴 기록으로 파악된 것이다. 그러나 어인 일인지 일본 기록에는 있는 데우스호와 관련된 로드리게스의 기록이 예수회 기록에는 언급이 없다. 이를테면 로드리게스가 데우스호와 일본 측 간의 생사生絲 거래 중개역을 맡은 사정이나, 그가 이에야스 알현을 위해 슨푸를 방문한 데우스호 사절을 인솔한 사실 등이 예수회 기록에는 누락된 것이다.

데우스호 사건이 발생한 1610년 로드리게스는 돌연 마카오로 추방된다. 이에야스로부터 두터운 신뢰를 받았던 로드리게스가 어떠한 이유로 추방을 당했는지 명확한 기록이 남아 있는 것은 없다. 훗날 예수회 사제 비에이라Francisco Vieira가 작성한 보고서 중에 "로드리게스 신부는 일본 권력 중추에서 큰 영향력을 행사할 수 있었다. 그러나 나가사키의 무역과 내부 문제에 지나치게 개입하는 실수를 저지름으로써 많은 적을 만들었고, 끝내 그 적들의 부당한 박해에 의해 일본을 떠나야만 했다"는 언급 정도가 남아 있을 뿐이다.

역사가들의 해석은 두 갈래로 나뉜다. 로드리게스에 의해 이권을 위협받은 나가사키 부교 하세가와 후지히로 등이 로드리게스를 데우스호 사건의 책임자로 무고誣告하여 이에야스의 눈밖에 나게 되었다는 해석과, 반대로 로드리게스가 실제 이에야스의 이익보다 포르투갈과 예수회의 이익을 우선시하는 부정직한 중개를 하는 정황이 발각되어 이에야스의 노여움을 샀을 가능성이 있다는 해석이 그것이다. 정치적 요인보다 경제적 요인이 더 컸을 수도 있다. 로드리게스는 남만선의 내왕이 단절된 기간 동안 생사를 선매先賣하면서 예수회의 부족한 재정을 보충하고 있었다. 데우스호의 침몰로 막대한 양의 생사가 바다에 잠김으로써 예수회는 막대한 채무를 떠안게 되었고, 예수회 내부에서도 로드리게스의 책임론이 대두하고 있었다.

진실이 무엇이든, 당시 이에야스는 주인선 무역과 아울러 에스파냐, 네덜란드 등 생사 대체 공급원 확보에 자신감을 갖고 포르투갈과 적당한 거리를 두면서 교역 주도권을 쥐고자 하던 차였다. 안팎이 적으로 둘러싸인 로드리게스는 언제든지 상황 변화의 희생자가 될 수 있는 처지였다. 그러잖아도 내우외환에 시달리던 예수회 일본 교구는 가장 든든한 현지 권력자와의 연결고리인 로드리게스를 잃게 됨으로써 급속하게 일본 내에서의 영향력이 쇠퇴한다. 그 자리를 대신한 것은 (어쩌면 로드리게스의 추방을 부추긴 것은) 영국의 윌리엄 애덤스와 네덜란드의 얀 요스텐 등 신교 국가 출신 유럽인들이었다.

일본학의 선구자

무역 이권에 개입한 의혹으로 불운의 추방을 당한 사정과 별개로, 로드리게스가 일본 활동을 통해 남긴 가장 큰 업적은 그의 뛰어난 지적 능력이 돋보이는 '일본학' 연구이다. 그는 탁월한 일본어 능력을 발판 삼아『일본문전日本文典·Arte da Lingoa de Iapam』이라는 책을 집필하였다. 1604년부터 1608년에 걸쳐 나가사키 학림學林(교회의 부속학교)에서 형태론, 품사론, 문장·호칭론의 3부로 나뉘어 순차적으로 출간된 이 책자는 라틴어 문법을 원용하여 분석한 일본어의 구조, 문법, 발음, 구어와 문어의 차이, 각종 문서의 작성법, 경어법, 방언 등 일본어에 대한 체계적 연구 결과를 담고 있다. 1620년에는 이 책자의 문법 부분을 축약·정리하는 한편, 신철자(표기)법과 인명人名·호칭론 등의 내용이 추가된『일본소문전日本小文典·Arte Breve da Lingoa Iapoa』이 마카오에서 출간되었다. 이들은 서양 어학의 관점에서 최초로 일본어를 체계적으로 정리한 기념비적인 연구서로 언어학사史에 자리매김하고 있다.

　로드리게스는 만년에 예수회 본부의 요청으로『일본교회사Historia da Igreja de Iapam』를 집필한다. 비록 정식 출간에는 이르지 못했지만, 다수의 사본이 작성되어 예수회 내부적으로 활용된 것으로 추정된다. 남겨진 사본을 통해 밝혀진 그의 일본에 대한 방대한 지식과 이해는 놀라운 것이었다. 로드리게스 이전에도 프로이스나 발리냐노 등에 의해 일본의 역사와 문화가 기술된 바 있지만, 로드리게스는 적응주의에 의해 철저한 현지화 교육을 받은 사제답게 일본 포교의 선결과제로서 '일본이란 무엇인가?'라는 물음에서 출발하여 언어·역사·문화·자연·지리 등에 대한 포괄적이고도 세밀한 분석을 통해 기존 기술과는 격이 다른 일본론을 전개하고 있다. 한 지역의 총체를 구성하는 각 요소를 분리하여 체계적으로 다루는 이러한 접근은 근대의 '지역연구'에서 채택하고 있는 방식으로, 17세기 초에 이미 근대적 방법론에 필적하는 분류와 접근법이 엿보이는 그의 각종 저술은 그가 서구의 '일본학Japanology' 연구의 선구자로 불리기에 손색이 없음을 증명하고 있다.

중국에서의 활동

한 편의 대하드라마를 연상시키는 로드리게스의 인생 역정은 일본이 끝이 아니었다. 일본을 떠난 이후에도 그의 파란만장한 삶은 무대를 바꿔 계속된다. 인생 제2막의 무대는 중국이었다.

　당시 예수회는 중국 선교에 전력을 경주하고 있었다. 1579년 마테오 리치Matteo Ricci 신부는 중국 땅에 발을 디딘 이후 특유의 적응주의를 통해 착실하게 교세를 확장하고 있었다. 마테오 리치는 중국 의복을 입고 중국인의 전통과 습관에 따라 생활하며 중국인이 이방인의 기묘한 사상에 위화감을 느끼지 않도록 세심히 배려하였다. 문화적 자존심이 높은 중국 지식인들에게 그러한 접근법은 매우 효과적이었다. 그는 해박한 과학 기술 지식을 바탕으로 만력제萬曆帝의 신임을 얻어 명明 조정에서 활약하기도 하는 등 기독교가 중국 사회에 수용되는 데 큰 기여를 하다가 1610년 베이징에서 생을 마감한다.

마카오에 둥지를 튼 로드리게스는 중국 선교를 위한 일종의 지역연구의 임무를 부여받고 1613년 중국으로 향한다. 남부 해안지역을 거쳐 내륙에 이르는 광대한 중국 땅을 답사한 로드리게스는 그때까지 중국에서 사용되던 카테키즘Catechism(기독교 교리서)에 천주天主, 상제上帝, 천신天神 등의 명칭이 사용되고 있는 것을 발견하고, 용어의 적절성 문제를 제기한다.

일본 예수회의 카테키즘은 라틴어 '데우스Deus'를 그대로 사용하고 있었다. 로드리게스는 천주, 상제 등의 용어가 유교나 도교 사상에서 비롯된 것임을 들어 번역어가 아닌 원어原語로 수정되어야 한다고 주장하였다. 가장 존경받는 선현인 마테오 리치의 손길이 닿은 교리서의 오류를 지적하는 것은 쉬운 일이 아니었으나, 중국에서 활동하는 많은 사제들이 로드리게스의 비판에 동조하면서 이 문제는 로마에까지 전해졌고, 가톨릭계 내부에서 '전례典禮문제'의 하나로 큰 논쟁을 불러일으킨다.

뛰어난 한자 실력을 바탕으로 중국어까지 섭렵한 로드리게스는 중국에서도 통역사로 활동하게 된다. 마침 중국에서는 후금後金의 발흥으로 일대 격동의 시대가 도래하고 있었다. 명은 마카오의 포르투갈 세력을 공식적으로 인정하지는 않았으나, 정해진 장소 이외의 본토에 발을 들이지 않는 한 해상교역을 묵인하고 있었다. 광둥 상인들에 의한 비공식 교역이 활발한 가운데 명나라 관리들이 관심을 보인 것은 그들이 '홍이포紅夷炮'

마테오 리치(왼쪽)와 서광계.

라 부르던 서양의 대포였다. 1620년대 말 홍타이지*가 장성長城을 돌파하여 베이징을 위협하는 등 후금의 압박이 거세지는 가운데 명 조정은 마카오의 포르투갈 포대를 용병으로 활용하는 계획을 추진한다. 서광계徐

---

* 후에 청조淸朝를 개창하여 숭덕제崇德帝로 등극한 인물.

光啓 등 명 조야에 퍼진 기독교 개종 관료와 학자들의 주장이 받아들여진 결과였다. 이들의 요청을 받아 예수회가 막후에서 군사협력 방안을 교섭했고, 명과의 관계 강화를 바라던 마카오의 포르투갈 지배층이 그에 호응했다.

1628년 12월 테이셰이라 코헤아Teixeira Corrêa의 지휘하에 10문의 대포와 각종 화기로 무장한 원정대가 베이징 방어를 위해 장도에 오른다. 이때 로드리게스는 70세의 노구에도 불구하고 종군 사제 겸 통역사로 동행한다. 코헤아 포대의 베이징 진입은 고난의 연속이었다. 가는 곳마다 지방 관리들이 조정의 허가 대기를 명목으로 이들의 발목을 붙잡았고, 기독교 사제를 색출하기 위한 엄격한 취조가 드문 일이 아니었다. 이는 당시 명 내부의 극심한 혼란상을 반영하는 것이었다. 한편에서는 서양 세력을 적극 활용할 것을 주장하였고, 다른 한편에서는 서양인들에 대한 경계가 여전하였다. 수도의 결정이 지방에 도달하는 데에는 시간이 걸렸고, 향관들의 불만과 불복이 속출하였다. 1630년 코헤아 포대는 북경 턱밑의 허베이河北성 쥐저우涿州에서 대기하는 처지가 된다. 이즈음에 북방의 전염병 발병으로 후금의 베이징 압박이 수그러들자 수도首都에 무장 기독교도를 들이는 것에 불안감을 느낀 조정의 변심으로 이들은 산둥성 덩저우登州(지금의 옌타이烟台시 펑라이蓬萊)로 갑작스럽게 주둔지를 옮기게 된다.

덩저우 순무巡撫(지역책임자) 손원화孫元化는 서광계의 제자이자 기독교도로, 스승과 마찬가지로 만주족 격퇴에 서양의 우수한 문물을 적극 활용하여야 한다는 생각의 소유자였다. 코헤아와 로드리게스 일행이 명군에게 유럽 대포의 사용법과 전술을 전수하며 출병 명령을 기다리던 1631년 봄, 명나라에 파견되었던 진위사陳慰使* 정두원鄭斗源 일행이 덩저우를 찾는다. 조선의 사신들은 여느 때 같으면 베이징에서 회령으로 넘어가는 귀로를 택했겠지만, 당시는 후금의 발흥으로 육로가 막혀 뱃길을 이용해야만 했다. 손원화의 소개로 조선의 사절을 만난 로드리게스는 그들에게 조선 국왕에게 바치는 선물이라며 천리경(망원경), 자명종(기계식 추시계) 등의 서양 물품과 『직방외기』, 『천문략』, 『홍이포제본』 등 서양문물을 다룬 서적과 지도를 증정하였다. 『인조실록』에 육약한陸若漢으로 기록되어 있는 인물이 바로 주앙 로드리게스이다.

실록에 따르면 인조가 "육약한은 어떤 사람인가?"라고 묻자, 정두원이 "도를 터득한 사람(得道之人)인 듯하였습니다"라고 아뢴다. 일본과 중국을 안방처럼 누비며 격동의 역사적 현장에 증인으로 입회하였던 로드리게스가 드디어 조선과도 인연을 맺는 순간이었다.** 그가 생을 마감하기 3년 전의 일이었다.

제23장

격동의 동아시아 바다

17세기에 들어서자 대항해시대는 새로운 국면에 접어든다. 해양 진출의 후발 주자인 네덜란드와 영국은 포르투갈·에스파냐의 해양로sea-lane 패권에 거세게 도전했고, 가톨릭 교권이 설정한 전통의 기득권은 의미를 상실했다. 이는 권위가 아니라 기술·자본의 우위가 해외 진출을 좌우하는 경쟁 본위 시대로의 레짐 체인지regime change를 의미했다.

열린 바다와 닫힌 바다

네덜란드와 거의 동시에 대양 진출 출사표를 던진 또 한 나라가 영국이었다. 영국의 대양 항해 기술도 포르투갈에서 파생된 것이다. 젊은 시절 포르투갈에서 용병이자 상인으로 활동하면서 항해술을 습득한 제임스 랭커스터James Lancaster가 1591년 영국 최초로 향신료군도를 찾아 항행에 나섰고, 그의 선단은 1592년 6월 말레이반도의 페낭Penang에 도착하는 쾌거를 이룬다. 네덜란드보다 빠른 동아시아 진입이었다. 보다 본격적인 대양 진출의 계기가 마련된 것은 그로부터 두 달 뒤이다.

당시 영국은 칼레 해전(1588년)에서 에스파냐에 승리한 이후 대서양 제해권에서 우세를 점하고 있었다. 왕실로부터 적국 선박 나포권을 부여받은 사략선privateer이 호시탐탐 에스파냐 선박을 노리고 있던 차에 역사에 남을 약탈사건이 발생한다. 월터 롤리Walter Raleigh 휘하의 무장 사략선단이 아조레스제도의 플로레스Flores섬 인근에서 포르투갈의 인도 아르마다 카라크선 '마드레 데 데우스Madre de Deus호'*를 발견하고, 치열한 교전 끝에 나포에 성공한 것이다. 전술한 대로 영국과 포르투갈은 우방국 중의 우방국이었다. 그러나 포르투갈이 에스파냐에 합병되면서 기존의 동맹조약(Anglo-Portuguese Treaty of 1373)은 효력을 상실하였고, 영국의 사략선은 포르투갈 아르마다를 무자비하게 공격하였다. 어제의 친구가 오늘의 적이 되는 냉엄한 유럽의 질서를 보여주는 상징적 사건으로도 유명하다.

데우스호는 1500톤이 넘는 초대형 카라크선으로 수백 톤의 향신료와 각종 귀금속, 상아 등 진귀한 보화를 가득 적재하고 있었다. 그 금액은 영국 왕실 국고의 절반에 해당한다고 평가될 정도로 막대한 것이었고, 영국

---

* 나가사키 앞바다에서 자폭으로 침몰한 선박과 이름은 같지만 다른 선박이다.

은 포르투갈의 인도 카레이라가 가져다주는 부에 다시 한번 자극을 받는 다. 데우스호를 비롯한 포르투갈 선박 나포에서 얻은 또 하나의 (어쩌면 향 신료보다 더 중요한) 소득은 인도 카레이라 항해 가이드북(rutter)이었다. 인 도·중국·일본에 이르는 소상한 항행 루트와 노하우를 습득한 흥분이 채 가시기도 전에 실제 그 루트를 항행한 랭커스터가 1594년 귀환하자, 런 던은 동인도 진출의 열풍으로 들썩인다. 라이벌 네덜란드 회사들의 잇따 른 동인도 무역 성공에 자극받은 런던 상인조합이 1600년 동인도회사를 설립하자 랭커스터는 그 첫 번째 선단의 단장이 되어 1601년 다시 한번 동인도 항해에 오른다. 랭커스터 선단은 1602년 자바섬의 반탐에 도착하 였고, 영국은 이곳에 자국 최초의 동아시아 팩토리를 구축한 후, 말루쿠 제도를 비롯한 동남아 일대의 향신료 확보에 나선다.

한편, 네덜란드는 역으로 영국의 공격적 진출에 자극을 받는다. 선행 회사들은 포르투갈을 피해 도둑고양이처럼 동아시아를 드나들었으나, 1602년 VOC의 출범과 함께 네덜란드는 공세적인 입장으로 전환한다. 독립전쟁의 당사자로서 적국 에스파냐·포르투갈 선박 나포권을 적극 행 사하였고, 앞장에서 설명한 것처럼 1603년 싱가포르 앞바다에서 산타 카 트리나호를 나포한 사건은 이러한 정책 기조 변화의 산물이었다.

산타 카트리나호는 국제법적으로 매우 중요한 의미를 갖는 사건이다. 포르투갈이 네덜란드의 산타 카트리나호 나포 적법성 문제를 암스테르 담 당국 법원에 제기하자, VOC를 대변한 '국제법의 아버지' 휴고 그로티 우스Hugo Grotius는 자연법 사상을 원용하여 '누구나 자유롭게 접근할 수

'국제법의 아버지'라 불리는 휴고 그로티
우스.

있는 바다(mare liberum)' 논리를 주장하여 폭넓은 국제적 지지를 얻는다. 포르투갈은 15세기 이래 교황 교서를 근거로 VOC 선박의 동아시아 항행이 불법이라는 '폐쇄된 바다(mare clausum)' 논리를 주장하였으나 다른 유럽국들은 이를 받아들이지 않았다. 이로써 포르투갈의 동인도 항로 독점권은 (포르투갈의 승복 여부에 관계 없이)

신교국 사이에서 법적 효력을 상실하였고, 바다는 항행의 자유가 보장되는 공동 영역으로 법적 지위가 전환된다. '자유로운 바다' 대 '폐쇄된 바다' 논쟁은 훗날 연안국이 배타적 권리를 주장할 수 있는 바다(영해)와 모든 국가가 자유로운 접근이 가능한 바다(공해)를 구분하는 근대 해양법 원칙이 성립되는 계기가 되었다.

영국보다 동남아 사정에 밝았던 VOC는 향신료군도를 직접 노렸다. 기존 최대 상품이었던 후추는 독점 붕괴에 따른 공급 증가로 수익성이 폭락하고 있었다. 초기 회사들이 큰 수익을 내지 못한 이유는 여기에 있었다. VOC는 수익성이 높은 육두구, 정향丁香 확보를 위해 산지에서 가까운 암본Ambon에 상륙하여 포르투갈 세력을 깔끔하게 몰아내고 거점을 확보한다. 암본 사건 이후 VOC와 포르투갈은 아프리카 동부 해안의 모잠비크에서 시작하여 동인도, 말라카, 마카오에 이르기까지 인도 에스타도의 전략적 요충지에서 동아시아 해양 패권을 건 일진일퇴의 공방전에 돌입한다.

　포르투갈은 전략적 거점과 천혜의 요새를 확보하고 있었으나, 오랜 독점의 함정에 빠져 군사 시설은 낙후되고 관리자들의 기강은 해이해져 있었다. 더구나 포르투갈의 거점들은 상호 유기적으로 연계되지 못하고 고립된 경우가 많았다. 포르투갈의 허점을 파고든 VOC의 각개격파 공세에 포르투갈은 고전하였고, 네덜란드는 동아시아에 진출한 지 20년이 채 되기 전에 포르투갈의 아성을 깨고 해상 주도권을 쥐는 이변을 연출한다.

　VOC는 1619년 자바섬의 자야카르타(지금의 자카르타)를 점령한 후, 항만과 요새를 건설하여 아시아 공략 거점으로 조성한다. 네덜란드인들은 이곳을 자신들의 조상의 이름을 따 바타비아Batavia로 명명하였고, 바타비아는 제2차 세계대전 이후 인도네시아가 독립할 때까지 '네덜란드령 동인도Dutch East Indies'의 수도로 식민 제국의 중심이 되었다.

펑후다오 전쟁

VOC에게 향신료군도만큼이나 중요했던 것은 중국과의 교역이었다. 산타 카트리나호에서 압수한 중국의 도자기는 동일한 무게의 은값에 팔린다고 할 정도로 고가에 거래되었다. VOC 경영진에게 중국산 공예품을 손에 넣는 것은 일확천금의 보증수표와 다를 바 없었다. 네덜란드는 선행 회사 시대부터 중국의 문을 두드렸으나, 포르투갈의 견제와 명 조정의 거부감으로 교역의 문은 좀처럼 열리지 않았다. 바타비아를 확보하여 전열을 가다듬은 VOC는 중국 진출을 위한 교두보 확보에 사활을 건다. VOC가 가장 먼저 눈독을 들인 것은 마카오였다. 마카오를 손에 넣기만 하면 포르투갈 축출과 대對중국 교역이라는 일석이조의 효과를 얻을 수 있었다. 1622년 6월, 바타비아 총독 얀 피터르스존 쿤Jan Pieterszoon Coen의 지시로 13척의 함선에 분승한 1300여 명의 주력 부대가 마카오를 공략한다. 그러나 전력 우위를 자만한 VOC 함대는 변변한 장비와 병력도 갖추지 못한 마카오 수비대의 유인 전술에 말려 참패를 당하는 수모를 겪는다.

마카오 확보에 실패한 VOC에게는 '플랜 B'가 있었다. 남은 전력을 추스른 VOC 함대는 7월 푸젠福建성과 대만 사이에 위치한 펑후다오澎湖島·Pescadores에 상륙한다. 이들은 도착하자마자 요새를 건설하여 장기전을 준비하는 한편, 중국에 펑후다오 조차租借와 통상 허가를 요구한다. VOC는 1604년에도 펑후다오에 상륙하여 명에 통상을 요구하다가 뜻을 이루지 못하고 철수한 바 있었다. 펑후다오는 명이 해금령으로 출입을 금지시킨 섬이었다. 허락도 받지 않고 국방 차원에서 일부러 비워놓은 섬을 무단 점령한 양이洋夷의 통상 요구에 응할 명이 아니었다. VOC의 펑후다오 점령을 심각한 위협으로 판단한 푸젠 순무 상주조商周祚는 VOC의 요구를 거절하고 즉각 펑후다오에서 퇴거할 것을 명하였다. VOC는 포르투갈보다 호전적이었고 에스파냐보다 막무가내였다. 섬을 떠나기는커녕 요새의 방벽을 강화하고 수십 문의 대포를 설치하는 한편, 바타비아에서 보급품을 실어 나르면서 버티기 채비에 들어간다.

VOC가 틈틈이 샤먼夏門을 비롯한 푸젠 해안에 무장선을 보내 중국 선박과 해안 마을을 약탈하면서 압박을 가하자, 그 호전성에 놀란 상주조는 일단 대화를 시도한다. 1623년 2월, 명은 VOC가 펑후다오에서 떠난다면 (중국 영내가 아니라 제3의 장소에서라도) 통상을 허가할 의향이 있음을 전하면서, VOC가 머무를 수 있는 대체지로 대만을 제시하는 등 유화책에 나선다.*

그러나 VOC는 이미 그 전해에 대만 남부를 답사한 후, 일본·중국 상선이 드나들어 항구를 독차지하기가 어려울 것으로 판단하고, 펑후다오를 우선적으로 점유하기로 마음을 먹은 터였다. 협상이 결론을 내지 못하고 지지부진한 가운데 VOC는 명을 약 올리듯 밀수와 약탈에 나서며 명을 압박했다. 주민 피해도 피해지만, VOC의 난동으로 푸젠-마닐라 간 해상 교역로가 막히고 주요 세입품稅入品인 에스파냐 은銀 반입에 지장이 초래되자 명의 심기가 더욱 불편해진다. 6월의 태풍으로 요새의 방벽이 허물어지자 VOC는 해안 일대에서 중국 양민을 납치하여 방벽 보수 공사에 동원하고는 이들을 바타비아에 노예로 처분해버린다. 당시 VOC의 바타비아 감독관이 남긴 기록에 의하면, 펑후다오에 잡혀온 1150명의 피랍인 중 절반 이상이 학대와 질병 등으로 사망했으며, 473명의 생존자 대부분도 바타비아 송환 도중에 사망하였고, 겨우 도착한 98명 가운데 65명이 오염된 물을 마시고 사망하였다고 할 정도로 VOC의 처사는 잔인한 것이

---

* 그때까지 중국 왕조들은 대만을 중국의 영토로 인식한 적이 없었고 완전한 외지로 취급하였다. 중국이 대만을 영토로 편입한 것은 1660년대 청 제독 시랑施琅에 의한 대만 정벌 이후이다.

었다.

VOC의 만행이 베이징에 알려지면서 명 조정의 경각심이 고조된다. 명의 병부兵部는 푸젠 순무에 남거익南居益을 임명하고, 모든 수단을 동원해 VOC를 중국 해안에서 몰아낼 것을 지시한다. 11월 통상 교섭을 제의하는 척하면서 VOC 사절을 샤먼으로 불러들인 남거익은 이들의 상륙을 유인한 후, 사절단장 크리스티안 프랑스준Christian Franszoon을 포함 50여 명의 인신을 구속한다. 생포된 VOC 인원들은 모두 참수되었고, 프랑스준은 베이징으로 송환되어 처형되었다.

보복에 나선 VOC가 이듬해(1624년) 1월부터 해안 약탈을 재개하자 결전을 각오한 남거익은 2월 푸젠 전역에 동원령을 내리는 한편, 150여 척의 군선軍船을 동원하여 전면적인 펑후다오 봉쇄에 돌입한다. 전쟁은 쉽게 끝나지 않았다. 명의 군선들은 VOC 포대의 화망火網을 뚫지 못했고 함선과 요새에 제대로 접근조차 하지 못했다. 그러나 시간이 갈수록 VOC는 명의 물량 공세를 견디지 못하고 수세에 몰리게 된다. 7월 이후 집요한 상륙 작전이 결국 성공하고 이로 인해 요새로 통하는 물길이 차단되는 한편, 8월 이후 명의 군세가 계속 보강되자 중과부적에 몰린 VOC는 패배를 인정하고 강화를 제의한다. VOC는 명이 제시한 조건에 따라 요새를 파괴한 후, 9월 펑후다오를 떠나 대만으로 철수하였다.

이로써 7개월 넘게 계속된 무력 대치는 명의 승리로 종결되었지만, 명 입장에서는 승리를 기뻐할 수 없는 전쟁이었다. 명은 10배가 넘는 병력과 함선의 양적 우위에도 불구하고 VOC의 신무기 화력에 큰 희생을 치르며 고전을 면치 못했다. 펑후다오 해전은 성채만 한 VOC 함선에 조각배 같은 명 군선 수십 척이 달려들다가 추풍낙엽처럼 나가떨어지는 어린아이 손목 비틀기 싸움이었고, 세상의 중심을 자부하던 명은 깊은 좌절감을 맛봐야 했다. 남거익은 조정에 올린 상계에서 "홍모인紅毛人(서양인)의 배는 대단히 크고 그 함포는 10리 밖에서도 중국 군선을 한 방에 조각내버리는 가공할 위력"이었다고 놀란 심정을 적고 있다.

그러나 기술 문명이 세상을 지배하는 시대가 도래하였음을 알리는 이때의 교훈은 중국의 변화를 촉발하는 데 실패한다. 1840년 아편전쟁을 겪은 이홍장李鴻章은 이렇게 기록한다.

"오늘날 목도하고 있는 홍모 외적(영국)의 침입은 중국 3000년 역사에 전례 없는 일이다. 이토록 강력한 무력武力과 화력火力을 지닌 외적은 지난 1000년간 중국이 경험해본 적이 없으며, 이들은 중국이 감당할 수 있는 적이 아니다."

펑후다오 전투 이후 200년의 세월이 무색한 뒤늦은 한탄이었다.

타이오완 사건

대만으로 물러난 VOC는 자의반 타의반 '플랜 C'로 전환한다. 포르투갈이 포르모사Formosa로 부르던 대만은 사실 VOC가 특별히 마다할 이유가 있는 곳은 아니었다. 단지 중국-일본-동남아를 연결하는 요충지로 펑후다오가 더 적합했기에 우선적으로 차지하고자 했을 뿐이다. VOC는 즉

네덜란드는 대만에 무역 거점으로 식민지 젤란디아 요새를 건설했다.

각 대만 남부(지금의 타이난臺南시)에 젤란디아 요새Fort Zeelandia와 프로방시아 요새Fort Provintia 등 군사 거점을 구축하는 한편, 원주민을 교화敎化시키고 본토의 한족漢族을 입식 入植시키면서 정력적으로 동아시아 전진기지화 작업을 추진했다.

　VOC의 거점 구축은 대만에 이해관계를 가지고 있는 세력의 견제와 반발을 유발한다. 당시 에스파냐와 네덜란드는 공식 교전국이었고, VOC의 대만 내 거점 확보는 마닐라-푸젠 무역로의 안전에 큰 위협이었다. 대응 조치에 나선 필리핀(에스파냐령)은 1626년 대만 북부에 상륙하여 교두보를 확보하고, 1629년에는 요새화된 거점(Spanish Formosa)을 구축한다. 지리적·역사적으로 아무런 연고가 없는 두 외부 세력이 원주민의 의향과

1630년대 VOC와 에스파냐의 대만
내 세력 분포도.

관계 없이 남과 북에 자리를 잡은 이때부터 대만은 이미 열강의 각축장이
었다.

대만을 둘러싸고 더욱 첨예하게 이해관계가 대립한 것은 일본(보다 정확
히는 대만을 무역 중계지로 활용하던 규슈의 영주와 상인들)이었다. VOC가 오기
전부터 일본의 밀무역선이나 주인선朱印船들은 대만에서 명 상인들과 비
공식 거래를 하거나 원주민들로부터 사슴뿔과 가죽을 구입하고 있었다.
명 상인들로부터 구입하는 생사生絲는 일본에 가장 중요한 교역품이었
고, 사슴뿔과 가죽 역시 사무라이 갑옷 제작에 쓰이는 소재로 값진 수입
품이었다.

1625년 타이오완 초대 감독관 마르텐 송크Maarten Sonck는 타이오완
에 기항하는 일본·중국 무역선에 10퍼센트의 관세를 부과한다. 역사적·

지리적 연고의 당사자들이 오랫동안 평온하게 거래하던 곳에서 외부에서 굴러온 돌인 VOC가 기득권을 무시하고 관세를 강요하자 갈등이 발생했고, 일본이 VOC의 일방적 조치에 반발하면서 사달이 벌어진다. 1626년 대만을 주무대로 삼고 있던 (나가사키 다이칸 스에쓰구 헤이조末次平藏 휘하의) 주인선 선장 하마다 야효에浜田弥兵衛는 쇼군의 주인장朱印狀을 소지하고 있었고, 이를 근거로 VOC의 관세 부과에 극력 저항한다. VOC가 물러서지 않고 하마다가 구입한 생사의 일부를 압수하자 양측 간의 갈등이 수면 위로 부상한다.

스에쓰구 헤이조는 보통 인물이 아니었다. 그는 1592년 히데요시의 무역선 주인장 발부 당시 교토나 사카이 등지의 상인들에게 무역선 1척만이 허용될 때 혼자 2척에 대한 주인장을 발급받을 정도로 규슈의 유력 해상海商이었다. 그만큼 대만 무역 이권은 그에게 사활적 이익이 걸려 있는 문제였다. 스에쓰구가 막부에 VOC의 횡포를 알리고 제재를 건의하자, 아직 국내 통치 기반이 완성되지 않은 막부는 대외무역 측면에서 VOC의 이용가치를 고려하여 신중한 태도를 보이면서도, 동아시아 바다에 밀어닥친 유럽 세력의 위협을 재차 실감한다.

1627년 VOC의 타이오완 감독관에 새로이 임명된 피테르 노위츠Pieter Nuyts가 외교사절 자격으로 일본을 찾는다. VOC는 무역 이권을 지렛대로 활용하여 스에쓰구 세력을 누르고 쇼군의 환심을 살 수 있다고 판단했지만, 스에쓰구도 나름대로 복안이 있었다. 그는 이참에 대만에서 VOC를 몰아내고 대만을 자신의 영향력하에 두고자 했다.

스에쓰구는 노위츠가 도착한 지 얼마 뒤 하마다가 대만에서 데려온 원주민을 사절로 위장해 대만인들이 통치권을 쇼군에게 헌납하러 왔다는 명목으로 쇼군 알현을 신청한다. 이는 쇼군을 알현해 대만 도항渡航 주인장이 발급되지 않도록 요청코자 하는 노위츠의 계획과 정면으로 충돌하는 것이었다. 결과는 스에쓰구의 승리였다. 대만 원주민들은 쇼군을 알현하고 하사품까지 받았으나, 노위츠는 에도 체재 중 오만한 태도로 일본인들의 반감을 샀고, 쇼군의 눈을 피해 스에쓰구와 결탁하여 주인선 무역이권에 개입한 막신幕臣들의 획책으로 쇼군을 알현하지도 못한 채 굴욕적으로 돌아가야 했다.

VOC의 사절이 쇼군을 알현하지 못한 것은 이때가 처음이었다. 빈손으로 귀환한 노위츠는 곧바로 보복에 나선다. 1628년 초여름 타이오완에 입항한 하마다 일행의 상륙을 금지하는 한편, 선박을 억류하고 적재된 무기의 압수를 명한다. 하마다는 수차례에 걸친 출항 요구가 거절되자, 더 이상 대화로 해결될 수 있는 상황이 아니라고 판단하여 극단적인 행동에 나선다. 하마다는 수하들과 함께 노위츠를 면담하는 자리에서 상대의 방심을 틈타 노위츠와 통역을 인질로 잡고는 VOC 병력과 대치한다. 긴박한 상황에서 진행된 협상 결과, 노위츠를 풀어주는 대신 상호 5명씩 인질을 교환해 선박에 승선시킨 후, 나가사키에 입항하면 인질을 석방키로 합의한다.*

---

* 이때의 인질사건을 일본에서는 '타이오완 사건'이라고 한다. 타이오완Tayouan은 당시 네덜란드인들이 타이난시 안핑의 항구를 부르던 명칭이다.

하마다 야효에와 수하들에게 인질로 잡힌 피테르 노위츠, 1628년.

1628년 인질을 태운 하마다의 주인선과 네덜란드 선박이 무사히 나가사키에 도착하면서 타이오완 사건은 큰 탈 없이 종료되는 듯하였으나, 갑자기 사태가 이상한 방향으로 흐르기 시작한다. 하마다는 신변에 위협을 느껴 자기방어 차원에서 인질을 잡은 것이고 나가사키에 도착하면 인질을 풀어주기로 약속한 터였다. 그러나 이들을 맞은 스에쓰구는 인질을 석방하기는커녕 다른 VOC 선원들까지 잡아 옥에 가두고 그들이 타고 온 배를 억류하는 한편, 히라도 번주 마쓰라 다카노부松浦隆信를 설득하여 히라도에 개설된 VOC 상관을 폐쇄해버린다.* 네덜란드 자유상인의 개인

---

* 당시 VOC의 에도 체재 중 후견인 역을 히라도 번주가 담당했으나, 노위츠는 쇼군 알현이 지체되자 조급한 마음에 번주를 제치고 막부의 중신들을 직접 접촉하는 무례를 범했고, 이로 인해 번주의 노여움

무역은 허용하면서도 VOC 선박·인원의 히라도 활동을 금지하는 VOC 제재 조치였다.

사실 하마다의 선단에는 400명이 넘는 병력과 대량의 대포, 뎃포가 적재되어 있었다. 기회를 보아 VOC를 공격하는 것이 당초 임무였으나, 그에 실패하고 인질을 잡아 돌아온 것일 수 있다. 만약 그렇다면 스에쓰구가 입항한 VOC 선박을 억류하고 선원을 구금한 것은 어쩌면 계획 변경에 불과한 것일 수도 있다.

나가사키와 히라도의 상황을 보고받은 바타비아가 대일對日 교역 단절의 위기를 맞아 직접 나서면서 타이오완 사건은 전면적인 외교문제로 비화한다. 총독 쿤은 일단 불상사의 책임을 물어 노위츠를 바타비아로 소환하는 한편, 인질 구출 및 무역 재개를 위해 일본에 특사를 파견한다. 쿤은 특사 빌렘 얀센Willem Janssen에게 최대한 일본인들을 존중하는 태도를 보이고 절대 도발하지 않도록 주의를 주는 한편, 일본이 대만의 영유권과 무역 독점권을 주장할 경우 총독에게 보고하겠다는 정도로 대응하고 귀환할 것을 지시한다. VOC와 스에쓰구 중 누가 쇼군을 자기편으로 만드느냐의 싸움이었다.

스에쓰구와 주인선 무역 이권에 개입한 막신들은 쇼군 주위에 인의 장막을 쳤고, 이들의 방해로 얀센은 에도에 발을 들이지도 못한다. 기세가 오른 스에쓰구는 얀센에게 바티비아 총독에게 보내는 문서 한 통을 건네

을 산 터였다.

면서 출국을 종용한다. 문서에는 타이오완 사태의 책임이 VOC에 있음을 추궁하는 한편, 젤란디아 요새를 일본에 할양割讓할 것을 요구하고, 그에 응할 경우 VOC의 일본 무역 독점 양허를 고려할 것이라는 내용이 담겨 있었다. 1630년 무거운 발걸음을 이끌고 바타비아에 귀환한 얀센을 기다리고 있던 것은 총독 쿤의 사망 소식이었다.

신임 총독인 약스 스벡스Jacques Specx는 1609년 처음 일본에 도착한 후, 히라도에 VOC 상관을 개설하고 초대 상관장을 역임하는 등 일본에서 10년 넘게 체류한 일본 전문가 중의 전문가였다. 스벡스는 얀센이 지참한 서한의 내용이 쇼군의 정책 기조와 다른 것에 주목한다. 그는 쇼군이 다이묘나 상인의 무역 이권을 위해 외국과의 분쟁을 각오하고 해외 섬의 영유권 문제에 간여할 리가 없다고 판단했다. 그것은 이에야스의 유훈遺訓에 어긋나는 것이었고, 막부의 통치력 강화 방침에도 맞지 않는 것이었다. 스벡스는 자신이 경험한 일본 내 쇼군-막신-다이묘-상인 세력 간 역학관계에 비추어 그 의미를 간파하고, 사태를 진정시키기 위한 외교전에 나선다.

1630년 초여름, 갈등의 당사자 스에쓰구가 돌연 에도로 압송되어 옥중에서 변사하는 사건이 발생한다. 속설에 의하면 말년에 병환으로 정신이 이상해져 막부 중신들의 무역 이권 연루를 공공연히 떠들다가 입막음을 기도한 자들에 의해 제거된 것이라고 하나, 정확한 사실은 알 수 없다. 그의 죽음의 진실이 무엇이건, 막부 중신들의 은밀한 무역 이권 속사정을 꿰뚫고 있는 당사자가 사망하자 에도의 분위기가 일변한다. 스벡스의 명으로 다시 일본을 찾은 얀센도 이번에는 문제없이 에도에 발을 들일 수 있었다. 그로부터 2년 뒤인 1632년 9월, 스벡스는 노위츠의 신병을 일본에 인도하는 파격적인 조치를 취한다. 1627년 이래 양측 간에 빚어진 갈등을 VOC가 아니라 노위츠 개인의 불찰과 비행에서 비롯된 것으로 정리하고, 그 책임을 물어 노위츠의 처분을 일본에 맡긴다는 의미였다. 쇼군이 이에 만족을 표하자, VOC 인질들은 모두 석방되었고, 히라도 VOC 상관 활동도 재개되었다. 나아가 막부는 1634년 모든 일본 선박의 대만 도항을 금지함으로써 대만 무역을 둘러싼 VOC와의 갈등을 원천적으로 차단한다.

이러한 결과는 VOC가 바라던 최상의 시나리오였다. 유일한 양보라고 할 수 있는 노위츠의 신병 인도도 그 속사정을 알고 보면 그다지 양보라고 할 수도 없었다. 노위츠는 타이오완 감독관 재직 중 불법 착복과 원주민 학대 등으로 바타비아에 구금되어 본국 송환과 처벌을 기다리는 처지였다. 일본에 인도된 그는 가택 연금 형식으로 머물렀으나, VOC가 부담하는 체재비로 여유로운 생활을 하다가 4년 뒤인 1636년 석방된다. 일본과 모종의 합의가 있지 않고는 생각할 수 없는 대우였다. VOC는 바타비아로 돌아온 그를 파면하여 본국으로 귀국시켰으나, 노위츠에게 신분상의 불이익이 가해진 것도 없고, 노위츠가 일본 체류로 잃은 것도 그다지 없었다.

이러한 해결 과정에서 눈에 띄는 것은 스벡스의 외교술이다. 일본을 누구보다 잘 아는 그는 문제의 핵심 당사자인 스에쓰구가 사망함으로써 이

문제가 이권 다툼의 측면과 일본 문화 특유의 명예 문제의 측면이 공존하게 된 것을 꿰뚫어보았다. 쇼군 입장에서는 규슈의 상인이건 벽안의 외국인이건 출신이 중요한 것이 아니라 어느 쪽이 자신에게 더 충성하고 이익을 안겨주느냐가 중요한 것이었다. 대신 쇼군도 주위의 눈을 의식하지 않을 수 없기에 누구의 체면도 손상시키지 않고 일방적인 승리나 패배로 보이지 않도록 명예로운 퇴로graceful exit를 만드는 것이 문제 해결의 관건이라면 관건이었다. 스벡스의 노위츠 인도 결정은 당사자들의 명예는 지키고 과실은 덮음으로써 쇼군의 가려운 곳을 긁어주는 묘안이었다. 이로써 VOC의 일본에서의 무역 이권은 재보장되고, 대만 영유권도 확보되었다. 잘 훈련된 외교관 한 명이 1000명의 군대가 하지 못하는 일을 할 수 있음을 보여주는 사례였다.

제24장

일본 무역을 둘러싼 각축전

히라도 상관

1620년 8월 한 척의 영국 배가 히라도平戶 앞바다에 모습을 드러낸다. 영국 동인도회사(EIC) 소속 무장상선 엘리자베스호였다. 히라도에는 1609년 네덜란드 동인도회사(VOC), 1613년 EIC가 각각 상관商館을 개설하고 대對일본 교역에 나서고 있었다. 엘리자베스호는 큼지막한 정크선 한 척을 꼬리에 물고 있었다. 같은 날 EIC 선박 1척과 VOC 선박 1척이 연달아 히라도에 입항한다. VOC와 EIC의 선박이 사이좋게 일본에 내항來港하는 것은 이례적인 장면이었다. 두 회사는 1605년 VOC의 암본 진출 이래 동아시아 일대에서 향신료 무역을 두고 치열한 경합을 벌이고 있었기 때문이다. 1602년 자바의 반탐에 선착先着한 EIC가 1610년대에

들어 칼리만탄, 자바, 수마트라 일대 진출을 본격화하였고, 향신료군도의
이권 독점을 노리던 VOC가 견제에 나서면서 두 회사 간의 갈등이 격화
되고 있었다.

둘 사이의 알력은 장소가 일본이라고 다르지 않았다. 바로 1년 전인
1619년에는 VOC 선박이 EIC 선박 두 척을 나포한 채 히라도에 입항하
여 큰 소동이 벌어진 적도 있었다. 서로 번과 막부를 상대로 자신들에게
유리한 판정을 바라며 청원을 올리는 바람에 일본 측에서도 골치를 앓고
있었다. 급기야는 영국 선원 일부가 감금처인 VOC 상관을 탈출하여 EIC
상관으로 도피하자 VOC가 그 보복으로 EIC 상관을 습격하는 무력 충
돌 사태까지 발생한다. 수백 명의 인원이 무기를 소지한 채 난동을 벌이
자 히라도 주민에게 큰 불편과 혼란이 초래되었고, 참다못한 영주 마쓰라

히라도 VOC 팩토리.

다카노부가 무력 진압을 위협하고 나서야 사태가 진정될 정도로 VOC와 EIC는 일촉즉발의 대치관계에 놓여 있었다.

대對에스파냐 독립전쟁에서 동맹관계를 맺고 있던 영국·네덜란드 양국은 VOC와 EIC의 동인도 무역 경쟁을 완화할 정치적 필요가 있었다. 영국의 제임스 1세와 네덜란드 연방의회는 두 회사를 종용하여 방위협정을 체결토록 한다. 1619년 6월 런던에서 체결된 이 협정에 따라 VOC와 EIC는 동인도 지역에서 에스파냐·포르투갈 세력에 공동으로 대응하는 한편, 획득한 향신료를 정해진 비율로 분배하기로 합의한다. 진출지에서 경쟁을 자제하고 이권을 공유하는 공조체제를 구축하기로 한 것이다. 위의 히라도에 입항한 영국·네덜란드 선박은 런던협정에 따라 1620년 5월 양측 소속 상선 각 5척, 총 10척으로 구성되어 바타비아에서 출항한 연합선단의 분견대分遣隊였다. 이들의 임무 중 하나는 동중국 해역에서 경쟁국 상선을 나포하는 것이었다. 주 타깃은 교전 상대국 에스파냐·포르투갈 상선이었고, 중국·일본 등 제3국 선박은 원칙적으로 나포 대상에서 제외되었다. 다만 마닐라를 왕래하는 중국 상선에 대해서는 적국과의 내통에 해당함을 근거로 예외적으로 나포가 허용되었다.

엘리자베스호는 목적지인 히라도로 향하던 도중 대만해협에서 마침 마닐라 항로를 운항하던 정크선을 발견하고 이를 나포한다. 중국 배인 줄 알았던 이 정크선은 사카이堺 출신 상인 히라야마 조친平山常陳 지휘하에 마닐라를 다녀오던 일본의 남방 주인선朱印船이었다. 히라야마선船은 쇼군의 주인장을 발급받은 공인 무역선으로 바타비아의 지침대로라면 나포 대상이 아니었다. 그러나 엘리자베스호 승조원이 임검臨檢 중에 선박 화물칸에서 유럽인들을 발견하면서 상황이 일변한다. EIC 측은 이 유럽 인들을 가톨릭 선교사로 단정하고 나포를 강행한다. 가톨릭 선교사들은 금교령에 따라 일본 입국이 금지된 상태였다. EIC 측은 불법을 저지른 상선은 보호의 대상이 아님을 들어 히라야마 주인선을 히라도로 예인曳引한 후, 나포의 정당성을 주장한다.

기독교 탄압과 무역 규제

당시 일본의 대외무역은 (중국 상인들을 제외하면) 주인선 무역을 경영하는 일본 국내 세력, 구舊유럽세인 포르투갈·에스파냐, 신新유럽세인 영국· 네덜란드의 3파전 양상이었다. 오랜 기득권을 구축해온 전자의 두 세력에 비해 후발주자인 영국과 네덜란드는 고전을 면할 수 없는 구도였다.

　1610년대 이후 쇼군가의 관심은 정권 안정화에 집중된다. 막부 권한 강화와 다이묘 세력 약체화가 동전의 양면으로 제도화의 대상이 되었고, 대외무역과 기독교 포교문제는 그러한 제도화의 핵심을 이루고 있었다. 이에야스는 기독교를 경계하였으나 탄압에 나설 정도로 적대시하지는 않았다. 주앙 로드리게스와 윌리엄 애덤스로 대표되는 기독교인들이 그의 천하통일 위업에 도움이 되었기 때문이다. 보다 정확히 말하면 그가 기독교 세력을 적절하게 관리하며 부국강병에 이용할 수 있었기 때문이다. 그러나 1610년대에 접어들어 이에야스의 기독교에 대한 태도는 급격한 변화를 보인다. 그의 태도 변화에 영향을 미친 계기로 거론되는 것이 이른바 '오카모토 다이하치岡本大八 사건'이다.

오카모토 다이하치 사건이란 이에야스의 측근 무장 혼다 마사즈미本多正純의 수하 오카모토가 (앞장에서 등장한 기리시탄 다이묘) 아리마 하루노부로부터 뇌물을 수수한 사건을 수사하는 과정에서 쇼군의 측근 중에 기독교도가 다수 잠복해 있음이 발각된 사건이다. 아리마는 1609년 데우스호 폭침 사건의 전공戰功과 이에야스의 최애호품인 정향丁香을 입수하여 헌상한 실적에 대한 대가로 과거 류조지씨龍造寺氏에게 상실한 구령舊領 회복을 기대하고 있었다. 나가사키에서 막부의 감시 역할을 하던 오카모토는 자신의 상관인 혼다 마사즈미에게 청탁하여 구령 수복을 도와주겠다는 구실로 주인장까지 위조하며 아리마에게서 거액의 자금을 받아 챙겼는데, 시간이 지나도 막부로부터 포상 소식이 없는 것을 수상하게 여긴 아리마가 혼다에게 이를 따지는 과정에서 오카모토가 거액의 자금을 착복한 사실이 밝혀진다. 단순한 뇌물 수수인 줄 알았던 사건은 오카모토가 체포되어 고문을 받는 과정에서 아리마가 (역시 앞장에서 등장한 바 있는 나가사키 부교) 하세가와 후지히로長谷川藤廣를 모살謀殺하려 했다고 자백하면서 (또는 자백한 것으로 알려지면서) 묘한 방향으로 흐르기 시작한다.

1612년 오카모토는 뇌물 수수와 주인장 위조가 유죄로 인정되어 처형되었고, 이에야스의 환심을 산 줄만 알았던 아리마마저 증뢰贈賂와 막부 관료 살해 음모죄로 가이甲斐(지금의 야마나시山梨현)에 유배당하였다가 막부의 명으로 죽음을 맞이한다. 아울러 아리마의 소령所領인 시마바라

島原번도 막부에 의해 몰수령이 내려졌다. 이로써 규슈의 최대 기리시탄 다이묘 세력이 한순간에 몰락의 길을 걷게 된다.

한편, 기독교도인 오카모토는 고문 과정에서 이에야스 주위에 기독교도가 다수 잠복하고 있음을 자백했고, 이에야스가 이에 충격을 받아 대대적인 기리시탄 색출에 나섰다고 알려져 있다.

이 시기 기독교 탄압과 관련하여 한국인에게 흥미로운 스토리가 있는데, 바로 '오타 줄리아おたあ ジュリア 추방 사건'이다. 오타 줄리아는 임진왜란 당시 고니시 유키나가에 의해 일본으로 건너와 고니시 부처夫妻가 양녀처럼 키운 조선 소녀의 이름이다. 고니시 부인의 영향으로 독실한 기독교 신자가 되었고,* 고니시가의 본업인 약초를 익혀 약재 제조에도 조예가 있었던 것으로 알려져 있다. 줄리아는 1600년 세키가하라 전투에서 서군으로 참가한 유키나가가 처형된 후, 슨푸駿府성 오오쿠大奥(쇼군가의 여성과 자녀들이 주거하던 규방閨房)의 시녀로 발탁되는데, 속설에 의하면 단아한 용모와 기품에 반한 이에야스가 측실이 되어달라고 구애할 정도로 그녀를 아꼈다. 오카모토 다이하치 사건 이후 이에야스는 가신들의 기독교 신앙을 금지하였고, 1612년 3월에는 에도·슨푸·교토 3대 직할지에 금교령을 내려 교회를 폐쇄하고 선교사 출입을 금지하였다. 대대적인 기독교도 색출 과정에서 줄리아도 검거되었는데, 그녀는 거듭된 기교棄敎(기

---

* 예수회 문서에 의하면 1596년 베드로 모레홍Petro Morejon 신부로부터 세례를 받고 줄리아라는 세례명을 얻은 것으로 기록되어 있다. 이는 조선 최초의 가톨릭 신자로 알려진 이승훈 베드로가 세례를 받은 1784년보다 180년 이상 앞선 것이다.

독교를 포기함) 종용에도 끝내 신앙을 포기하지 않아 이즈제도伊豆諸島로 추방을 당했다고 한다. 줄리아는 이에야스의 집요한 청혼을 거절한 것으로 알려져 있다. 종교적 이유로 거절했을 수도 있고, 양부養父 살해자의 아녀자가 될 수 없다는 이유로 거절했을 수도 있다. 줄리아 추방 이후 막부의 기독교 탄압이 급격히 과격화된 점을 고려하면, 줄리아의 마음을 얻지 못한 이에야스의 허전함이 기독교에 대한 앙심을 부추겼는지도 모를 일이다.

줄리아에 대한 이에야스의 마음이야 어쨌건, 1612년을 기점으로 기독교 포교는 막부에 대한 충성심을 내부로부터 해체하는 최대의 위협으로 간주되기 시작한다. 막부는 9월을 기해 간토關東 막부령 전체로 금교령을 확대하였고, 아울러 다이묘들에 대해서도 가이에키改易(봉토를 박탈하거나 변경함) 처분을 위협하며 기교를 압박했다. 이듬해에는 전국으로 금교령이 확대되었고, 1614년에는 선교사 추방령에 따라 다카야마 우콘高山右近 등 명망 높은 기리시탄 다이묘와 선교사들의 국외 추방이 강행되었다.

이 시기에 기독교도에 대한 막부의 경계감이 고조된 것은 도요토미 히데요리 제거를 앞두고 신경이 날카로워진 측면도 있었다. 이에야스가 1603년 정이대장군征夷大將軍에 즉임卽任하여 최고 권력자의 자리에 오르고, 1605년 아들 히데타다秀忠에게 쇼군직을 양위讓位하여 세습체제를 대외에 천명하기는 하였으나, 서西일본 일대에 잔존하는 친親도요토미 정서와 불온한 분위기는 에도와 슨푸의 방심을 용납하지 않았다. 학자에 따라서는 이 시기를 '이중공의二重公儀 체제'라고 규정하기도 한다. 에도 막부의 통치력은 제한적이었고, 도쿠가와와 도요토미가 동과 서를 여전히 양분하고 있었다는 것이다. 따라서 도요토미가의 구심력을 높이는 어떠한 일도 경계의 대상이었고, 긴키近畿와 규슈 일대의 기리시탄 세력은 요주의 대상이었다.

집권 후 무원칙에 가까운 현실주의로 통치에 나선 히데요시와 달리 이에야스는 통치 권위를 공고화하기 위한 체계적인 사상 통제의 필요성을 절감하였고, 이에야스가 발탁한 유학자 하야시 라잔林羅山은 문교文敎 정책의 입안자가 되어 막부 통치의 이론적 기반을 제공하고 있었다. 하야시 라잔이 주자학을 바탕으로 군신君臣 간의 충의忠義를 강조하며 '야소교耶蘇敎 배격排擊'을 통치 권위 확보를 위한 우선적 과제로 제시하는 시대적 상황 속에서 세속 권력에 대한 충성심을 약화시키는 외래 종교가 가장 선두에서 정치적 탄압의 화살을 맞는 것은 어찌 보면 필연이었다.

막부의 기독교 탄압 노선은 무역 규제 정책으로 직결된다. 무역과 선교가 상호 분리되기 어려운 이인삼각의 관계였던 포르투갈·에스파냐 세력에게 막부의 기독교 탄압 강화는 직격탄과도 같은 악재였다. 선교사 추방령에도 불구하고 포르투갈·에스파냐 선교사들의 밀입국 시도가 끊이지 않자 2대 쇼군 히데타다의 기독교에 대한 반감도 그에 비례해 커져간다. 예전 같으면 포르투갈과의 교역 단절을 우려하여 선교사들에 대한 조치가 조심스러웠을 것이나, 네덜란드·영국이라는 새로운 파트너의 등장은 막부가 운신할 수 있는 폭을 넓혀주었다.

1616년 이에야스가 세상을 떠나자, 히데타다는 포르투갈·에스파냐 선박의 기항지를 나가사키, 영국·네덜란드 선박의 기항지를 히라도 두 항구로 한정하는 금령禁令을 내린다. 이른바 '바테렌금제봉서伴天連禁制奉書' 발령이다. 그전까지는 오사카, 에도를 비롯하여 주요 항구에 유럽인들의 출입이 제한적이나마 허용되었으나, 이때의 금령으로 허가 없이는 기항지 이외의 출입이 엄격히 금지되었다. 영내에 흑선黑船이 내항한 모든 다이묘들에게는 반드시 이를 막부에 보고하고, 해당 선박을 나가사키나 히라도로 회항回航시켜야 할 의무가 부과되었다. 교역을 허용하되 외부 세력을 물리적으로 격리시키는 쇄국정책의 원형은 이때부터 시작된 것이다. 막부로서는 기독교 탄압을 구실로 다이묘들의 대외교역을 차단하는 일석이조의 효과도 있었다.

　　1617년 추방당한 것으로 보고된 선교사가 버젓이 일본 국내에 체류하고 있음을 알게 된 히데타다는 규슈의 다이묘들에게 선교사 색출과 처형을 지시하였고, 이에 따라 4명의 선교사가 오무라大村 가문의 영지에서 발각되어 참수斬首된다. 에도 막부 성립 후 최초의 선교사 처형이었다. 이에야스는 생전에 기독교를 경계하기는 했으나 피를 보는 극단적인 탄압은 주저하였지만, 그가 사몰死沒하자 가혹한 기독교 탄압을 제어할 수 있는 브레이크도 사라졌다.

　　로마의 가톨릭 수뇌부 입장에서는 유럽 대륙에서 신교의 거센 도전에 직면한 위기 속에서 해외 포교에 역점을 두던 시기였다. 필리핀이 확보되고, 염원의 중국 선교가 본격화되는 시점에서 동아시아 최대 포교 거점인 일본을 포기할 수는 없는 노릇이었다. 남만南蠻무역이 가져다주는 경제적 이익이 신교국 영국과 네덜란드의 진출로 일본에 대한 지렛대로서의 의미가 점차 상실되자 고아, 마닐라의 초조함은 커져갔다. 1617년 선교사 처형사건 이후에도 선교사 잠입은 줄지 않았고, 막부의 괘씸함과 가톨릭 세력의 초조함이 부딪혀 파열음을 내면서 상황은 긴장을 넘어 파국으로 치닫고 있었다. 그 틈을 파고든 것이 선교에서 자유로운 영국과 네덜란드였다.

콕스와 스벡스의 책략

VOC 상관장 약스 스벡스와 EIC 상관장 리처드 콕스Richard Cocks는 1610년대 이래 막부의 정책 기조와 그에 따라 파생되는 이해 구도를 속속들이 파악하고 있었다. 이들은 히라야마 주인선 사건에서 대對일본 무역 우위를 점할 수 있는 절호의 기회를 포착한다. 이들에 의해 히라야마 주인선 사건은 나포의 적법성 여부를 넘어 대일 무역 구도에 큰 파급효과를 불러오는 일대 사건으로 발전한다. 스벡스와 콕스는 히라야마선의 고가 화물을 몰수하고는 그에 대해 선주 측이 항의하자 에도로 사절단을 올려보내 사건의 경위와 화물 몰수의 정당성을 막부에 직보直報한다.

영국·네덜란드 세력은 막부 집권에 일조하며 이에야스의 총애를 받던 윌리엄 애덤스의 영향력을 자신의 것으로 만들고자 했다. 이들은 히라야마 주인선의 사례를 들어, 마카오·마닐라를 왕래하는 주인선이 국법을

VOC 상관장 약스 스벡스.
히라도 VOC 상관의 초대
상관장으로, 일본 전문가
중의 전문가였다.

어기고 포르투갈·에스파냐와 내통하여 몰래 기독교 포교를 돕고 있는바,
일본 선박의 마닐라·마카오 도항渡航이 계속되는 한 선교사 잠입이 근절
되지 않을 것이며, 이는 막부의 권위와 안위에 해害가 될 것임을 히데타
다에게 진언進言한다. 몰수 화물의 소유권 확보보다 주인선의 마카오·마
닐라 도항 저지가 이들의 본심이었음이 엿보이는 대목이다. 영국·네덜란
드로서는 포르투갈·에스파냐 세력은 해상 전력의 우위를 통해 독자적으
로 제압할 수 있다는 자신감이 있었다. 따라서 일본 주인선의 마카오·마
닐라 교통만 봉쇄하면 (비유럽 세력을 제외하고) 사실상 대일무역을 독점할
수 있다고 계산한 것이다. 스벡스와 콕스가 일본의 사정을 꿰뚫고 있기에
나올 수 있는 두 마리의 토끼를 잡는 책략이었다.

콕스와 스벡스가 움직이자 나가사키 다이칸代官 스에쓰구 헤이조를 필두로 마카오·마닐라 주인선 무역에 이해관계를 가지고 있는 일본 내 무역 세력이 즉각 반격에 나선다. 이들은 주인선 무역을 직접 경영하는 것 외에도 포르투갈의 마카오-나가사키 무역에 '토긴投銀'으로 불리는 투자를 하고 있었다. 포르투갈 상인들과 이해관계를 공유하는 이들에게 남만무역의 지속은 존망이 걸린 문제였다. 그러한 이유로 선교사에 대해서도 불가근불가원不可近不可遠의 어정쩡한 이중적 태도를 보이고 있었다. 스에쓰구는 피랍 당사자인 히라야마 조친과 함께 에도로 직접 올라가 영국·네덜란드 측이 선교사라고 주장하는 유럽인들은 상인일 뿐이며, 홍모인紅毛人들이 쇼군의 허가를 받은 주인선을 나포한 것은 무도한 해적행위에 해당하므로 이들을 일본에서 추방하고 교역을 단절해야 한다고 영국·네덜란드 측과 정반대의 증언을 한다. 양측의 주장이 엇갈리는 가운데 히라야마선에 탑승한 유럽인들이 과연 선교사인가를 증명하는 문제가 사태 해결의 관건으로 부상한다.

EIC 측은 나포 후 선상 신문訊問에서 이들이 아우구스티노회의 페드로데 주니카 신부, 도미니코회의 루이스 플로레스 신부임을 자백받은 터였다. 그 증거로 아우구스티노회 마닐라 교구장 명의로 된 서한도 확보하고 있었다. 그러나 이들이 상륙 후 자신들이 상인이라고 진술을 번복함에 따라 영국·네덜란드의 입장이 난처해진다. 설상가상으로 나가사키 부교奉行 하세가와 곤로쿠長谷川權六가 스에쓰구의 편을 들면서 명백한 증거를 제시하지 못하면 영국·네덜란드 측이 사태의 책임을 져야 할 것이라고 압박함에 따라 그들이 오히려 궁지에 몰린다.

사실 주니카 신부는 일본에 머물다가 퇴거한 후 재입국을 시도하던 인물이었다. 하세가와는 예전에 나가사키에서 주니카 신부를 만난 적이 있었고 얼굴도 기억하고 있었다. 하세가와는 막부의 금령에 따라 나가사키 일대의 기독교도 색출과 탄압에 철저를 기한 것으로 악명 높은 인물이었다. 그런데도 주니카 신부를 모르는 척 시치미를 떼고 증거를 대라고 다그친 이유는 그 역시 스에쓰구와 결탁하여 나가사키 남만무역 이권에 연루되어 있었기 때문이다.

선교사 입증을 둘러싸고 진흙탕 싸움이 벌어지자 다급해진 콕스는 신부들에게 무자비한 고문을 가해 재차 자백을 받아낸다. 문제가 된 유럽인에 대한 고문 등의 부당행위 방지와 공정한 판정을 위해 히라도번이 이들의 신병을 확보할 필요가 있었으나, 번주 마쓰라 다카노부는 사태를 방관하였다. 마쓰라의 속내가 무엇이건 이들의 자백이 결정적 계기가 되어 1622년 8월 두 신부는 막부의 명에 의해 화형에 처해진다. 히라야마와 일본인 선원 12명도 기독교도의 밀입국에 협조하였다는 죄목으로 함께 참수되었다. 이로써 히라야마 주인선 사건은 영국·네덜란드 측의 승리로 종결되었고, 막부는 이를 기화로 더욱 강력한 기독교 탄압에 나선다.

주니카 신부 등이 처형된 지 한 달 후인 9월 예수회의 카를로 스피노라, 도미니코회의 요세라 데 산하시트, 프란치스코회의 리카르도 데 산타아 신부 등 종파를 불문한 선교사 및 일본인 신도 55명이 나가사키의 니시자카西坂 언덕에서 화형에 처해졌다. 이른바 '겐나元和 대순교' 사건이

〈겐나 대순교도元和大殉敎圖〉.

다. 1622년 한 해에만 전술한 사건을 포함해 120명이 넘는 선교사와 기독교도가 사형에 처해졌다. 이듬해인 1623년에는 순교자가 500명에 달했다. 이때부터 일본은 기독교도임을 밝히고서는 온전히 목숨을 부지하기 어려운 가혹한 '금교禁敎의 시대'로 돌입한다.

히라야마 주인선 사건으로 더욱 강화된 막부의 금교 정책은 그에 비례하여 대외교역 통제 강화로 이어졌다. 1623년 막부는 포르투갈인들의 출국을 명하는 한편, 재입국 시 기독교도 가택에서의 기거를 금한다. 일본인에 대해서는 마닐라 도항 주인장을 폐지하고, 기독교도의 해외 도항, 일본 선박의 포르투갈인 항해사 고용을 금지한다. 필리핀에서 선교사의 잠입이 끊이지 않는 데 충격을 받은 막부는 1624년 필리핀과의 통교를 전면 금지하고, 에스파냐와 국교를 단절한다. 포르투갈에 대해서도 모든 선박의 탑승자 명부를 제출토록 하고 명부에 기재되지 않은 자의 상륙을 금지하는 등 기독교 세력과 일본인의 접촉을 원천적으로 차단하는 격리 정책 제도화를 가속화한다.

1633년에는 주인장 제도에 손질을 가하여 주인장과 병행하여 로주老中 3인이 연서連署한 도항면허장을 소지토록 하는 봉서선奉書船 제도가 시행된다. 유력 상인이나 다이묘가 막부 고위층을 매수하여 주인장을 발급받는 기존의 폐단을 방지하고 상호 감시를 강화하기 위한 조치였다. 주인선의 마닐라 도항 금지에 이어 봉서선 제도가 시행됨에 따라 1630년대 이후 일본 국내 세력에 의한 대외무역은 치명적인 타격을 입었고, 포르투갈의 마카오-나가사키 무역도 쇠퇴의 길을 걷게 된다.

제25장

통일 일본과 쇄국체제의 완성

'쇄국'이라는 말은 1801년 네덜란드어 통사 시즈키 다다오志筑忠雄가 저술한 『쇄국론鎖國論』이라는 책자 제목에서 유래하였다. 시즈키 다다오는 VOC 상관에 근무한 적이 있는 독일인 의사 엥헬베르트 카엠프페르가 저술한 『일본지日本誌』의 네덜란드어판을 번역한 인물이다. 『일본지』에는 본편의 부록으로 「일본에서는 자국인의 출국과 외국인의 입국을 금하고, 일본과 세계 제국諸國과의 교통을 금지하는 것이 법도」라는 긴 제목의 소논문이 첨부되어 있었는데, 시즈키 다다오는 본문 중에 '쇄국'이라는 표현이 있음에 착안하여 이 논문의 제목을 '쇄국론'이라 번역하였다.

쇄국이라는 말은 사실 에도시대에는 사용되지 않았다. 쇄국정책이 역사 용어로 등장한 것은 메이지시대 이후로, 주로 막부의 교역 독점에 대한 비판적 의미를 담은 부정적 의미로 사용되고 있다. 그러나 쇄국정책은 위정척사류의 단순한 고립주의 또는 이념적 외세 배척주의가 아니다. 무엇보다 유의할 점은 '쇄鎖', 즉 쇠사슬로 결박結縛하는 대상은 번이지 막부가 아니라는 점이다. 이러한 의미에서 막부의 쇄국정책은 '폐문閉門정책'이 아니라 막부가 사람·물자·정보의 대외 교류를 장악하는 '창구독점정책'으로 성격을 파악해야 보다 적확하게 그 의미를 음미할 수 있다.

막부는 통치 안정화 과정에서 역사적 경위와 전략적 관점을 고려하여 네 개의 대외 통교 창구만을 열어두었다. 사쓰마薩摩번과 류큐琉球(지금의 오키나와), 마쓰마에松前번과 에조치蝦夷地(지금의 홋카이도), 쓰시마對馬번과 조선 간의 통교를 허용하는 한편, 가장 중요한 유럽·중국과의 교류는 막부 직할령인 나가사키로 한정하였다. 이에 따라 쇄국정책이 아니라 '사구四口 통상정책'이라고 불러야 한다고 주장하는 학자도 있다. 쇄국정책은 기본적으로 도쿠가와 막부의 임진왜란 전후戰後 처리 외교와 막번幕藩체제 수립의 상호작용 속에서 탄생한 통일국가 일본의 대외정책이다.

조선과의 통교 재개

히데요시 사후 고다이로五大老의 좌장 격으로 국정 운영의 주도권을 쥔 이에야스는 곧바로 전후 처리 외교에 나선다. 이에야스는 절묘한 처세술로 휘하 병력의 원정遠征 동원을 모면한 터였다. 친親도요토미 계열의 유력 다이묘들이 전쟁 수행에 허덕이던 사이 오롯이 힘을 축적한 이에야스는 조속한 전후 처리를 통해 전쟁 피로감과 도요토미가家에 대한 원성이 팽배한 국내 분위기를 일신하고 외교력을 과시함으로써 자신의 존재감을 어필하고자 했다. 무엇보다 교전국인 명, 조선과의 강화講和가 급선무였다.

조선 강화의 임무를 부여받은 것은 쓰시마의 소宗씨였다. 소씨는 세키가하라 전투에서 고니시 유키나가에 종사從士하여 반反이에야스 진영으로 참전했으나, 이에야스는 조선과의 관계를 고려해서인지 소씨에게 별다른 처분을 내리지 않았다. 멸문의 위기에서 구사일생으로 살아남은 소씨는 필사적으로 강화 성립에 나섰으나, 조선 국토 전역에 전화戰禍의 상처를 남기고 명나라까지 참전하며 국제전이 되어버린 총력전이 쉽게 종결될 수는 없었다. 학자들의 연구에 의하면, 1607년 제1차 회답 겸 쇄환사가 조선에서 파견될 때까지 일본에서 총 23회에 걸쳐 국교 회복을 요청하는 사절이 조선에 파견되었다. 그만큼 에도 막부의 명을 받은 소씨는 자신을 위해서도, 막부의 명을 받들기 위해서도 조선과의 국교 회복에 필사적이었다.

1602년까지 조일朝日 강화 교섭은 거의 진전이 없었다. 일본의 본의가 무엇이건 명과 조선의 의구심은 쉽게 누그러지지 않았고, 명군은 일본군의 철군 이후에도 2년여를 더 조선에 주둔하면서 일본의 재침을 경계하였다. 그 기간 중 일본에서 파견된 강화 사절은 사절로 대우받지 못하고 억류되었다가 대부분 그 후 생사를 알지 못한다고 하니 당시 명과 조선의 경계심의 정도를 짐작할 수 있다. 1602년 조선이 명으로부터 일본과의

사명당 유정 대사.

강화 교섭을 독자적으로 수행해도 좋다는 양해를 얻는 한편, 1603년 이에야스가 쇼군의 자리에 올라 히데요시의 잔영殘影이 일본 권부權府에서 사라지면서 서서히 양측 간의 접근이 이루어진다.

　소씨의 끈질긴 요청으로 1604년 8월 사명당 유정 일행이 쓰시마를 거쳐 일본 본토에 발을 들여놓는다. 조선 입장에서는 적의 동태를 살핀다는 이른바 탐적사探賊使였고, 일본 입장에서는 최초의 협상 사절이 일본을 방문한 셈이었다. 사명당 일행은 이듬해 5월 교토에 입성하여 이에야스를 만나 그의 진의를 탐색하는 한편, 이에야스가 선린친교의 확인으로 석방에 동의한 포로 1400여 명을 데리고 귀국하였다. 이로써 양국 간의 강화 움직임이 급물살을 탄다.

1606년 조선 조정은 탐적사의 보고를 토대로 일본의 강화 요청에 응하기로 결정한다. 대신 화친의 조건으로 두 가지 사항을 일본 측에 제시한다. 전란 시 국왕의 묘를 훼손한 '범릉적犯陵賊'을 인도하고, 일본 측에서 강화 요청 국서國書를 보내라는 것이었다. 누가 훼손했는지도 모르는 범릉적을 잡아오라는 것도 난제였지만, 국서를 먼저 보내라는 이른바 '선위치서先爲致書' 요구는 더욱 골치가 아픈 조건이었다. 당시 외교 의례儀禮상 국서를 먼저 보낸다는 것은 상대방에 대해 자신을 낮추는 공순恭順함의 표현이었기 때문이다. 조선도 일본이 순순히 응할지 반신반의하며 내건 조건이었지만, 놀랍게도 그해 가을 쓰시마로부터 두 명의 범인이 인도되고 국서도 송부되었다.

일본이 신속하게 조선의 요구에 응한 것은 사실 소씨의 속임수였다. 소씨가 두 명의 잡범을 범릉적으로 꾸며서 조선에 넘기는 한편, 대담하게도 일본국왕日本國王 명의의 국서를 위조해 송부한 것이다. 당시 정황상 조선 조정도 일본 막부도 소씨가 중간에서 위계僞計로 양측 간 입장 대립을 무마하려 한다는 것을 알고 있으면서도 현실적인 고려에서 이를 묵인하였다는 해석이 널리 퍼져 있다. 진실이야 무엇이건, 일본이 조선이 내건 조건에 화답한 것을 계기로 1607년 조선의 공식 사절(회답 겸 쇄환사)이 일본에 파견됨으로써 양국의 국교가 회복되었다. 1609년 기유약조己酉約條가 체결되어 쓰시마와 부산 사이의 교역도 재개되었다. 소씨가 독점적으로 수행하는 대對조선무역은 일차적으로는 소씨의 존망이 걸린 문제이지만, 막부 입장에서도 중국산 생사生絲·면포 등 주요 수입 물자 확보를 위한 대체 교역창구라는 전략적 의미가 있다. 조선과의 통교가 재개됨으로써 에도 막부는 외교적 고립에서 벗어나 한숨을 돌릴 수 있었다.

대명무역과 류큐 복속

일본의 입장에서 대외교역과 관련하여 가장 중요한 상대는 단연 중국이었다. 중국은 교역의 대상물이나 규모 면에서 대체불가의 존재였다. 16세기 중반 감합무역 붕괴 이래 일본 집권 세력은 중국과의 무역 재개에 대한 미련을 버리지 못하고 있었다. 이에야스는 히데요시의 무모한 도발로 파탄에 이른 대명對明관계를 복원코자 하였으나, 명에 대한 조공·책봉을 거부하고 대등한 관계를 요구하는 히데요시 이래의 고압적 동갈恫喝(을러대며 위협함)외교 기조를 바꾸지 않았다. 이에야스로서는 친親도요토미 세력이 잔존하는 상황에서 국내적 위신 유지를 위해 의도적으로라도 강경한 태도를 보일 필요가 있었다.

이러한 이에야스의 태도는 한편으로는 반세기 넘게 유럽 세력과의 교류를 겪으면서 유럽 강대국의 존재와 그들의 세계관을 알게 된 당시 일본 지배층의 중화中華질서 이탈의식이 반영된 것이기도 하다. 일본의 탈아입구脫亞入歐 관념은 이미 이때부터 그 맹아가 싹트기 시작했다고 할 수 있다. 강화를 요청하면서도 황제에게 머리를 조아리지 않는 일본의 태도는 당연히 명 조정의 괘씸함과 분노를 샀다. 그러한 일본의 태도가 지속되는 한 명은 단교斷交를 완화할 생각이 터럭만큼도 없었다.

이에야스는 명과의 직접 접촉이 난망시되는 상황에서 류큐를 중개자로 삼아 대명관계 개선의 실마리를 찾고자 했다. 이에야스도 조공관계를 거부하는 한 전면적 관계 개선이 어려움을 알고 있었고, 포괄적 수교修交보다는 교역 재개에 우선적 관심을 두고 있었다.* 이에야스는 1602년 류큐의 배가 일본에 표착하자 이들을 후대하여 돌려보낸다. 자신의 후의厚意에 대한 답례사答禮使 방문을 기대한다는 의미였다. 답례사 방문을 계기로 명과의 관계 개선을 위한 중재 역할을 류큐에게 맡길 심산이었다.

일반적으로 임진왜란은 '일본 대 조선·명나라'의 전쟁으로 인식되고 있지만, 엄밀하게 말하면 류큐도 참전국의 일원이었다. 불행하게도 류큐는 일본 편에 서 있었다. 1589년 류큐는 히데요시의 동갈외교에 굴복해 사절을 파견한 적이 있다. 히데요시는 이때 류큐를 멋대로 신속臣屬으로 간주하고 조선 침공을 앞두고 시마즈가에게 류큐의 병력과 병량兵糧을 동원시키라는 군역軍役을 발령한다. 류큐는 이에 저항하였지만 시마즈가의 강압을 이기지 못하고 수천 석의 군량미를 제공하고 만다. 울며 겨자 먹기로 강요당한 부역賦役이라고는 하지만 결과적으로 종주국에 불충을 저지른 입장이 된 류큐로서는 이에야스의 답신사 파견 요구를 접하는 순

---

* 이에야스는 류큐뿐만 아니라 조선을 통해서도 명과의 교역 재개를 타진했다. 이에야스는 조선의 탐적사 일행을 접견하는 자리에서 자신은 임진왜란 때 병사兵事에 전혀 관여하지 않았으므로 조선과 아무런 원한이 없음을 강조하면서, 화통和通하기를 원한다는 뜻을 조선이 명에 전해줄 것을 요청한 바 있다. 조선은 이를 거부했으나, 1609년 기유약조 체결을 위해 조선을 찾은 쓰시마 사절 겐소玄蘇 일행이 중국으로 향하는 공로貢路를 조선이 개방해줄 것을 요구하는 등 명과의 교역 루트 확보를 다방면으로 추구하였다.

류큐의 쇼
네이 왕.

간 그때의 악몽이 떠오르지 않을 수 없었다. 류큐는 답례사 파견 요청에

묵묵부답으로 일관한다.

　그나마 이에야스는 명과의 관계를 고려해 류큐의 이유 있는 불손함에

온건한 입장이었지만, 류큐의 직접적 위협 세력인 시마즈가는 사정이 달

랐다. 조선 침공 과정에서 대규모 인원이 차출되어 재정 압박이 심했던

시마즈가는 류큐를 속령屬領으로 삼아 재정난을 타개하고자 호시탐탐 침

공 기회를 노리고 있었다. 이에야스의 신중론에 막혀 시행이 지체되고 있

을 뿐, 이에야스의 재가만 얻으면 시마즈가의 류큐 침공은 시간문제인 상

황이었다. 당시 류큐의 쇼네이 왕尙寧王은 전란 와중에 책봉도 받지 못하

여 권력 기반이 취약한 상태였다. 명의 의심을 사거나 책봉에 악영향을

미칠 수 있는 어떠한 대對일본 접근 움직임도 극력 기피할 수밖에 없었다. 류큐 중신들 사이에서도 명분론에 치우치며 대일본 강경론이 우세를 점하고 있었다. 1606년 명나라의 책봉사 하자양夏子陽이 드디어 류큐에 도착하여 책봉이 이루어지면서 류큐의 운명을 좌우할 퍼즐 조각들이 조금씩 형체를 잡아가기 시작한다.

일본은 명 사신의 류큐 방문을 계기로 명과의 직접 접촉을 시도한다. 일본에 억류되어 있던 명나라 포로들을 송환시키며 명나라 접촉 임무를 수행하던 유력 해상海商 도리하라 소안鳥原宗安이 류큐를 방문하여 하자양 및 쇼네이 왕과 교섭에 임하였다. 일본 측은 명 무역선의 일본 연례 방문, 류큐를 중계지로 하는 간접무역 등 다양한 교역 방안을 제안하였으나, 명은 여전히 일본의 요청에 응할 의사가 없었고, 류큐 역시 명의 눈치를 보며 일본의 제안에 소극적이었다.

중간에 낀 입장인 류큐는 일·명 교역의 중개자가 됨으로써 살길을 찾기 위해 명에게 문인제文引制의 대상에 자신들을 포함시켜줄 것을 요청하지만 뜻을 이루지 못한다. 문인제란 해금정책을 일부 완화한 관허官許 사무역 제도로, 푸젠성 장저우漳州의 월항月港을 무역항으로 지정하여 중국 상선의 대만, 필리핀, 태국, 인도네시아 등지로의 입·출항을 허용한 것을 말한다. 유럽 세력의 진출, 중국 밀무역선의 증가로 해상무역 요충지로서의 입지가 점점 좁아지던 류큐로서는 중국 사무역선의 왕래를 공식적으로 유치하는 것이 입지 회복에 대단히 중요하였으나, 명은 중국 상인이 일본 근처를 출입하는 것 자체가 일본에게 득이 될 뿐임을 들어 류큐의 요청에 난색을 표했다.

1607년 이후 이에야스는 시마즈가의 류큐 침공을 묵인하는 자세를 취한다. 류큐가 책봉을 받은 이후에도 사절 파견을 깔아뭉개고 노골적으로 일본에 대한 반감을 드러내는 상황에서 시마즈가의 거듭된 출병 재가 요청을 더 이상 무마할 명분이 없었던 사정이 작용하였을 것이다. 아울러 유럽 세력, 주인선, 중국 밀무역 상인 등 생사 입수 루트가 다변화되면서 류큐에 대한 세심한 전략 구사의 필요성이 감소한 것도 이에야스의 판단에 영향을 미쳤을 것이다.

1609년 3월, 이에야스의 재가를 얻은 시마즈가는 3000의 군대를 파견하여 류큐 원정에 나선다. 개전 사유 중에는 엉뚱하게도 임진왜란 당시 동원령을 충실하게 이행하지 않았다는 내용도 있었다. 시마즈군은 개전과 함께 파죽지세로 류큐의 섬들을 제압해나갔고, 4월 초 쇼네이 왕이 항전하던 오키나와섬의 슈리성首里城이 함락되면서 전쟁은 불과 한 달 만에 시마즈군의 완승으로 끝난다. 사쓰마하야토薩摩隼人의 후예로서 상승군단常勝軍團이라 불리며 수많은 실전을 경험한 시마즈군에게 류큐의 수비대는 상대가 되지 않았다. 쇼네이 왕은 투항 직후 가고시마로 송환되어 슨푸, 에도를 전전하며 이에야스와 히데타다에게 신종臣從(신하로서 섬김)을 서약해야만 했고, 1611년 시마즈가의 '통치 15개 조항掟十五ヵ条'이 포고된 이후 사실상 시마즈가의 지배를 받는 속주屬州가 된다.

이후 류큐의 지위는 애매하고도 불우한 것이었다. 시마즈가는 류큐의 중국에 대한 조공·책봉 관계는 건드리지 않으면서 류큐를 오래전부터의

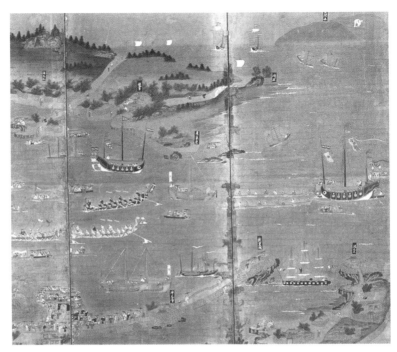

류큐 나하那覇항. 류큐 왕국은 시마즈군을 맞이하여 나하항에 전력을 결집하였으나, 연전연승의 시마즈 군단의 상대가 되지 못했다.

부용국附庸國이라 칭하며 조공의 의무를 부과하였다. 이로써 류큐는 이른바 이중조공국이 된다. 시마즈가에 연공年貢을 바치는 것 외에 쇼군의 교체나 류큐 왕의 교체 시 사은사謝恩使 또는 경하사慶賀使를 막부에 파견하여 군신의 예를 표해야 하는 의무가 함께 부과되었다. 시마즈가와 도쿠가와 막부를 동시에 섬겨야 했으니 사실상 삼중조공국인 셈이다. 시마즈가가 주문하는 물품 이외의 대중국 교역이 제한되고, 시마즈가의 허가를 받지 않은 상인의 왕래 및 시마즈가 이외의 다이묘와의 교역이 금지되는 등 류큐의 대외관계 전반이 시마즈가의 통제하에 두어졌다. 다만 내치 문제에 대해서는 기존 왕실의 존속과 일부 인사人事나 풍속을 제외한 폭넓은 자치권이 인정된 것이 류큐로서는 위안이라면 위안이었다.

사실 시마즈가 류큐를 침공한 것이나 히데요시가 조선을 침공한 것은 명 입장에서는 황제의 위신과 중화체제 유지에 관계된 문제라는 점에서 본질적으로 동일한 성격의 도발이었다. 류큐도 명의 책봉국으로서 종주국의 보호를 믿고 일본의 집요한 요구에 저항하던 터였다. 그러나 조선에서의 전쟁으로 기력이 쇠잔할 대로 쇠잔한 명은 류큐의 원조 요청에 응할 형편이 아니었다. 중국(명과 그 뒤를 이은 청)은 류큐 문제가 자국 안보에 직접적 영향을 미치지 않는 한 일본과 대적할 의향이 없었고, 일본은 중국의 종주권을 존치시킴으로써 중국을 자극하지 않는 범위 내에서 류큐를 대중국 중계무역지로 활용하면서 경제적 이익을 취하고자 하였다. 두 나라의 이해관계가 맞아떨어지면서 류큐를 둘러싸고 형성된 일종의 강대국 세력균형하의 변형된 분할·지배체제를 일본에서는 '양속兩屬체제'라고 부른다.

임진왜란 당시에도 일본과 중국 간에 조선의 할지割地(땅을 분할함)를 통한 강화 방안이 논의되었던 경위를 생각하면 종전 후에도 조선이 온전히 국토를 유지할 수 있었던 것이 얼마나 다행한 일인지 새삼 가슴을 쓸어내리게 된다. 개인적으로 이순신 장군에게는 성웅聖雄이라는 호칭도 부족하다고 생각하는 이유이다.

영국의 철수

한편 일본을 둘러싼 유럽 세력의 각축전은 1630년대에 접어들면서 새로운 국면을 맞이한다. 히라야마 조친 주인선 사건을 계기로 대일무역의 승기를 잡은 영국·네덜란드였지만, 최후의 승자로 홀로 남은 것은 VOC였다. VOC와 EIC가 대일무역에 집착한 것은 일본이 여타 지역과 달리 원료공급지를 넘어 소비시장으로서의 의미가 있었기 때문이다. 포르투갈이 수십 년간 일본 무역에서 막대한 수익을 거두고 있으며, 나가사키에 가면 배가 가라앉을 듯 은괴를 싣고 금의환향할 수 있다는 소문은 일찍부터 영국과 네덜란드에 널리 퍼져 있었다.

이에 따라 네덜란드와 영국은 동인도 항로 개척 당시부터 일본을 통상通商 대상지로 중시하고 있었다. 문제는 일본 시장에서 가장 높은 수익을 올릴 수 있는 상품이 중국산 생사生絲라는 것이었다. 마카오, 필리핀이라는 중국 교역 거점을 선점한 포르투갈·에스파냐와 달리 중국과의 통상 창구를 열지 못한 VOC와 EIC는 일본과의 교역에서 수익을 확보하기가 쉽지 않았다. 국제무역·금융 중심지로 발돋움한 암스테르담의 풍부한 자금을 배경으로 정부에 필적하는 자율권을 행사하는 VOC에 비해 EIC는 설립 초기부터 회사 운영에 자금 압박이 심했고, 당장 수익이 급한 런던 본부에서는 저조한 대일무역 실적을 이유로 히라도 상관을 철수하려는 분위기가 일찍부터 형성되고 있었다. 상관장 콕스가 가톨릭 신부에 대한 비인도적 고문을 마다하지 않으며 사활을 걸고 대일무역의 전기轉機

암보이나 학살사건.

를 마련해보려 한 것은 이 때문이다.

VOC와의 공조 형성으로 한숨 돌리는 듯했던 것도 잠시, 1623년 12월 콕스가 바타비아로 소환되면서 히라도의 EIC 상관도 활동을 중지한다. 같은 해 3월 암본섬의 VOC 감독관 헤르만 반 스페울트Herman van Speult 가 EIC 상관장 가브리엘 타워슨Gabriel Towerson을 포함한 10인의 영국 인 상관원과 9인의 일본인 용병을 내란음모 죄목으로 처형한 이른바 '암보이나 학살사건'은 두 회사 사이에 쐐기를 박아 넣었다. VOC 측은 EIC

상관원들이 자신들을 공격할 음모를 꾸미고 있음이 발각되어 정당하게 이루어진 사법 처벌이라고 주장한 반면, 학살에서 살아남은 생존자들은 VOC가 자신들을 터무니없는 혐의로 무고誣告한 후, 가혹한 고문으로 허위 자백을 이끌어내어 자행한 비인도적 학살이라고 반박하였다. 런던과 암스테르담에서 이 사건을 두고 험악한 외교·사법 공방전이 벌어졌고, 동인도 지역에서 VOC와 EIC의 공조 여지도 사라졌다.

1619년 런던협정은 동인도 현지 실정을 무시하고 정치적 필요에 의해 체결된 것으로 당초부터 두 회사 간의 치열한 경쟁관계는 수도에서의 정치적 타협으로 해소될 수 있는 성질의 것이 아니었다. 바타비아의 VOC 총독 쿤은 런던협정 체결 소식에 본부에 대한 분노와 비난을 숨기지 않을 정도로 EIC와의 공조를 극력 반대했으며, EIC를 하루 속히 향신료군도 일대에서 축출해 VOC의 향신료 무역 독점을 공고히 해야 한다는 강경론의 소유자였다. 그러한 그의 평소 태도로 인해 암보이나 사건은 쿤이 기획한 것이라는 소문이 돌 정도였다. 실제 그는 이 사건의 도의적 책임을 지고 총독직을 사임했다가 비난 여론이 수그러들자 1627년 다시 총독직에 복귀하기도 했다.

암보이나 사건의 진상이 무엇이건, 규모·자금 면에서 상대적으로 열세였던 EIC는 암보이나 사건 이후 동중국해와 남중국해 일대에서의 활동을 포기하고 인도 진출에 주력하는 '선택과 집중' 전략으로 전환한다. 1620년대 중반 이후 EIC의 동방무역 구조조정이 본격화되면서 VOC는 일본 무역 독점에 한 발 더 다가설 수 있었다.

쇄국의 완성

EIC가 철수함에 따라 네덜란드 이외에 일본에 남은 유럽 세력은 포르투 갈뿐이었다. 타이오완 사건으로 중국과의 무역 거점을 확보하고 일본 국 내 세력과의 경쟁에서도 승리한 VOC는 여세를 몰아 일본 무역의 터줏 대감인 포르투갈과 숙명의 대결을 준비한다. 1623년 히데타다의 뒤를 이 어 3대 쇼군에 취임한 이에미쓰家光는 1632년 히데타다가 사거死去하자 본격적으로 자신의 통치를 시작한다. 이에미쓰 대代에 이르러서는 도요 토미가를 비롯한 경쟁 세력이 대부분 제거되고 막부 권력 기반 강화작업 이 완성됨으로써 쇼군의 권력이 정점을 향하고 있었다. 거칠 것이 없는 이에미쓰는 기독교 탄압의 고삐를 더욱 죄는 한편, 이를 빌미로 막부가 대외교역을 독점적으로 장악하는 전면적 쇄국에 착수한다. 1633년 봉서 선 이외의 일본 선박의 해외 도항을 전면 금지하고 해외에 5년 이상 거주 한 일본인의 귀국을 금지하는 이른바 제1차 쇄국령이 발포되었고, 이후 1636년까지 한 해도 거르지 않고 대외 인적·물적 교류 금지 또는 제한의 강도를 높이는 포고가 잇달아 내려졌다.

1637년 가을 아리마 하리노부의 구舊영지였던 시마바라島原에서 대규 모 봉기가 발생한다. 한국에서도 일본의 기독교도 반란사건으로 잘 알려 진 '시마바라의 난'이다. (보다 정확하게는 고니시 유키나가의 구舊영지였던 아 마쿠사天草 주민의 봉기를 포함하는) 시마바라의 난은 새로운 영주로 부임한 마쓰쿠라松倉 부자의 2대代에 걸친 폭정이 촉발한 정치적 성격의 민중봉기였다. 그러나 주민 다수가 기독교도였던 사정으로 인해 종교적 성격이 혼입混入되면서 막부의 기독교 탄압정책과 맞물려 생각지도 못한 반향과 파장을 불러오는 대사건으로 발전하게 된다. 시마바라의 난은 3만 명 이상으로 추정되는 반란군과 10만 명 이상이 동원된 진압군의 규모에서도 알 수 있듯이 내전이라 불러도 좋을 대규모 무력 충돌이다. 그 규모와 성격으로 인해 일본 국내 정치 측면에서도 의미가 크지만, 이 난으로 인해 포르투갈과 네덜란드의 운명이 완전히 갈렸다는 점에서 대외관계 측면에서의 의미도 크다.

반란은 시간이 갈수록 무장 기독교 세력의 항쟁이라는 종교적 색채를 더해갔다. 반란 지도부는 심지어 전령사를 보내 타지 기독교도의 봉기를 유도하는 등 일본 내 기독교도의 결집을 기도했다. 이들의 이러한 행동은 반란군의 배후에 포르투갈 세력이 있다는 막부의 의심을 샀고, 실제 나가사키의 포르투갈인들이 이들과 연계되어 있을 개연성도 높았다. 포르투갈의 대척점에 서 있던 VOC는 이 기회를 놓치지 않았다. 1638년 1월 막부의 진압 원조 요청을 받은 VOC는 기다렸다는 듯이 무장상선 2척을 파견해 반란군의 본거지인 하라原성에 포격을 퍼붓는 등 막부의 요청에 협조를 아끼지 않았다. VOC로서는 거리낌 없이 기독교도를 공격하는 모습을 보임으로써 자신들이 구교 세력과는 다르다는 믿음을 막부에 어필할 수 있는 호기였던 셈이다.

4월 초 막부의 위신을 걸고 재개된 총공격으로 하라성이 함락됨으로써 반년에 걸친 반란이 겨우 진압되었으나 반란이 남긴 상흔과 충격은 쉽게

하라성 포위도. 막부의 진압 원조 요청에 응한 네덜란드는 이후 대일무역을 독점할 수 있었다.

가시지 않았다. 3만 7000명에 달하는 반란 가담자와 그 식솔들이 남녀노소를 가리지 않고 모두 처형되었다는 기록이 있을 정도로 희생의 규모가 컸던 만큼 지역 전체의 삶의 기반이 초토화되었고, 반역도의 고장으로 낙인찍혀 가혹한 감시와 통제가 가해진 규슈 일대에는 그 반작용으로 막부에 대한 면종복배面從腹背의 저항의식이 주민들의 심리 속에 깊숙이 자

후미에는 예수와 성모 마리아 등의 상을 새긴 목판과 동판 등으로, 도쿠가와 막부에서 이를 이용해 기독교도를 색출하였다.

리잡게 된다. 반反기독교 경계감이 극도로 고조된 막부는 백성들의 생활 기저에서 기독교를 근절하기 위해 후미에踏み絵(성화聖畵나 십자가가 그려진 그림판을 밟게 함)를 전면적으로 시행하고 단가檀家제도(기독교 전향자의 불교사찰 등록을 의무화함)와 5인제(다섯 가구를 묶어 상호 기독교 유입을 감시하고 신고토록 함)를 도입했다. 통치를 위한 사회 조직과 행정 원리가 기독교 억압과 일체화되어 형성된 셈이다.

반란 진압 후 막부는 기독교 배후 세력으로 지목된 100년 친구 포르투갈과의 결별을 단행한다. 1639년 모든 포르투갈 선박의 일본 기항을 금지하는 추방령이 발령됨으로써 포르투갈은 일본과의 교역에서 누리던 모든 이권을 상실한다. 추방령 직후 사정을 몰랐던 2척의 마카오 무역선이 나가사키를 찾았지만, 다시 한번 일본 땅을 찾을 경우에는 안전이 보장되지 않을 것이라는 경고를 안고 뱃머리를 돌려야만 했다.

마카오의 포르투갈인들은 자신들의 사활적 이익이 달린 위기를 앞에 두고 가만히 있을 수는 없었다. 이들은 예전처럼 고가품을 가득 지참하고 격식을 갖춰 사절을 파견하면 일본의 대응이 누그러질 것이라는 기대를 버리지 못했다. 1640년 5월 이러한 기대를 품고 포르투갈 사절단을 태운 배가 나가사키를 다시 찾았지만, 이들이 다시 찾은 일본은 이미 예전의 일본이 아니었다. 막부는 거듭된 자신들의 경고를 무시하고 모습을 드러 낸 포르투갈에게 본때를 보이려고 작심이라도 한 듯 배를 억류하고 사절 단과 선원 61명을 니시자카 언덕에서 공개 처형하였다. 불과 13명의 하 급 선원만이 중국 배편에 마카오로 돌아올 수 있었다. 포르투갈인들은 죽 음을 각오하지 않고는 일본을 찾을 수 없게 되었음을 깨닫는다.

막부의 전격적인 포르투갈 단교의 배경에는 VOC의 존재가 있었다. 막 부는 직할령인 나가사키에서의 교역에 신경을 쓰지 않을 수 없었고, 포르 투갈을 추방하기 위해서는 그를 대체할 수 있는 물자 공급처가 필요했다. 막부는 수차례에 걸쳐 VOC가 포르투갈을 대체하여 막부가 요구하는 물 자를 조달할 수 있는지 여부를 타진했고, VOC 상관장들은 기회만 주어 진다면 막부의 기대를 실망시키지 않을 것이라고 힘주어 답했다. VOC는 포르투갈의 추방과 함께 유일하게 남은 유럽 세력이 되었지만, VOC 역 시 매사에 주도면밀한 (또는 의심이 많은) 막부의 견제를 완전히 피해갈 수 는 없었다. 막부는 VOC가 비록 신교라고는 하나 큰 범주에서는 같은 기 독교 세력으로 간주하여 경계를 완전히 풀지 않았고, 교역을 허용하더라 도 일본인과의 접촉을 극도로 제한하고자 하였다.

1641년 막부는 VOC 상관을 히라도에서 나가사키로 이전할 것을 명한다. 나가사키에는 포르투갈 상관을 격리하기 위해 건설된 인공섬 데지마가 있었다. 데지마는 1636년 완공과 함께 포르투갈 상관이 입주하였었으나, 1639년 포르투갈 추방령으로 공가空家가 된 상태였다. 막부는 이곳에 VOC 상관을 이전시키고 상관원들의 체류 기간도 제한하여 일본인들과의 접촉 또는 유착관계 형성을 원천적으로 봉쇄하고자 했다. 대신 포르투갈 상인들과 달리 막부의 선매제나 공정가격 선협상제 등 가격 통제를 면제하는 인센티브가 동시에 제공되었다. 도보로 일주一周하는 데에 10분도 걸리지 않는 비좁고 볼품없는 인공섬에서의 불편한 생활이었지만, VOC는 묵묵히 일본의 요구에 따랐다. 일본 무역 독점이 가져다주는 경제적 이익은 상업에 국운을 건 신교국 네덜란드가 위신이나 체면을 내세워 거부하기에는 너무나도 달콤한 것이었다.

도판 출처

22쪽 https://en.wikipedia.org/wiki/Catalan_Atlas

23쪽 https://en.wikipedia.org/wiki/Kublai_Khan

25쪽 https://en.wikipedia.org/wiki/Marco_Polo

27쪽 https://en.wikipedia.org/wiki/Kublai_Khan

29쪽 https://en.wikipedia.org/wiki/List_of_National_Treasures_of_Japan_(sculptures)

36쪽 https://en.wikipedia.org/wiki/Beatus_map

40쪽(상) https://en.wikipedia.org/wiki/Pope_Innocent_IV

40쪽(하) https://en.wikipedia.org/wiki/The_Travels_of_Marco_Polo

45쪽 https://en.wikipedia.org/wiki/Croeseid

48쪽 https://commons.wikimedia.org/wiki/Ancient_Greek_coins

49쪽 https://gl.wikipedia.org/wiki/Filipo_(moeda)

51쪽 https://commons.wikimedia.org/wiki/File:Las_Medulas_04_by-dpc.jpg

53쪽 https://en.wikipedia.org/wiki/Moneta

63쪽 https://commons.wikimedia.org/wiki/Gaius_Flavius_Valerius_Constantinus

65쪽 https://en.wikipedia.org/wiki/Arius

70쪽 https://fr.wikipedia.org/wiki/Clovis_Ier

81쪽 https://commons.wikimedia.org/wiki/Carolus_Magnus

88쪽 https://commons.wikimedia.org/wiki/File:The_Walk_to_Canossa.jpg

91쪽 https://commons.wikimedia.org/wiki/File:Peter_the_Hermit_Preaching_the_First_
Crusade.jpg

96쪽 https://en.wikipedia.org/wiki/Knights_Templar

99쪽 https://en.wikipedia.org/wiki/Timeline_of_Paris

100쪽 https://en.wikipedia.org/wiki/Knights_Templar

106쪽(상) https://en.wikipedia.org/wiki/Prince_Henry_the_Navigator

106쪽(하) https://ja.wikipedia.org/wiki/サン・ヴィセンテの祭壇画

112쪽 Map.ing

116쪽 https://en.wikipedia.org/wiki/Volta_do_mar

119쪽 https://en.wikipedia.org/wiki/Caravel

123쪽 https://en.wikipedia.org/wiki/Pedro_Reinel

129쪽 https://ko.wikipedia.org/wiki/페란도_2세

130쪽 https://ca.wikipedia.org/wiki/Tractat_d'Alcaçovas

135쪽 https://en.wikipedia.org/wiki/Christopher_Columbus

136쪽 https://en.wikipedia.org/wiki/Treaty_of_Tordesillas

142쪽 https://en.wikipedia.org/wiki/Vasco_da_Gama

146쪽 https://en.wikipedia.org/wiki/Cantino_planisphere

148쪽(좌) https://en.wikipedia.org/wiki/Carvel_(boat_building)

148쪽(우) https://en.wikipedia.org/wiki/Carrack

152쪽 https://en.wikipedia.org/wiki/Afonso_de_Albuquerque

162쪽 https://ko.wikipedia.org/wiki/일본의_과학사

166쪽 https://ja.wikipedia.org/wiki/火縄銃

168쪽 https://ko.wikipedia.org/wiki/화승총

175쪽 https://ja.wikipedia.org/wiki/長篠の戰い

180쪽 https://ko.wikipedia.org/wiki/종자도총

184쪽 https://ko.wikipedia.org/wiki/천자총통

187쪽 https://en.wikipedia.org/wiki/Wokou

192쪽 https://ja.wikipedia.org/wiki/狩野内膳

196쪽 https://en.wikipedia.org/wiki/Kontor

199쪽 https://en.wikipedia.org/wiki/Factory_(trading_post)

203쪽 https://en.wikipedia.org/wiki/Portuguese_Macau

206쪽 https://en.wikipedia.org/wiki/Thirteen_Factories

208쪽 https://en.wikipedia.org/wiki/Dejima

213쪽 https://zh.wikipedia.org/wiki/天正遣歐少年使節

214쪽 https://zh.wikipedia.org/wiki/天正遣歐少年使節

217쪽 https://en.wikipedia.org/wiki/Kirishitan

218쪽 https://en.wikipedia.org/wiki/Kirishitan

221쪽 https://en.wikipedia.org/wiki/Francis_Xavier

228쪽 https://ja.wikibooks.org/wiki/中学校社会_歴史/奈良時代

231쪽 Map.ing

232쪽 https://ja.wikipedia.org/wiki/元寇

237쪽 https://ko.wikipedia.org/wiki/사카이

242쪽 https://ja.wikipedia.org/wiki/南蛮貿易

244쪽 https://ja.wikipedia.org/wiki/バテレン追放令

246쪽 https://ja.wikipedia.org/wiki/日本二十六聖人記念館

258쪽(좌) https://ja.wikipedia.org/wiki/ウィリアム・アダムス

258쪽(우) https://ja.wikipedia.org/wiki/リーフデ号

260쪽 https://en.wikipedia.org/wiki/William_Adams_(sailor,_born_1564)

261쪽 https://ko.wikipedia.org/wiki/남만동구족

267쪽 https://en.wikipedia.org/wiki/Hasekura_Tsunenaga

271쪽 https://en.wikipedia.org/wiki/William_Adams_(sailor,_born_1564)

275쪽 https://ko.wikipedia.org/wiki/카를_5세

279쪽 https://en.wikipedia.org/wiki/Fluyt

282쪽 https://en.wikipedia.org/wiki/Abraham_Ortelius

286쪽 https://la.wikipedia.org/wiki/Goa

293쪽 https://en.wikipedia.org/wiki/Spanish_Fury

294쪽 https://en.wikipedia.org/wiki/Euronext_Amsterdam

307쪽 https://en.wikipedia.org/wiki/Spanish_Inquisition

311쪽 https://en.wikipedia.org/wiki/Amsterdam_(VOC_ship)

316쪽 https://en.wikipedia.org/wiki/Red_seal_ships

324쪽 https://ko.wikipedia.org/wiki/아리마_하루노부

328쪽 https://en.wikipedia.org/wiki/João_Rodrigues_Tçuzu

338쪽 https://ja.wikipedia.org/wiki/インカルチュレーション

344쪽 https://vo.wikipedia.org/wiki/Hugo_Grotius

350쪽 https://en.wikipedia.org/wiki/Fort_Zeelandia_(Taiwan)

351쪽 https://ja.wikipedia.org/wiki/台湾の歴史

354쪽 https://ja.wikipedia.org/wiki/ピーテル・ファン・サンテン

360쪽 https://en.wikipedia.org/wiki/VOC_Opperhoofden_in_Japan

369쪽 https://commons.wikimedia.org/wiki/File:Jacques_Specx_(geb._1588)._
       Gouverneur-generaal_(1629-32)_Rijksmuseum_SK-A-4530.jpeg

372쪽 https://ja.wikipedia.org/wiki/元和の大殉教

377쪽 https://ko.wikipedia.org/wiki/유정_(1544년)

381쪽 https://ko.wikipedia.org/wiki/쇼네이_왕

384쪽 https://ko.wikipedia.org/wiki/파일:琉球那霸港.jpg

387쪽 https://en.wikipedia.org/wiki/Amboyna_massacre

391쪽 https://ja.wikipedia.org/wiki/島原の乱

392쪽 https://ja.wikipedia.org/wiki/踏み絵

학교에서 가르쳐주지 않는 세계사
일본, 유럽을 만나다

2019년 4월 22일 초판 1쇄 펴냄
2022년 1월 14일 초판 4쇄 펴냄

지은이 신상목

펴낸이 정종주
편집주간 박윤선
편집 박소진 김신일
마케팅 김창덕

펴낸곳 도서출판 뿌리와이파리
등록번호 제10-2201호(2001년 8월 21일)
주소 서울시 마포구 월드컵로 128-4 2층
전화 02)324-2142~3
전송 02)324-2150
전자우편 puripari@hanmail.net

표지디자인 김태형
종이 화인페이퍼
인쇄 및 제본 영신사
라미네이팅 금성산업

ⓒ 신상목, 2019

값 18,000원
ISBN 978-89-6462-115-8 (03900)

이 도서의 국립중앙도서관 출판예정도서목록(CIP)은 서지정보유통지원시스템 홈페이지(http://seoji.nl.go.kr)와 국가자료공동목록시스템(http://www.nl.go.kr/kolisnet)에서 이용하실 수 있습니다.(CIP 제어번호: CIP2019013732)